国家出版基金项目
NATIONAL PUBLICATION FOUNDATION

中国出版家丛书
ZHONGGUO CHUBANJIA CONGSHU

Zhongguo Chubanjia
Qian Juntao Cao Xinzhi

中国出版家
钱君匋 曹辛之

柳斌杰 主编　钟桂松 著

人民出版社

出版说明

出版不仅仅是一个充满竞争的商业领域，同时，它也深深打上了"文化"和"思想"的印记。在这个文化场域中，交织着多种力量的动态关系，通过出版物的呈现和出版活动的开展，描绘了一个时代的文化风貌；而回旋折冲于其间者，则是那些幕后活跃、台前无闻的各类出版人。他们自喻"为他人做嫁衣裳"，事实上，却是国家文化传承和历史记录的主要担当者，有出版发展的参与人和见证者甚至称他们所起的作用为保存民族记忆的千秋大脑。虽然扼据出版要津之地，却少见自家行当的人物传记出版。本丛书是第一次规模化地为这个群体中的杰出者系列立传，从一个人到一群人的出版事功中，折射出近代以降出版业的俯仰变迁，同时也见证着出版参与时代文化思想缔构及其背后深广的社会历史内容。那些曾经彪炳于时的出版人，一方面安身于这个行业，以其敏锐犀利的时代洞察，在市场、经营与创意中躬行实践，标领乃至规划了这个行业的发展，并使之成为国民经济的一个重要门类；另一方面又在"安身"之外，显现出面向社会的公共性关怀与"立命"的超越性关怀，从职业而志业的追求中，服务于民族解放、思想启蒙与文化进步的社会性经营，书写了出版人生的风采、风骨与风流。

本丛书所传写的 50 余位出版人，均为活跃于 20 世纪并已过世的出版前辈。中国古代也曾涌现了陈起、毛晋等出版大家，只是未纳入本书的传主范围。丛书在体例上，有单人独传与多人合传之分，但这并不必然意味着对传主出版贡献及其历史地位的轻重判别，许多情况下的数人合传，乃困于传主史料的阙如而不得已的选择，某些重要出版人如大东书局总经理沈骏声、儿童书局创办人张一渠等，也囿于同样情形而未能列入本丛书的传主名单，殊觉憾事。虽说隐身不等于泯灭，但这个行业固有的幕后特征多少带来了出版人身份上的隐而不显、显而不彰。本丛书的出版，固然是想通过对前辈出版事迹的阐幽发微、立传入史，能让同样为人做嫁衣者的当今出版人不至于觉得气类太孤，内心获得温暖，并昭示后来者在人生目标上，在家国情怀上，在出版境界上，追步于前贤，自觉立起一面促人警醒自鉴的镜子；同时更希望通过一个个传主微历史的场景呈现，让更多的人认识到出版在产业之外，更是一项薪火相传的社会文化事业，它对时代文化的接引与外度，使其成为一种任何人都不可忽视的"势力"，在百余年来的社会发展进程中，发挥了不可替代的作用。

故此，我们推出这套"中国出版家丛书"，以展示中国文化创造者的风采，弘扬他们的优良传统和崇高的职业精神，发掘出版史史料，丰富出版史研究和编辑史研究。

"中国出版家丛书"编辑委员会

人民出版社编辑部

二〇一六年四月

目 录

钱君匋

曹辛之

前　言

钱君匋（1907—1998），浙江省桐乡人。是我国著名的出版家、装帧设计家、金石篆刻家、书法家、国画家、音乐教育家、诗人、收藏家，是我国 20 世纪难得的艺术大师。

1923 年，钱君匋进入上海专科师范学校学习。在那里，钱君匋认识了丰子恺、吴梦非、刘质平、吕凤子等师长，也认识了同学、好友陶元庆。在与陶元庆的几年朝夕相处的交往中，让钱君匋对书籍装帧艺术的认识有了质的提高。1927 年，钱君匋被章锡琛聘为新开张的开明书店编辑，负责开明书店的书籍装帧设计。在开明书店，钱君匋的装帧艺术水平逐日提升。他认识了中国新文学界许多精英如鲁迅、茅盾、郁达夫、夏丏尊、叶圣陶等现代名家大师。这些名家大师都曾经指点过钱君匋，让钱君匋受益匪浅。期间，钱君匋曾经和陶元庆一起去鲁迅家拜访、请益，为鲁迅作品集设计封面等等。所以在与鲁迅的交往中，钱君匋也深受鲁迅装帧设计方面思想的影响，装帧设计的实践中受鲁迅的影响也最大。不久，"钱封面"的名声，在上海新文学界声名鹊起，成为现代装帧史上一个高峰。钱君匋一生设计绘制了数以千计的封面，是中国出版界一笔不小的财富，是今天研究中国现代出版史的一个富矿。

纵观钱君匋的装帧设计艺术，有这样一些特点：首先是传承。钱君匋在装帧设计实践中，吸收借鉴了中国古代图案艺术的精华，并将其融汇在自己的图案设计里。据说鲁迅当年曾经把自己收藏的汉代画像拓本介绍给钱君匋，让他从这些古代的图案中吸收营养。所以我们在看钱君匋的封面设计时，常常体味到浓厚的古代图案的影响。其次是创新。通过变形、创新达到图案的清新、抒情，追求封面设计独特的整体美学效果。无论钱君匋早期的封面设计，还是后来炉火纯青时期，这个特点始终十分明显。他大量的封面作品，画面的美感，常常在似与不似之间，给读者留下想象的空间。其三是繁中求简。繁中求简，是艺术上一种很高的境界。钱君匋在数以千计的封面设计中，从不马虎应付，他创作的每一幅封面，都是经过自己的认真思考精心设计，体现自己创作思想的同时也体现创作风格，有时繁就繁到密不通风，如《唐诗小札》、《文艺阵地》等等，但是仔细体会，钱君匋的这些创作风格，实际上是美学意义上繁中求简的一种高境界。因为这些封面设计，再复杂的画面，无论多么繁复、变形夸张，封面体现出来的主题，依然一目了然。所以钱君匋的装帧设计的风格以及美学价值是值得探讨的一个课题。因为这是伴随钱君匋一生的艺术，也是钱君匋作为装帧设计大师的主要成就之一。

全面抗战开始以后，钱君匋回到上海，他和他的伙伴们每人出资一点小钱，创办"万叶书店"，在沦陷区开始尝试艰难的出版生涯。曾经在开明书店工作过七年的钱君匋，对开明书店灵活的经营方式，扬长避短的发展模式，深有体会。这种经验，给自己办万叶书店提供了许多经验和启示。钱君匋自任万叶书店总编辑，开始策划印刷活页歌曲，然后书店的年轻人将印刷好的活页歌曲，用自行车送到一个一个学校。从学校拿到钱以后，再付给印刷厂。开始时的这种小本生意，凭借钱君匋在开明书店积累起来的人脉资源，加上他的精明、灵活的经营方式，以及刻苦勤奋的工作作风，没有多少时间，小小的万叶书店的经营竟然蒸蒸日上。

本来也是进步文艺青年的钱君匋，在国家民族生死存亡的时期，他不忘国家民族的利益，在万叶书店有了起色以后，开始出版文艺作品，并且以"宇文节"的笔名，亲自主编《文艺新潮》杂志。同时，万叶书店还编辑"文艺新潮小丛书"，出版进步文艺作品。值得一说的是，抗战期间，钱君匋在上海冒着生命危险，将发表在全国各地刊物上的抗日文艺作品、通讯报道、报告文学等作品悄悄地搜集选编，出版了抗日文集《第一年》，为全民抗日摇旗呐喊。1941年，钱君匋继续搜集编辑出版抗日文集《第二年》，书出版以后，万叶书店立即受到日本宪兵多次搜查，钱君匋本人也多次被日本宪兵司令部传唤，幸好钱君匋事先有所准备，才免遭日本宪兵司令部的毒手。当时新四军到上海采购物资，常常到万叶书店落脚，所以钱君匋在抗战时期就和许多共产党同志建立了深厚的友谊，这在现代出版史上是不能不说的佳话。抗战胜利以后，国民政府给钱君匋的万叶书店以行印国民党教科书的机会，这是一个发大财的机会，钱君匋权衡再三，放弃了这种诱惑，保持了一个正直出版家的人格和良知。所以，即使今天看新中国成立前的万叶书店时期的出版物，就会发现钱君匋的出版思想是进步的，出版的作品也是进步的，他的出版理念是高人一筹的。这与他在开明书店工作时与鲁迅等进步作家的交往，与章锡琛、夏丏尊、叶圣陶等出版家的影响有关。

1947 年，钱君匋决定放弃出版文艺作品的老路子，开始走音乐出版的专业化道路。有意思的是，钱君匋的这一决定，七十年来依然没有过时。在专业出版上，钱君匋是有想法有追求的，他多年的出版经验和深厚的音乐学养，让他在音乐专业出版方面硕果累累。在 20 世纪四五十年代，钱君匋的万叶书店出版的音乐书籍，数量、品种之多，至今仍然是一个高度。所以，钱君匋的专业出版思想是值得我们去研究的。

这部出版家钱君匋传记，是专门叙述钱君匋出版方面的经验和贡献的。全书分五章：第一章，主要叙述介绍钱君匋故乡和他从故乡到上海读书的经历。第二章，主要介绍钱君匋如何进入开明书店，以及在开明书店如何成为一个出色的装帧设计家，重点写钱君匋如何成为新文化的"钱封面"。第三章，介绍钱君匋在抗战开始以后，如何白手起家创办万叶书店。目的是介绍钱君匋的创业史，从他的身上，我们看到了老一代中国出版家的精神境界，看到了他们为了中国文化的传承和发展所体现出来的情怀。第四章，主要介绍钱君匋在公私合营时期的所作所为，从中可以看出钱君匋的情怀和出版思想。第五章，主要是叙述钱君匋晚年捐献自己一生收藏的部分史料，让读者从不同视角去寻找自己心中的钱先生。

总之，钱君匋是个有丰富经验有情怀的出版家，无论是装帧设计方面的经验，还是编辑出版方面的思想，都是值得我们去总结研究的。

第一章

故乡故家，求学求职

一、小镇上的小康人家

1907 年 2 月 12 日，丙午年除夕，钱君匋出生于浙江桐乡县的屠甸镇中街 46 号——一个亦医亦商的家庭里，取名玉棠，别名豫堂。曾用笔名程朔青、宇文节、中銮牧风、白蕊先女士等等。钱家是屠甸小镇上的一个平常的家庭。祖父是镇上老中医，父亲钱希林在镇上开一爿小酒店，用于养家糊口。钱家左右隔开几间门面，分别是永和茶楼和丁广成袜店。钱君匋幼年时，与茶楼的张阿七、袜店的丁松林以及 60 号的沈伦昌、沈小狗经常在一起玩耍，成为跑东跑西、形影不离的小伙伴，甚至跑到镇郊的田野、坟头嬉笑游戏，所以在小小的钱君匋的记忆里，和小伙伴的玩耍，留下了美好、快乐的印象。

屠甸镇不大，是杭嘉湖地区的一个普通的小镇。只有一条河，一条街。而且，沿街的房子都是沿河而建，这条称为石泾塘的河虽然小，但很长，连通桐乡、海宁和崇德三个县的县城和周边的水乡小镇，所以，河里来来往往的船只十分繁忙，把这个小镇装扮得非常繁华。这条河也是屠甸镇的母亲河。

镇的历史并不十分悠久，只有上百年的历史，据当地地方志说：这个小镇到清初才成市镇。加上不断战乱的影响，小镇的发展很缓慢。在钱君匋出生时，镇上只有一些卖手工制品的日杂商店和茶室，新版《桐乡县志》谈到屠甸时，这样描述："屠甸于清初始成市镇。……民国时期，镇上有多家竹、木、铁器店铺，多为前店后作坊，多为自产自销。至抗战前有铁器店20余家，工人约百余人。"① 所以，这么一个历史并不悠久，有点文化，商业也不发达，作坊里也只有锻打点农业生产用具而已，没有多少科技含量。

在钱君匋青少年时代，这个小镇的商业才开始缓慢进步，有了邮政所，有了酿酒业。钱君匋生前曾说过自己小时候的一件事，说当年他与几个小伙伴出去玩，在镇上酿酒作坊里喝尚未酿成的酒，结果大家都醉倒在酒缸边上，直到大人们寻找到这里才发现。钱君匋当时讲到这件趣事时，说自己有点酒量与小时候在老家这次酩酊大醉有点关系。钱君匋后来在开明书店工作时，酒量有了新的高度，当时开明同人叶圣陶他们一帮朋友每周有聚餐，但参加这个聚餐有一个条件，就

---

① 《桐乡县志》（桐乡市《桐乡县志》编纂委员会编），上海书店1996年11月版，第67页。

是必须一顿能喝五斤绍兴黄酒。钱君匋只能喝三斤，是破格吸收进去的。这是后话。

钱家迁居屠甸小镇的时间并不长，他们原来世代居住在屠甸隔壁的另外一个小镇——路仲镇，路仲镇属海宁县管辖，在明末清初比屠甸镇发展快一些，所以那些人家也相对富裕一点。到 19 世纪，世居路仲的钱君匋祖父钱半耕一支迁居屠甸，另辟蹊径，重新开创家业。钱半耕是一位很有威望的中医，晚年在屠甸镇上也算得上德高望重。钱君匋的父亲钱希林读过私塾之后，就随父亲学习中医，但学习中医谈何容易？中医的博大精深，没有三五年的钻研和多年的师傅传授是无法接手诊治病人的。所以，学习中医首先要有学习中医的秉性，既要有耐心和毅力，又能坐得住、学得进。但钱希林在清末维新运动的影响下，已经没有其父钱半耕那种耐心。他觉得饭碗不只是中医一只，生活有多条路可以走。于是，他看到进镇的人逐年在增加，但镇上的服务设施却很少，他就开个饭店，让进镇办事的农民有个吃饭喝酒的地方，收入竟然不比开中医诊所少。钱希林头脑十分活络，心灵手巧，开饭店时，自己也能烧得一手好菜。钱君匋小时候吃过父亲烧的各种各样的菜，直到晚年还记忆犹新，他说："我父亲烧得一手好菜，自幼尝尽了各种美味，如'清蒸河鳗'和'红烧河鳗'两种，当其盛入青花瓷盆中，每一段河鳗都是直立的，排得整整齐齐，端上桌来，香气四溢，其味清腴鲜嫩，入口即化，无与伦比，其形可说是一幅大画家塞尚的静物画。我在别的地方从来没有尝到过这种高烹调技术做成的名菜。[①]"但钱希林没有成为烹调大师，他的头脑太活络，发

---

① 钱君匋：《瑞金宾馆的美食》，刊《新民晚报》1990 年 10 月 9 日。

现镇上缺什么，他就去经营什么，什么东西时兴，钱希林就去尝试什么东西，成为屠甸镇上的一个活跃分子。据说他开过饭店之后，又开过杂货店、商行，收购过本地的畜产品——湖羊皮、狗皮、黄鼠狼皮，甚至还收购羊毛、鸡毛、鸭毛，相当于今天镇上供销社的全部行当。钱希林对新事物的兴趣，养成了他始终敢为人先的性格。1903年即光绪二十九年3月，海宁县硖石镇在南小街北首开办了邮政局，生意不错。两年后，屠甸附近的长安镇也开设邮政代办所。钱希林见屠甸镇上还没有这种新式的通信机构，便与硖石镇上的邮局联系，于1906年在屠甸设邮政代办所，由他承包代办。钱希林的这种敢为人先的精神，对钱君匋潜移默化的影响非常大。钱君匋的母亲程雪珍，是个勤劳而又持家有方的人。有时，她还凭借自己的心灵手巧，做些纸花出售，补贴家用。总之，钱君匋的青少年时代，就生活在这样古老的小镇，这样的小康人家。

二、有毅力的小书法家

钱君匋在读小学之前，和一般孩子一样，聪明、好动、淘气；但也有不一样的地方，他对绘画、书法、工艺、音乐等有着异于常人的敏感和喜欢。据说三、四岁时，钱君匋就用炭粒在人家白粉墙上乱涂乱画。墙上的那些狗、猪等动物成为他人生的最初画作，最初的封面设计。

大概在钱君匋五岁那年，父亲钱希林就背了一把椅子，送钱君匋到镇上陈家阁的私塾里，让他接受启蒙教育。在私塾里的钱君匋，每天只吟诵《百家姓》、《千字文》、《三字经》，单调得让钱君匋厌烦。于是，钱君匋就把注意力转移到自己的兴趣上，他开始在一种叫"花摺子"的物件上画画。当时，屠甸镇上有个老画家朱梦仙，善花鸟尤善画蝴蝶，人称"朱蝴蝶"。钱君匋幼年时，常常在朱梦仙家的厅堂南檐下，站在画桌边上，看朱老先生在"花摺子"上绘画，常常看得入迷。钱君匋后来回忆说：

> 某天，梦仙君在他家的古旧的厅的南檐下，凑着温和的春日，正在描着《三国志》中的诸葛亮、赵云、刘备、张飞、关羽、曹操等人的戏装。我痴立在旁边，看他徐缓地谨慎地一笔一笔地描成了将军的盔，又在盔下描出了将军的威武的脸，或者是生须的，鼻子以下便描上一簇黑或白的美丽的胡须，又描甲，以及刀、剑、枪戟、令箭、令旗之类，再在各种小碟中，蘸了红红绿绿的洋颜色来敷到盔甲等处，于是便成了一幅使那时的我佩服到一百二十分的杰作。他的画，我每日去上学就可以顺便看见。[①]

从某种意义说，朱梦仙老先生是钱君匋绘画的启蒙老师。朱梦仙绘画时那种专注神情和一丝不苟的谨慎，深深地烙印在幼年钱君匋的脑海里，给他留下了深刻印象。在朱梦仙的影响下，小小年纪的钱君匋去买来"洋红、洋绿、摺子"，"在塾师午睡时，拼命地模仿着画"。痴迷于画画的钱君匋将枯燥乏味的《百家姓》等置于脑后了，以致不能当堂背诵而被私塾老师惩罚，打了十下手心。此时，倔强的钱君匋

---

① 钱君匋：《记幼年的艺术生活》(1932 年作)，刊《书衣集》，山西人民出版社 1986年 7 月版，第 106、107 页。

发起小牛脾气，一气之下，伸手撸掉塾师讲桌上的砚台，把塾师的旱烟袋丢到室外，从此离开私塾。

然而，江山易改，禀性难移，钱君匋经历过与塾师的抗争，对绘画的兴趣并没有减弱，那些让人难以忘怀的图画，一直在钱君匋脑海里盘旋。所以，塾师的训斥与体罚并没有让钱君匋退缩。

不去私塾上课了，钱希林把儿子钱君匋送进设在镇上寂照寺方丈室的石泾小学。作为新式学校，石泾小学里是不禁止画画的，不光不禁止，还鼓励学生画画，而且课本里也有五彩插图。这些，让钱君匋十分兴奋，有一种"因祸得福"的得意。他说：

> 出塾之后，翌日便进区立石泾初等小学（无须入学试验，可以随时入学），所读的是《共和国国文教科书》第六册，记得其中有插图，而且有五彩的鸟类的插图。那时的乡人都说这是"洋书"，在塾中读的是"本国书"。我读了洋书之后，对于绘画又得了一个进步，学会了画鸟。但先前往往会把小鸟画成老母鸡似的东西，或竟像一只四角菱，这时以后画鸟，总有些像鸟了。学校里对于图画是不加禁止的，而且提倡的，我亲近绘画的机会也就随之而增多了。①

在石泾小学读了没有多久，学校改名崇道小学，并且校舍搬到寺桥南东侧，但钱君匋的兴趣与恒心没有变。除了对绘画兴趣依然浓烈之外，对书法兴趣也日愈浓厚。崇道小学里的描红习字课，勾起钱君

---

① 钱君匋：《记幼年的艺术生活》（1932 年作），刊《书衣集》，山西人民出版社 1986年 7 月版，第 106、107 页。

匋习字的兴趣，他的描红成绩一直为全班之冠，教描红的老师常常在学生面前对钱君匋的描红习字赞不绝口，使钱君匋对习字一科愈加勤奋，据说当初钱君匋为了保持这个描红"冠军"，连寒暑假里还在不停地练习。

钱君匋一点一滴的进步，与他天性中的恒心是分不开的。当时，崇道小学长廊边的矮砖墙，成了钱君匋课余练字的好去处，矮砖墙上面是由一层方砖铺成，钱君匋就找一把小棕帚，蘸着清水，在方砖上写大字，依次写过去，写到最后一块方砖时，前面方砖上的水迹已经干掉了，又可重新蘸水写起来。他这样循环反复地练，在崇道小学传为美谈。当时的小学老师钱作民看见钱君匋在方砖上写大字，便鼓励他说："好，好！你小小年纪就写擘窠大字，很好。但是不应当满足，要多写多练，会练成一手好字的。不过，光练大字还不够，还要练蝇头小楷。小楷将来应用的机会更多。"

钱作民并不是书法家，但他是一个优秀的小学教育家。他善于发现学生的个性和特长，善于用务实的眼光教育学生，钱作民还善于表扬鼓励，让稍有成绩的学生愈加奋发。钱君匋曾回忆说："钱老师和丰子恺老师是好友，思想进步，重视孩子们的个性的发展。他说：'你们喜欢临什么帖，可以自由选择，我不强求你们千篇一律，但是一定要用功，把字练好。这样，日后找到工作，人家看不出你的深浅；否则，纵有一肚皮学问，因为字写得差，往往被人轻视，甚至找不到工作。'"[①] 钱君匋还记得，钱作民老师的每次表扬，"说得我心花怒放"，所以，钱君匋晚年仍满怀感激地说："我知道自己是个很平凡

[①]　钱君匋：《我和书法的因缘》，刊陈子善编《钱君匋散文》，花城出版社 1999 年 4 月版，第 249 页。

的人。今天有点小名气，是和几位前辈的教诲分不开的。特别使我怀念的，就是我的启蒙老师钱作民……"

钱作民老师其实并不仅仅是激励钱君匋写字画画，在钱君匋的成长道路上，钱作民是最早的伯乐，钱君匋在小学三年级时，因为学习成绩优异，钱作民老师做主，让钱君匋跳级，直接读五年级，即镇上俗称高小一年级，而且为了在县里教育局能录取通过，钱作民只好"作弊"，"瞒天过海"，将钱君匋的本名"钱玉棠"改为"钱锦堂"。后来的"钱君匋"名字也是由乡音"钱锦堂"谐音而来，这对家庭经济负担日渐拮据而又好学的钱君匋来说，自然铭记一生。

1922 年 7 月，钱君匋以第二名的成绩从崇道小学毕业。但是，小学毕业的钱君匋，因为家里增加了弟弟、妹妹，家庭生活日渐拮据，16 岁的钱君匋只好辍学去镇郊桃园头的农村小学教书。钱君匋在桃园头小学干得挺顺手，年纪不过十六、七岁的钱君匋注重创新和细节，工作十分投入，虽然离家不远，他依然借宿在农民周继云家里，以便和学生在一起。钱君匋给周家每月一元钱的费用，吃、住在周家，周继云的母亲非常善良忠厚，待钱君匋非常好，让钱君匋集中精力去教书和管理学生。因此，一个多月下来，原来乱哄哄的村小学被钱君匋调教得有模有样，得到县主管部门的肯定和好评。因为过去的村小学，一个学校只有一个教师，只好采用复式教学，十分辛苦，但是年纪轻轻的钱君匋闯过来了，不出数月，几十个孩子学生竟服了大他们没有几岁的"钱先生"。

当时，桃园头小学是归屠甸镇学务委员会管理，钱君匋这个"民办"教师的薪水由屠甸镇学务委员会发放。按县教育局的规定，钱君匋在小学教书的月薪是 10 元，但屠甸镇学务委员陈耐安看钱君匋年轻，侵吞了 4 元，对钱君匋说，上面拨款下来，只有 6 元。但是，这种谎言是纸包不住火的。没有几个月，钱君匋就知道了这件事，然而，此时的钱君匋太年轻，他只有气愤，他这么努力工作并且取得不俗业绩，竟然得到如此待遇，他找到陈耐安评理，自然，陈耐安花言巧语，年轻的钱君匋不是陈耐安对手。不过，一个学期结束后倔强的钱君匋就愤然辞职，以示抗议。

后来，北伐革命时期，钱君匋在家乡参加国民党，成为屠甸镇上的革命青年以后，与小时候的同伴丁松林、陈九珠、张阿七、沈小狗、张莲英等，专门到陈耐安家里造反，揭发这个土豪劣绅。钱君匋后来回忆说：

> 打土豪劣绅陈耐安的时候，陆行素也参加，还有柏吟仙、谢养园以及陈九珠、陈全珠、张素娥（女）等数十人。那天发动打陈耐安，我们大队人马从前门打进去，占领了第一、二两进房子，由于我们没有经验，没有四面包围，陈耐安见势不妙，便被他悄悄地从后门溜走，因此没有被我们捉住。待我们进入后面的几进房屋，因为来不及逃走，还残留着陈耐安家的一些妇女，都不是陈家的主要人物，我们也就不去管她们了。第二进房屋是一个楼厅，我们便把它们作为中国国民党（"左派"）屠甸区党部的办公场所，楼上的雕花红木大床，大家都上去睡一睡，滚一滚，大厅的屏门上用蓝漆作底，用白漆写上了《建国大纲》，由我设计，大家动手来写。当时，我们打土豪劣绅的行动，社会上一小撮和陈耐安有关的人都咒骂我们做得太绝、太过火了。中立的人则不声不响看热闹。同情支持我们的人，亦即曾被这些土豪劣绅

欺压过的穷苦市民，无不拍手称快，大声叫好，这样的人占着大多数。①

钱君匋的这个回忆，是一幅典型的 1927 年革命图景，和毛泽东同志对那时农民革命的描述十分相似，他在《湖南农民运动考察报告》中曾说："反对农会的土豪劣绅的家里，一群人涌进去，杀猪出谷。土豪劣绅的小姐少奶奶的牙床上，也可以踏上去滚一滚。"②

钱君匋和他那些年轻乡亲的革命行动，情景何乃相似？按照毛泽东同志分析，这样的革命是"由大的革命热潮鼓动出来的力量所造成的"。当时，虽然陈耐安逃走了，没有抓到，对钱君匋来说，既过过设计的瘾，也替自己出一口当年被陈耐安剥削的闷气。

三、进上海专科师范学校

1923 年，钱君匋愤而辞去桃园头小学的教席后，便失业在家。于是和父亲钱希林商量，下一步怎么办？父亲没有门路，也没有办法，两人一筹莫展。忽然，父子俩不约而同地想到了小学老师钱作民。钱君匋的父亲说，我去请教请教钱老师，看看他有没有办法。于是，就去和小学老师钱作民商量。钱老师知道钱君匋的情况，也知

---

① 钱君匋：《回忆詹醒民》，晓云、司马陋夫编：《钱君匋艺术论》，线装书局 1999 年 8 月版，第 267 页。

② 毛泽东：《湖南农民运动考察报告》，刊《毛泽东选集》一卷本，人民出版社 1967 年 11 月版，第 16 页。

道钱家生活的艰难，他说："我有个认识的朋友，石门人，叫丰子恺，在上海办了个学校，是专门培养艺术人才的。不知道能不能进去，能够进这个学校，将来回来当个小学老师，工作也是很稳定的。这样吧，我给丰先生写封信，我走不开，你们找个人陪同去上海面见丰子恺。"

就这样，在钱作民老师的推荐下，钱君匋的父亲向屠甸镇上的米行借了 300 元，拿了钱作民的介绍信，安排钱君匋去上海。此时，邻居沈老方正好也要去上海，钱君匋就在沈老方的陪同下，去上海找丰子恺。于是，钱君匋在丰子恺的关心下，免试插班上海专科师范学校，专攻国画和音乐。

上海专科师范学校是一所私立的艺术教育学校，创办于 1919 年，是丰子恺、吴梦非、刘质平等一起创办的，地点在上海小西门黄家阙路一弄内，吴梦非自任校长，丰子恺任教务主任。据说，当时这座私立艺术学校，分高等师范科和普通师范科，以培养中小学艺术教师为宗旨，男女同学，学制两年。钱君匋进这个学校后，住在第二宿舍第一寝室，据钱君匋自己回忆，这个寝室在一个楼梯边上，所以只能住 5 个人，与钱君匋同寝室的有：陶元庆、陈云、秦之君、张克明，与钱君匋同班的同学，还有刘竞媛、严慕霞、冯煊等，事实上，钱君匋 1923 年秋天插班专科师范学校专攻图画和音乐时，丰子恺的教务主任只是挂名在学校，人已经在浙江上虞白马湖春晖中学教书，有空也偶尔回上海。

虽然是熟人举荐介绍，免试入学，但钱君匋进这所以培养中小学美术老师为宗旨的学校，对日后钱君匋从事出版工作和封面设计，也是适得其所。在这所学校里，钱君匋的封面设计与书画，得到正规训练和指导。在师辈中，除丰子恺之外，还有专门教图案的吴梦非，在吴梦非的教授中，钱君匋对图案的认识有了新的提高，知道这种器物上装饰绘画的变形结构、色彩和纹饰，在艺术家眼里就是要艺术地去理解，而不是技术地去摹仿。而且这种线条纹饰需要想象。吴梦非的观点，深深地感染影响着钱君匋，艺术需要想象——这是年轻钱君匋得到的一个非常深刻的印象。同时在吴梦非老师的指引下，认真研究了日本装帧设计师杉浦非水和伊木忠爱的作品集《杉浦非水图案集》《伊木忠爱图案集》，这两本书让钱君匋打开了眼界，从钱君匋后来的书籍封面设计实践看，日本装帧设计师杉浦非水和伊木忠爱对他的影响不小。吴梦非（1893—1969）是浙江东阳人，和丰子恺都是李叔同先生的学生，但他比丰子恺大五岁，都是浙江省立第一师范学校毕业，是音乐美术方面的艺术教育家。新中国成立后在浙江省文联工作，为浙江省文联组织部副部长，浙江省人民代表大会代表。后来调上海音乐学院教务处任职。主要著作有中学的音乐教科书，如《初中乐理》、《初中音乐》、《简师音乐》、《师范音乐》以及《五四运动前后的美术教育》和参与编写的《中国音乐史》等。

在艺术上，钱君匋还有幸得到弘一法师的另一位弟子刘质平的亲授，刘质平（1894—1978）是音乐教育家，他对音乐的理解让弘一法师都感到十分欣慰。刘质平是海宁盐官人，当年李叔同着意培养刘质平，1916年刘质平浙江省立第一师范毕业后，专门资助他赴日本东京音乐学校深造，回国后就在上海专科师范学校任教。钱君匋进这个学校读书时，刘质平仍在这里教音乐，而刘质平先生的音乐课对年轻的钱君匋来说，非常投缘。钱君匋的好学与刘质平执教的认真相得益彰。钱君匋在音乐里找到了感觉，在音乐里得到了悟性，与他的书法、绘画等十分相近。所以钱君匋在音乐上的造诣，对他后来创办音乐专业书店——万叶书店，不无关系。所以，刘质平对钱君匋音乐的影响，却是不争的事实。

上海专科师范学校各门功课的任课老师都是有专长的人，吕凤子老师的书法、篆刻也深深地影响着钱君匋的艺术发展。因为钱君匋与一般同学不同。钱君匋有基础，有根底，书法、绘画都讲究个出处，而且钱君匋不张扬，不狂，所以深得吕凤子老师的喜欢。在上海专科师范学校的两年学习期间，吕凤子老师带着钱君匋去见吴昌硕的往事，让年轻的钱君匋铭记一辈子，时间过去六十年仍记忆犹新。钱君匋专门写过一篇长文《略论吴昌硕》，系统论述吴昌硕的艺术成就和艺术造诣。

钱君匋不光沐浴在这些有真才实学的老师的艺术氛围里，而且同学中还有陶元庆这样的莫逆之交。陶元庆虽然是钱君匋的同学，但对钱君匋而言，是亦师亦友的。陶元庆比钱君匋年长十四岁，钱君匋的天才和好学，让陶元庆有知音之遇。所以，钱君匋与陶元庆可以说是形影不离，艺术趣味、爱好、追求相近相同，陶元庆对他的影响无疑是非常大的。所以，钱君匋在后来回忆起来，依然感到无比温暖。且看他在《陶元庆和我》一文中的回忆：

陶元庆和我认识在上海艺术师范，我们同住第二宿舍，而且又是同一寝室，床连着床。元庆长我十四岁，当时已在《时报》主编《图画周刊》，为了获得专业文凭，所以特地辞职来校读，其实他的绘画早已具备很深湛的水平。

我们每晚在熄灯后，经常要闲扯一阵连床废话才入睡，这些连床夜话，天南地北，毫无边际，涉及的范围很广。首先我们互相知道都是浙江人，而元庆是绍兴人，我是桐乡人。元庆是鲁迅在绍兴府学堂时期的学生，为鲁迅器重。元庆有一位同学许钦文也为鲁迅所器重，钦文和元庆在府学堂就成为莫逆之交，其亲密较亲兄弟有过之而无不及。现在我们在艺师同一寝室，也由初识而逐渐进入到感情深厚，最后也成为钦文和他一样的莫逆之交。元庆有一次柔声柔气对我说，他自己好比是《红楼梦》中林黛玉。这话和他的形象确乎有点相似之处，元庆虽是一介须眉，但其一举一动都有些像女性，他说话时常常把右手遮住嘴巴，声音很婉转，夏天不出汗，衬衫的领上没有龌龊，坐着的时候常吟诵古诗词，性格很沉静。我听了他的话，细细体味，确乎有些像林黛玉的化身。元庆又说我年龄比他小得多，可以算是他的"丫头"，而钦文则不然，钦文颇有雄赳赳的气概，年岁和元庆不相上下，他说可以作为他的"当差"。我打趣说那么"贾宝玉"呢? 有没有人称"贾宝玉"的资格? 元庆就没有回答，可见我们三人之间亲密程度了。

为了在艺师时期独占第一宿舍的第一寝室，每学期开学之前互相在信中约定到校日期，同时提前一日到达，提前缴费，以便分配在同一寝室，我和元庆在寝室里同在一张桌子上完成班上布置的作业，我的图案课作业经常得到他的指导而获得高额分数，我在书籍装帧上得以崭露头角，其功和他是分不开的! ①

---

① 钱君匋:《陶元庆与我》，刊晓云、司马陌夫编:《钱君匋艺术论》，线装书局1999年8月版，第233—234页。

钱君匋的这个回忆，可以想见当时他和陶元庆两人关系之亲密。钱君匋后来在开明书店从事封面设计能够得陶元庆艺术熏陶，让鲁迅、茅盾等大作家也看到他们一脉相承的艺术个性。

后来，钱君匋在开明书店封面设计时，常常得到陶元庆的提携和帮助。当时，陶元庆为鲁迅书籍作封面设计出名以后，请他设计封面的人纷至沓来，陶元庆实在推辞不掉的，便和作者商量，推荐钱君匋来设计。这让钱君匋感动不已。后来，陶元庆英年早逝，孑然一身离开人世后，钱君匋与鲁迅、许钦文一起，在杭州西湖边集资为陶元庆建墓立碑，每次去杭州，总要去陶元庆墓地凭吊，怀念这位亦师亦友的同学。

现在看来，陶元庆的治艺方法、治艺态度对钱君匋的影响也很大。比如陶元庆封面设计的谨严，构思的缜密，作品的效果常常引人耽于遐想等等，都给钱君匋很大影响，钱君匋清楚地记得，陶元庆他对每幅作品的"构思非常缜密，一定要在写生稿上做仔细的取舍，化繁就简，突出主题，追求色调的对比与和谐，线条的书法化，有流畅自如，有无漏痕的稚拙，形如块的组合又注意到表现主观的需要，不作无谓的拼凑，变形的地方使人叫绝，不同一般胡乱的、毫无意义的扩张描写，所以他的油画、水彩或水粉画，都是有独特的个性，高度的艺术水平，虽然是洋画，能融入中国民族形式的优点，而不碍洋画的表现"。

上海专科师范学校结下的师缘友缘和艺术氛围造就了钱君匋。这是当年借了几百元钱进上海专科师范学校的钱君匋和他父亲所没有想到的。

第二章

慧眼识才，一炮而红

一、在出版大门前徘徊的岁月

1925 年夏天，18 岁的钱君匋在上海专科师范学校毕业了，离开上海专科师范学校后，工作却成了问题。他去找商务印书馆的同乡沈雁冰，想去从事出版工作。但是，此时的沈雁冰正带头在商务印书馆闹革命，开展商务印书馆的罢工斗争呢。因为五卅运动之后，商务印书馆在中共的精心策划和组织下，罢工斗争正风起云涌。茅盾、陈云等正是商务印书馆罢工斗争的领导人，忙得白天晚上连轴转。所以，学校刚刚毕业的钱君匋冒冒失失地去商务印书馆找沈雁冰，结果自然是没有结果。况且此时的沈雁冰只是商务印书馆雇佣的一个高级编辑而已，而且正在闹工潮造老板的反，顾不上钱君匋的工作，是预料中的事。钱君匋晚年在自己编的年谱中写道："卒业前，曾至商务印书馆编译所拜访沈雁冰，即茅盾，请其代觅工作，结果未能如愿。"看来，这件事给钱君匋留下很深的印象。

钱君匋只好从上海回到老家浙江屠甸镇。

回到家里后，钱君匋生了一场莫名其妙的病。病中的钱君匋，心情有些颓唐，从小追求艺术，刻苦用功，从来没有放松过。现在学校毕业了却无处安身，凭他艺术方面的功底，在艺术学校、中学里面教艺术方面的功课，自己感觉已经是绰绰有余了。现在，一个学业有成的小伙子却病困故里，晚上辗转难眠的钱君匋，想得很多，也想得很远。想到了提携自己进专科师范学校的老师丰子恺，两年前是钱作民老师给丰子恺写信。自己才得以进校读书，现在认识了丰先生，并在他门下求学毕业了。虽然钱君匋进校后，丰子恺已在上虞白马湖春晖中学教书了，在学校里并不常见。但是，这个学校毕竟是丰子恺老师等创办起来的；而且想到丰子恺先生的从不疾言厉色的人品，让钱君匋胆大起来，他在病中给丰子恺老师写了一封信，希望丰子恺老师能给自己介绍一份工作。

一封普通的恳求信内容，无非是介绍自己学业完成，现在屠甸家里，一时找不到工作，希望老师引荐介绍等等。

钱君匋将信寄出后，一边在屠甸家里养病，一边满怀信心地等待丰子恺的回信。

不久，丰子恺回信来了，当接到丰子恺来信的一刹那，钱君匋的兴奋和期待溢于言表，心想，老师毕竟是老师，这么快就回信了，自己的全部希望，都在丰子恺的这封回信里了！但是，当钱君匋打开这封丰子恺的回信一看，傻了。丰子恺在信里毫不留情地批评钱君匋：一封要求别人帮忙的信里，竟然措词不当，错别字一堆，句子也不通顺，这样的文化水平，我能引荐介绍吗？丰子恺口气严厉地告诉他：我不能给你介绍工作，你先把文化课好好补补吧！

钱君匋看完信，真有点无地自容，他没有想到这位温文尔雅从不疾言厉色的丰子恺竟这么不给自己面子，上了两年的专科师范学校，怎么反而文字不通了呢？不过，钱君匋毕竟是钱君匋，一种与生俱来的自强不息的性格，让他很快冷静下来。钱君匋发现老师丰子恺"骂"得句句在理，并没有半点冤枉自己，老师指出的全是事实。钱君匋回想自己此前的求学经历，确实光注意用功于自己喜欢的书法、绘画设计、音乐等功课了，整天沉浸在线条、色彩、美妙动听的音乐里，而对文化基础的功课确实疏忽了，老师的一封信犹如当头棒喝，让沉湎在艺术世界里的钱君匋惊醒过来，没有深厚的文化底蕴，是成不了大家的，况且现在这样的文化水平，确实连找一份糊口的活儿都难！

老师严厉的批评，让钱君匋惊醒以后没有半点怨言，他想，老师的批评是对的，是为自己好！他暗下决心：自己应当补上文化这一课。

博大精深的中国文化对一个十八九岁的年轻人来说，真有点无从下手呢。耿直的钱君匋只争朝夕，他在屠甸家里唯一可以让他补上文化这一课的，只有一本商务印书馆出版的《实用学生字典》。于是，钱君匋就从读这部字典开始，硬生生地从"丶"部、"一"部开始，直到"鼻"部，"龙"部为止。一个字一个词这么读下去，钻研下去，从早晨到晚上，除了吃饭睡觉，1925年整整一个夏天，钱君匋将自己的全部精力都花在读字典、背诵字典上了，读了一遍，背了一遍，再读一遍，再背一遍。功夫不负有心人，钱君匋尝到了读书的甜头，许多过去似是而非的字，现在弄清楚了，许多习以为常的字，现在发现竟不可以这样写的，一些字、词的意义，也让钱君匋明白了许多。许多不常见的词语，常常让钱君匋感到眼睛一亮，一部并不宏大的字典，让钱君匋尝到读书的甜头。

一封信成就了钱君匋，一部字典为钱君匋成为一代艺术大师、出版大家奠定了最初的基础！

钱君匋后来在办出版过程中，写了不少文章和散文，曾出版过《素描》、《战地行脚》、《书衣集》等散文集，还有 20 岁时就编就的《春日》散文集。钱君匋的文笔如同他的其他门类艺术一样，十分清新和老到。摹人状物，寥寥几笔，生动清朗，叙事简明清晰，一目了然，明显留有五四时期的影响；虽然算不上是一个散文大家，但其作品堪称上品，许多篇章尤其是晚年一些散文，堪称精品，比如《谢谢理解》一文，文采斐然，洋溢着一个不断进取的大师的情怀。所以钱君匋那些至性至情的文字，源自丰子恺一封批评信后他的自学和苦练，没有这样啃字典的精神，也不可能有钱君匋上百万字的文字作品，更不可能有那些精彩耐读的篇章。

钱君匋在苦读苦练的同时，和所有的年轻人一样，苦闷的骚动，于是不断写诗写新诗。在钱君匋的文学作品中，诗词占了他的大部分，22 岁他就在亚东图书馆出版新诗集《水晶座》；1933 年自己编辑一部《君匋诗集》；1987 年在学林出版社出版古诗词集《冰壶韵墨》。从新诗创作到古诗词创作，显示了钱君匋深厚的文化底蕴。钱君匋新诗不让年轻人，古诗词创作直追古人。赵景深先生评钱君匋的诗时，有一段很有趣的比喻:"我该用什么来比拟君匋的诗呢?当你静夜在松林中散步的时候,一阵软软的风吹在你的脸上,这风,就是君匋的诗了!当你在床上假寐的时候,一阵淅沥而又哀怨的雨声将你滴醒,这雨,就是君匋的诗了!他的哀怨有如淡淡的影子,你无论怎么用手摸都摸捉不到,只能得其仿佛。①"所以今天读钱君匋这些新诗、古诗词,自然而然会想到当年丰子恺那封批评钱君匋文字不过关,文句不通的信。丰子恺的批评信之于钱君匋,促成了钱君匋的奋发努力,后来钱君匋在一篇文章中还谈到读书对成"家"的重要性,也谈到自己年轻时收到丰子恺一封批评信后苦读的事。他说:"一切有所成就的人都必须读书,读很多的书,读书可以增加知识、拓宽眼界,对每个人的事业都有促进作用。……学艺术的人,每读些艺术方面的书。读书对于自己的专业能起到提高、更新的作用。在艺术上,有一种所谓书卷气,就是从读书中得来的,有学问的人写出来的文章,创作的绘画、书法、篆刻……具有深远的意境,迷人的魅力。②"他还说:"十八岁那年,我毕业于上海艺术师范学校,丰子恺是我的老师。我毕业后没有找到工作,就写信给丰老师,请留心为我找个工作。我去信中有错别字和不合语法的文句,丰老师回信指出,要我努力,把这些缺点弥补。我读了信就奋发通读了两遍《实用学生字典》,从'一'部读到'龙'部,虽是工具书,但我读来颇有兴趣……③"钱君匋对在读书中得到的充实和感受溢于言表。

---

① 赵景深:《水晶座·序一》,参见钱君匋:《春梦痕》,上海书店 1992 年 9 月版,第 249 页。

② 钱君匋:《成"家"必须读书》,刊《上海语文》1989 年第 1 期。

③ 钱君匋:《成"家"必须读书》,刊《上海语文》1989 年第 1 期。

不过，后来丰子恺听说钱君匋在病中收到信后如此奋发读书，也颇为感动，曾感慨地说："真想不到啊！当年我的一封批评信，竟起了这么大的作用，竟然逼出一个作家和音乐家……"

钱君匋休息半年之后——其实他在自己给自己补课。经人介绍，去海宁一小担任小学教师，当时的海宁县城在盐官镇，这是一个观看闻名遐迩的海宁潮的胜地。在教书之余，年轻的钱君匋常常结伴去钱塘江边看潮水。钱君匋毕竟是钱君匋，连看潮水也都要与艺术创作联系起来，艺术通感让钱君匋顿悟，任何艺术都要有气势，而且气势要像钱江潮那样澎湃奔腾，势不可挡。然而，正当钱君匋徘徊在钱塘江畔观潮时，丰子恺来信要介绍钱君匋去台州省立六中担任音乐老师。钱君匋欣然前往——因为好友陶元庆也在那所中学里教书，专教美术，还有海宁章克标也在那里教数学，虽未谋面也早有耳闻，再加上有丰子恺的介绍，钱君匋就下决心去台州六中教音乐了。

这一年，钱君匋 21 岁。

其实，21 岁的钱君匋个子不高，是一个讷于言敏于行的人。老乡章克标在与钱君匋台州六中相识两年后，在一篇文章中留下了这样一个关于钱君匋的印象：

> 君匋和我相识，是那一年在台州的时候，我们同在一个以闹风潮出名的学校执教鞭。那时我们的卧室是紧邻，所以他们的一举一动，我是很明了的。他平常不大开口说话，即开口也不多讲的，这一点很合我不会酬应的人的脾胃，所以他比较还和我话得来。但他早上老是懒在床上，用被蒙了头不起来，时常把窗户掩遮得不让一点光线进去，使白昼也同黑夜一样，却是我不大喜欢

的。我时常早上要去闹醒他来，不使他安睡，虽则他原很可以安眠，因为上午大都没有功课的。每逢被人家闹醒时，他也不动怒，只用幽怨的眼光相你一相，因为他本来少说话的，所以仍是一句话也没有的。

有一次，承他看得起我，把他的一首诗给我看了，说是睡梦中做好的。这是我看到他诗章的第一次……①

章克标虽然是个不喜应酬的人，但思想深处却是一个新潮人物，与木讷的钱君匋情投意合。所以透过章克标的笔墨，其实我们可以看到 21 岁的钱君匋也和同时代青年有着同样性情。

然而，外表木讷内心丰富和极有情怀的钱君匋，与陶元庆的性情更加相近了，在陶元庆那里，钱君匋学到了许多封面设计的"窍门"，对封面设计真正感兴趣在台州六中跟陶元庆学习开始的，让钱君匋渐渐接近出版的大门。

但是，这种睡懒觉带诗意的教书生涯并不久长，学校里派系斗争，让钱君匋、陶元庆、章克标等青年教师不得安生。于是，钱君匋和陶元庆、章克标等不得不离开台州六中。

钱君匋离开台州省立六中之后，去了杭州位于城隍山元宝心的私立浙江艺术专修学校任图案老师。

在风光秀丽的西子湖畔，钱君匋与那些年纪相仿的俊男靓女在一起，有着无限的青春活力。有一位宁波来的学生叶丽晴，芳龄十六，正是情窦初开的年龄，她在听钱君匋讲课过程中，深深为钱君匋的知

---

① 章克标：《水晶座》序四。参见司马陋夫、晓云编：《钱君匋的艺术世界》，上海书店 1992 年 7 月版。

识魅力所吸引，因此，叶丽晴常常以各种借口，比如讨教，比如借书，等等，和钱君匋接近，钱君匋也喜欢这个女学生，所以两人交往中常常心有灵犀，从叶丽晴会说话的眼睛里，钱君匋常常感受到了她的深情——虽然两人谁也没有捅破这层纸，却已心心相印。但叶丽晴为了避免闲话，有事没事往钱君匋宿舍里跑的时候，还常常带着同学。钱君匋在此后不久写的《记春尽之某日》里，记录了青春少年初恋时刻外出写生画画的情形。将女友偕伴找他去西湖边写生写得趣意盎然，将叶丽晴那种爱慕情愫写得含蓄而又有分寸。

然而，钱君匋这段初恋的幸福时光并不长，学期结束，叶丽晴回宁波了。此时，钱君匋才真正感觉到自己已经喜欢上这个叶姑娘并且仿佛离不了她。钱君匋寒假没有回屠甸，一个人孤单单地留在杭州城隍山的学校里，痴痴地想着叶姑娘，等着叶姑娘，盼着叶姑娘。

开学时，叶丽晴回来了，但恋人是带着一颗破碎的心回来了，叶丽晴无言的脸色早已让敏感的钱君匋猜到了许多，叶丽晴无限幽怨、痛苦地告诉钱君匋，自己这次回去，已经与一个大她许多岁的男人订婚了，是家里人逼她的，没有半点办法了，回学校来，就是来告别的。叶丽晴的忧愁让钱君匋痛苦得无言以对。钱君匋眼看自己热恋着的姑娘离去的身影，十分痛苦和无助。

钱君匋将失恋的痛苦倾诉在一首首新诗里，在诗里排解自己的痛苦。他的《我的心已化成石块》等，就是自己失恋后的心绪记录：

我的心已化成石块／春天虽明年依旧会回来／但是朋友／我的心却永远没有春天／因为心已化成石块！

虽早先也曾留过爱情停足／而让喜悦的春风将声声的恋歌以

及和她缠绵的情话卷去／而让明净的潮波倒映着她和我的倩影／或于柔嫩的阳光里草地上让她和我出现于华伞之下／或于皎洁的明月映入窗槛时让我和她并睡于被褥之间／但现在这些都已成了隔世之事呵！

记得春天来时／伶俐的鸟儿会歌唱／原上的树林会青葱可爱／遍山野的花朵会含笑低语／粉衣的蝶儿会翩翩飞翔／潮水也会随波轻漾／还有那三三两两的恋人呀／俯仰唱和于春的乐园里／转念到我的心儿呢／因为已经化成石块／所以春天虽来了也这般冰冷／树林上青葱的叶儿落尽时／也这般的冰冷／唉唉，我的心里永远不会再有春天了！

有时仿佛在朦胧之中／我的心似乎又回复了从前的多情／以为春天又重复回来了／但我仔细一抚摸心儿／春天却依旧杳无形影／而心儿并未回复了从前的多情／确是化成了石块。

1926 年 8 月 27 日于紫薇山①

钱君匋失恋后精神上的痛苦跃然纸上，刚刚尝到恋爱甜蜜的滋味，却又失去了，他心冷了，冷成石头一般！正如他在另一首诗里讲的"愿爱情不再萌芽"，心已成石头，自然不会萌芽。此后一段时间，钱君匋的诗里，没有热情，只有寂寞、清冷等字眼。有时，钱君匋在夜里仰望星空，想起初恋时的姑娘，"几颗疏落的晓星，疑是梦里带回来你的明眸"。钱君匋难以忘怀！他在《怀远》一诗仍透出浓浓的愁绪：

---

① 钱君匋：《春梦痕》，上海书店 1992 年 9 月版，第 14 页。

当花开满院时／与你曾共赏／当月照中庭夜／脚边影双双／别后思念寝食立／今独对眠前景／心神惟黯伤！①

在另一首《寂寞的心》里，钱君匋的心扉依然紧闭着：

寂寞倚傍紧闭的心／是永远荒芜了／虽春风和畅地吹拂也不曾开过花／只随雨点呜咽。

那寂寞的心呵／永远紧闭着荒芜了／虽春风和畅地吹拂也不曾开过花／只随雨点呜咽。

海潮幽咽／斜风低泣／惟隐忧点领了我的心／秋草萎谢／白杨萧飒／惟苦闷侵蚀了我的心！

回顾遍染寒伧的人间／已无可留恋了／将使飞随浮云／同幻灭于虚无。

那遗下的悲苦／都奉还给自然／尘般往事／撇了开去／再无所歉然了／再无所歉然了。②

一句"再无所歉然了"可以想见钱君匋与宁波姑娘叶丽晴相恋的苦痛，随着时间的推移，正在慢慢地平复。但钱君匋因此而开始写的爱情诗，却一首接一首地从他笔下流淌出来。

在出版大门前的徘徊，让钱君匋更多了解社会，了解生活，也更多地了解了人们内心苦闷发泄的方式——通过写诗的形式，表达内心的想法和看法，无论是苦闷还是快乐，是愤怒还是兴奋，无论是甜蜜

---

① 钱君匋：《春梦痕》，上海书店 1992 年 9 月版，第 28 页。
② 钱君匋：《春梦痕》，上海书店 1992 年 9 月版，第 29 页。

还是痛苦，都可以通过书写来表达。所以在杭州私立艺术专门学校教书时，几个感情经历相似的文学青年教师，组织了一个文学性质的音乐社团——"春蜂乐会"，业余从事音乐创作，专写歌曲，与上海《新女性》月刊配合，在那里发表歌曲作品。钱君匋由此而不知不觉地向出版靠拢。关于这些青年组织"春蜂乐会"以及这几个年轻人的经历，钱君匋的儿子钱大绪说："父亲在1926年应浙江艺术专门学校之聘去了杭州，与同校教师沈秉廉、陈啸空、邱望湘等人组成'春蜂乐会'（全称"春蜂音乐会"，别名"春蜂乐会"），从事创作自由恋爱题材的抒情歌曲。这些歌曲曾风靡一时。'五四'以后反对包办婚姻，提倡男女平等，自由恋爱为广大青年的心声。歌曲被章锡琛刊登在其编的《新女性》杂志上，每期一首，一年下来有十二首歌，再编成《摘花》以集子的形式在开明书店出版。第二年的《金梦》由商务印书馆出版。第三年编成《夜曲》在商务毁于战火。这些歌曲曾在校园流行，成为教材，开了校园歌曲的先河。"① 其实，这是钱君匋最早的出版实践，虽然还没有进出版社，但是在杭州，钱君匋就最先尝试了出版传播的味道。

二、"开明"的缘分

钱君匋是1927年秋天进开明书店的。

开明书店的创办人是章锡琛先生，他是一位老资格的出版人，

---

① 钱大绪：《时雨光万物——父亲的出版情结，万叶书店》，刊《上海鲁迅研究》2007年春季卷。

1889 年出生在浙江绍兴，因为在上海的绍兴人比较多，1912 年，他23 岁那年，进上海商务印书馆工作，在《东方杂志》当一个编辑。在商务印书馆，他从一个普通编辑做起，一直做到杂志的主编，从一个一般职员到一个高级白领，精通和熟悉了图书出版所有业务流程。五四运动以后，商务印书馆领导顺应时代潮流，开始启用思想进步的新文化年轻人来担当杂志的主要责任。当时，选了沈雁冰为商务印书馆的《小说月报》主编，本来商务印书馆领导让沈雁冰同时主编《妇女杂志》，沈雁冰没有同意。沈雁冰在回忆录中说："大约是十一月下旬，高梦旦约我在会客室谈话。在座还有陈慎侯（承泽）。高谈话的大意如下：王莼农辞职，《小说月报》与《妇女杂志》都要换主编，馆方以为我这一年来帮助这两个杂志革新，写了不少文章，现在拟请我担任这两个杂志的主编，问我有什么意见。我听说连《妇女杂志》也要我当主编，就说我只能担任《小说月报》，不能兼顾《妇女杂志》。高梦旦似乎还想劝我兼任，但听陈慎侯用福建话说了几句以后，也就不勉强我了。"[1] 沈雁冰既然不肯接手《妇女杂志》，王莼农又辞职，商务印书馆当局一时找不到合适的人选，杂志又不能不办。商务有些左右为难时，《东方杂志》编辑钱经宇推荐章锡琛去主编《妇女杂志》。于是，从 1921 年开始，沈雁冰和章锡琛同时分别主编《小说月报》和《妇女杂志》，成为上海滩上的一道新文化风景。章先生曾经回忆说："王莼农去职后，一时找不到人，钱经宇推荐我去充数。我因为这方面毫无研究，不敢轻易担任，经钱经宇再三督促，才勉强应允。商务对这杂志一向不重视，只求换一个人，把提倡三从四德，专

---

[1]　茅盾：《我走过的道路》（上），人民文学出版社 1981 年 10 月版，第 160 页。

讲烹饪缝纫的老调变换一下就成，所以只让我一人单干。"① 后来，章锡琛也干得风生水起，销量上升，影响很大。当时沈雁冰主编《小说月报》，干了两年就辞职，在国文部当编辑，同时秘密从事中共的革命工作。而章锡琛先生一直主编到 1925 年。期间，他编辑发表了许多有关妇女解放和自由恋爱的文章，甚至出版《离婚问题专号》，受到广大读者的欢迎，但是同时也受到一些老派文人的强烈反对。1925年 1 月，因为章锡琛在《新性道德专号》上发表《新性道德是甚么》和周建人的《性道德的科学标准》，引起北京大学名教授陈大齐的强烈抨击，掀起一场轩然大波。对此，商务印书馆当局感到十分烦恼，要求《妇女杂志》主编章锡琛将每期杂志文章的清样送王云五审查通过以后，才能付印。因此章锡琛进行坚决的斗争，表示"只允许把编成的原稿送审，并要求把我编辑者的名字去掉"②。王云五不让步，章锡琛只好辞职。但是，商务采取对待沈雁冰同样的办法，允许章锡琛辞去主编职务，调国文部工作。因为商务当局担心章先生走陆费逵的路，出去办个出版社，和商务印书馆形成竞争。当时，离开《妇女杂志》的章先生在郑振铎、胡愈之、周建人等朋友的支持下，与吴觉农等创办《新女性》杂志。社址设在上海宝山路三德里吴觉农的家里，由吴觉农担任编辑发行人，并且在 1925 年底提前发行《新女性》杂志。于是，商务印书馆发现后认为是"同业兼营"，是严重违反纪律的行为，解雇了章锡琛。

---

① 章锡琛：《漫谈商务印书馆》，刊《商务印书馆九十年——我和商务印书馆》1987年 1 月版，第 116—117 页。

② 章锡琛：《漫谈商务印书馆》，刊《商务印书馆九十年——我和商务印书馆》1987年 1 月版，第 116—117 页。

于是，章锡琛真的走了陆费逵的路，出于谋生的需要，章锡琛离开商务印书馆以后，自己出去搞发行、编书，集资筹办出版社。1926年8月，开明书店正式创办。在宝山路宝山里60号章锡琛自己家里，挂出了现代出版史上无法绕开的开明书店的牌子。而钱君匋因为在杭州给《新女性》每月一篇的投稿关系，和章锡琛建立了深厚的友谊。

1927年8月，章锡琛邀请钱君匋入职开明书店。钱君匋进入开明书店，担任音乐和美术编辑。至于章锡琛和钱君匋，之前只通过信，从没有见过面，章锡琛也不认识钱君匋，据说，"章锡琛从其投稿看到他有才能，就去信从浙江把这位从未谋面的人请来上海开明书店做美术、音乐编辑。"所以，钱君匋碰到章锡琛是幸运的，也是一种缘分。认识章锡琛，进了开明书店，也改变了钱君匋以后的人生轨迹。他在《我在开明七年》中深情地说："我在'开明'的七年时间里，熟悉了编辑出版的业务，实际工作锻炼了我，培育了我，使我成长为一员还算合格的编辑出版工作者。同时，我在书籍装帧上立稳了脚，对音乐的编辑出版也有了一定的经验。这些事我是没齿不忘的。"对章锡琛先生，钱君匋在《忆章锡琛先生》一文中说，当时自己和他通信不止一次，"虽然还没有见过面，但已是相互了解的朋友了。等到《新女性》扩大成为开明书店，章老板想到我，要我进'开明'搞美术、音乐的编辑工作。我立即接受了他的聘请来到上海。到这个时候，我才认识了章锡琛。原来他是一位长者，待人和气直爽，有助人为乐的精神，真正是一位典型的绍兴人。"①

刚刚走进开明书店，钱君匋记得很清楚，印象很深。"时开明书

---

① 钱君匋:《忆章锡琛先生》，刊《钱君匋散文》，花城出版社1999年4月版，第91、93—94页。

店设于宝山路宝山里 60 号，章锡琛住宅内，以客堂为门市部，楼上设编辑部，同事有赵景深、王蔼史、索非、王燕棠等。"① 不久，赵景深被章锡琛聘为总编辑。进开明书店以后的钱君匋，编辑，装帧，自己创作，因此很快和开明书店的同事打成一片，成为朋友。章锡琛先生的子女回忆说："那时候，郑振铎、赵景深、钱君匋、索非、孙怡生几位先生帮助编辑、校对、装帧、发行等业务工作，一起住在我家，一同吃饭。人少事杂，生活艰苦，朋友来了也不分彼此，都把开明当成自己的事业，大家干得挺有劲。"② 所以，钱君匋晚年在《我在开明的七年》中回忆说："记得当时先后进店的还有喜欢用紫色墨水写稿的赵景深，至今还健在台湾的索非和现在四川的王蔼史，不久又新添了王燕棠和郑××、陈云裳三位。章老板总管一切业务，兼编《新女性》月刊，赵景深分管来稿的审阅，索非分管出版印刷，王蔼史分管校对，我除分管音乐美术外，还要设计书面，王燕棠稍后进店，代替了去南洋教书的王蔼史，陈云裳协助他，郑××协助索非。我们几个人配合得很好，出版发行了很多受读者欢迎的好书。开明书店也从一粒小小的种子，发芽生长，一帆风顺地成为一家中型的进步书店，声誉远播，在知识分子中影响很大。"③ 因为同事关系融洽，开明书店办得风生水起，而钱君匋在其中，亲身感受了其中的氛围，领悟开明书店发展的道理和规律，相信他对开明书店成功的感悟，对钱君匋后来自己办出版，是有一定的启迪的。因为，在

---

① 《钱君匋纪念集》，中国福利会出版社 2007 年 4 月版，第 351 页。

② 出版史料编辑部编：《章锡琛先生诞辰一百周年纪念文集》，1990 年 10 月版，第 215 页。

③ 钱君匋：《我在开明的七年》，刊《书衣集》，山西人民出版社 1986 年 7 月版，第 132 页。

钱君匋看来，章锡琛先生办出版的风格、效率，钱君匋认可和赞同，尤其是章先生办出版的精兵简政方式，让钱君匋记忆深刻且非常认同，他说："章锡琛办店一贯精兵简政，在开明书店成立的头一二年间，他聘请了几位具有才干的人物。其中的赵景深，处事细致认真，所审阅的文艺稿件，要求颇高，出版后都能受到读者的欢迎。他自己写的作品，也是文笔隽美，思想犀利，水平很高。其次是王蔼史女士，校对工作极其认真，错字固然没有一个，就是标点，也没有不正确的，如遇不妥帖的句法，或感到不够完整的地方，她都能提请修改。章老板十分器重信任她。……再者是索非，他熟悉出版方面的一系列工作，对印刷、装订厂能非常圆满地协调，所以'开明'的书，印制周期短，能如期出版，质量很好，还常常把差错消灭在印制过程中。他自己也是一位作家，喜欢写些散文，与巴金是莫逆交。"① 所以钱君匋认为，这些精兵简政的措施，正是开明书店能够迅速崛起的原因之一。

还有，在开明书店期间，钱君匋认识了一大批前辈朋友，如沈雁冰、叶圣陶、郑振铎、徐调孚、周予同、杨贤江等等，而且，凭着钱君匋的聪明和才气，很快和他们建立了深厚的友谊。钱君匋在回忆章锡琛时说："章老在'商务'工作的时期，有许多不拘形迹的朋友，如：沈雁冰、郑振铎、胡愈之、叶绍钧、徐调孚、周予同、王伯祥、顾均正、钱智修、杨贤江、张梓生、黄幼雄、樊仲云诸公。章老离开'商务'，创办了《新女性》——开明书店前身后，因所在地与'商务'近在咫尺，这许多老友差不多每天下班回家，总喜欢

① 钱君匋：《忆章锡琛先生》，刊《钱君匋散文》，花城出版社 1999 年 4 月版，第93—94 页。

三五成群，来'开明'小坐，随便聊聊，互通一些新的消息。我当时在'开明'工作，经常碰到章老这些朋友，日子一久，我和他们也成为稔友。……章老的这些朋友与我都很亲热。我在他们的言谈、行动之间得到了不少学识，使我的视野宽阔起来。"① 这些人脉资源，给钱君匋走上出版之路、人生之路起了积极的引导作用。他在开明书店期间能够迅速崭露头角，包括以后自己创办万叶书店，都是极好的无形资源。

年轻的钱君匋在开明书店的生活是丰富多彩的，在世人仰视的名人中间，让年轻的钱君匋感受到名人情趣的另一面，这是钱君匋从来没有过的一种生活。比如在开明书店"酒会"上，让沈雁冰背《红楼梦》趣事，让钱君匋记忆犹深。他在回忆章锡琛的文章里，披露这件事：

> 章老的友人中，能饮绍兴酒五斤以上的有的是，他们就自愿结合成一个"酒会"，每逢星期六晚上聚餐饮酒。他们是叶圣陶、郑振铎、王伯祥、周予同、丁孝先、夏丏尊、丰子恺、范洗人、章锡珊和章老诸公，有时也临时邀请几人参加。我只能略饮三斤半的酒，章老说："君匋可以参加，放宽一些尺寸请他来。"于是我也参加过几次酒会。有一天，郑振铎来"开明"找章锡琛，在言谈间，涉及沈雁冰，锡琛对振铎说雁冰会背诵整部《红楼梦》，振铎听了不信，章老就挑动振铎说可以赌一席酒，当时我正好也在场，章老指着我对振铎说："如果雁冰背

---

① 钱君匋：《忆章锡琛先生》，刊《钱君匋散文》，花城出版社 1999 年 4 月版，第 95—96 页。

不出《红楼梦》，这席酒由我请客，如果能背，那就要你请客罗，证人就请君匋担任，就在这个星期六，怎样？到那时任你要雁冰背哪一回都可以。"振铎还是将信将疑，章老板再进一步"迫"着振铎。他俩本来经常打趣，这时振铎用福建口音说："我试试看吧。假如雁冰背不出来，你不要赖账！赖账我要找君匋。"到了星期六，一席厨房酒已经摆好在"开明"的楼上，同饮者十人。陆续而至的是章锡琛、郑振铎、沈雁冰、章锡珊、徐调孚、周予同、索非、汪曼之、陈云裳和我。酒过三巡，在说笑之间，章老对雁冰说："今天酒菜都不错，又都是熟人，已经喝了两杯，是不是来个助酒兴的节目。我想到一个，请雁冰背一段《红楼梦》，如何？"章老向全桌扫视一下，但见都在倾听这位"绍兴师爷"所出的点子，谁也没有出声。沈雁冰这晚兴致特别好，对章老板出的点子，没有拒绝，欣然应命说："你怎么知道我会背《红楼梦》？你既然点到我来背，就背一回吧，不知你想听哪一回？"章老喜出望外，对郑振铎说："请振铎指定如何？"当然没有异议。振铎从书架上取出早已备好的那本《红楼梦》，随便指定一回，请沈雁冰背诵，振铎自己两眼盯着那一回书，看是否背得对。章老板则说："大家仔细听着，看雁冰背得有没有漏句漏字，若有漏句漏字，还要罚酒。"大家鸦雀无声，都竖起双耳听他背了好长一段时间。章老向郑振铎附耳说："你看怎样，随点随背，他都不慌不忙背出来，不错一字一句，你可服帖了吧！？要他背完这一回还是停背了？"郑振铎非常惊讶地说："我倒不知道雁冰有这一手，背得实在好，一字不错。你问我要不要把这一回背完，我看可以停止了，我已经认输，今天这席酒由我请客出钱。"

到这时，章老板对沈雁冰说："雁冰，背得真漂亮。我和振铎赌你能否背《红楼梦》，今晚你帮我胜了振铎，请停止背吧，谢谢你！"雁冰这才知道他们要他背《红楼梦》是在打赌，他说："原来你们借我来打赌，我竟被你们利用了，只怪我答应得太快。"此事章老板获胜，振铎认输，双方没有争执，我这个证人总算太平无事。①

钱君匋在开明书店时，就工作生活在这样的环境气氛里。他幸运地沐浴在前辈同事朋友的友谊和智慧里，激励年轻的钱君匋在出版事业方面的努力。有一次，经常在开明书店自己的刊物上写点文章的钱君匋收到叶圣陶的催稿信，说"你可得快点写，别人的稿子已全部交齐，就少你一个人的了"。钱君匋一看，赶快开夜车完成任务。第二天亲自交给叶圣陶，叶圣陶说："很好，你很守时，看看这几个人，到现在还没有交来。"他忘记自己在催稿信上的话了。钱君匋一听，很惊讶，就提醒叶圣陶，说："还有人没有交来？你不是说就等我一个人了吗？"叶圣陶不紧不慢地对钱君匋说："这是我拿手的催稿法，你可以学着点。"钱君匋一听，恍然大悟。后来，钱君匋自己组织稿子时，也常常使用这一招，果然，屡试不爽。还有，钱君匋发现，叶圣陶编辑稿子，还有一招，就是在发表某个人的文章并且需要连载时，先将发表计划公布于众，让读者有所期盼，让作者不敢偷懒，按时送稿。所以，没有多少时间，钱君匋在开明书店向朋友前辈学到了不少出版技巧。

---

① 钱君匋：《忆章锡琛先生》，刊《钱君匋散文》，花城出版社 1999 年 4 月版，第 97 页。

　　不久，钱君匋在装帧设计、图书编辑、音乐图书的选题等方面很快崭露头角，为开明书店同人所推崇，也为鲁迅、茅盾、巴金等新文学作家们所认可。

　　钱君匋在开明书店的最初的封面设计，有汪静之的《寂寞的国》，黎锦明的《尘影》、《破垒集》，谢六逸的《文艺与性爱》，索非的《苦趣》以及佚名的《鸽与轻梦》，周作人的《两条血痕》，沈雁冰的《动摇》、《虹》、《雪人》、《欧洲大战与文学》，胡愈之的《东方寓言集》、《莫斯科印象记》，陈万里的摄影集《民十三之故宫》，自己的散文集《春日》、选编的《中国民歌选》，顾正均翻译的童话《三公主》，刘半农的散文集《半农谈影》，章锡琛翻译的剧本《耄娜凡娜》，胡也频的散文集《鬼与人心》，柔石的小说《三姊妹》，赵景深、邱望湘的儿童歌剧《天鹅》，古籍《白雪遗音选》，丰子恺编的《西洋美术史》等近四十种书籍，以及开明书店的"发家"杂志《新女性》的封面设计还有商务印书馆的老牌杂志《小说月报》（郑振铎主编）、《东方杂志》、《妇女杂志》、《教育杂志》、《学生杂志》等等，都设计过封面。几年以后设计的封面如巴金的《家》、郁达夫的《达夫全集》、陈望道的《苏俄文学理论》、陈学昭的《时代妇女》、曹禺的《日出》，佚名《恋爱之路》，《文学月报》创刊号封面，陈则恭等编的《小学活叶歌曲》，还有鲁迅先生的《艺术论》、《十月》、《死魂灵》，等等。

　　因为钱君匋的封面设计，一开始就有很高的起点，所以没有多少时间，就成为开明书店装帧设计的主要力量。据说，钱君匋装帧的书籍，常常被放在开明书店样书的显要位置。随着钱君匋封面设计的影响在新文化阵营的扩大，出版界对钱君匋封面设计的认可度也越来越高。

钱君匋从 1927 年进开明书店到 1930 年前后这段时期，他主要是探索封面设计的内容与形式的统一。就是怎么样能够在封面设计中，更好地体现内容。封面如何当好书的内容的"扩音喇叭"。在形式上，用钱君匋的话说，就是"封面设计是书籍的外观，不是整个书籍装帧"。二三十年代的书籍装帧，一般指的就是封面设计。钱君匋进开明书店以后，章锡琛对钱君匋封面设计的培养，是通过鼓励，让钱君匋在完成任务中体现自己的美学思想和价值追求。所以，当章锡琛将设计《新女性》杂志新的封面的任务交到年轻的钱君匋手里时，钱君匋就下定决心，一定要把这本杂志封面设计好。他在设计《新女性》时，脑海里忽然一会儿想到岁月，一会儿想到年，一年十二个月，一个月一本杂志，十二本杂志就是一年。一年有春夏秋冬四季，杂志是记录人间岁月喜怒哀乐的，这又好比自然天象的阴晴圆缺，想着想着，钱君匋对《新女性》封面的设计，突然在脑海里冒出一个一年四季的想法，何不用春夏秋冬四季的理念来设计呢！钱君匋的想法立刻为章锡琛先生所认同。钱君匋为《新女性》设计的春夏秋冬四帧封面，据弘征先生在《有老声华蜚艺林》一文中描述，"春季的封面，以乳黄色为底色，黑色的燕子在柳叶中飞行，表现出一派生机勃勃的春景；夏季以湖蓝为底色，淡绿的芭蕉在细雨中摇曳，一只淡咖啡色的蜻蜓徜徉其间；秋季以深咖啡色为底色，秋菊岸然盛开，表现出萧瑟的秋，然而并不是凄清的神韵；冬季以乳灰为底色，常绿树苍绿不凋，无名的小白花勃然怒放，表现出虽是冰封大地，而自然界生命力依然"。[①] 显然这是一年四季不

----

① 弘征：《有老声华蜚艺林》，刊《钱君匋的艺术世界》，司马陌夫、晓云编，上海书店 1992 年 7 月版，第 351 页。

同封面寓意以及它的艺术意境，反映出钱君匋这个年轻人的生命追求和审美理想，杂志封面别致而又简洁，朴实而又大方，单纯而又时尚的艺术效果，让读者眼前一亮，老杂志的华丽转身，让开明书店的老板们感到莫大的欣喜。章锡琛没有想到，钱君匋对杂志装帧会如此用心，会设计出如此契合时代进步要求而又和内容如此符合的封面。

茅盾当年从大革命的中心武汉潜回上海，足不出户写小说，写出了《幻灭》、《动摇》、《追求》三部曲，引起中国文坛的震撼！他的作品，一时洛阳纸贵，也引起出版界的关注。钱君匋是茅盾的同乡，所以，茅盾的《动摇》请钱君匋做封面设计，对此，钱君匋仔细研究了茅盾的小说，绘制了这样一幅封面：朱红的底色上，画着一个青年女子，她的正面脸庞，有一只蜘蛛从一条丝上挂下来，正好在脸庞正中。所以钱君匋只画右半边，左半边就不画了。这个封面上的奇特画面，给人一种强烈的信息：即表示书中的女主人公既敢于冲击黑暗的罗网，但又对前途茫然的心情。据说，钱君匋匠心独运的设计，得到小说作者茅盾的肯定。茅盾流亡日本的时候，创作了一部长篇小说《虹》，1929 年在《小说月报》连载以后，1930年 3 月由开明书店出版，这个《虹》长篇小说的封面，也是钱君匋设计的。他读过小说之后，准确把握作者的创作思想和作品内容，封面设计上蔚蓝的天空，显现出圆弧的虹霓，远方有一点云彩，准确地表达了作品的主题和作者的祈望。所以，茅盾后来在开明书店出版作品，也都请钱君匋设计封面的。二十年代沈雁冰（茅盾）的另一部作品《雪人》的封面，也是钱君匋设计的，同样也是他追求内容和形式的统一，在淡淡的底色上，用浅红、浅灰和黑色绘成雪的变形图案，突出了雪的意境，让人感觉到那种"雪"的境界。后来，钱君匋回忆这个封面的设计时，专门说到，《雪人》一书所设计时，"着眼在'雪'这个字上，用雪花来变化，既表达了书的内容，又作了美的装饰"。1928 年 11 月开明书店出版的沈雁冰的《欧洲大战与文学》的封面，钱君匋设计得非常现代，一大片的密密麻麻的外文字母，占了封面面积的 90% 以上，加上一些具有战争元素的图案，让人感觉战争与文学的某种联想。这样的封面，在今天看来，仍然没有过时的感觉，相反，依然时尚。

钱君匋为巴金的早期作品设计封面时，巴金还没有出名，还是一个文学青年，上一年底刚刚回到国内。1929 年 10 月，巴金的《灭亡》在《小说月报》连载四个月以后，由开明书店出版。钱君匋为巴金的这部小说设计了封面，用黑白二色为基调，图案的线条，硬软结合，黑白分明，中间为红色的印刷字体书名，黑白之间的红色，主题非常突出。巴金看了也非常喜欢。后来，巴金的一些作品，比如激流三部曲的《家》、《春》、《秋》以及《新生》等等，也请钱君匋去做封面设计。其中，巴金的《新生》，钱君匋清楚地记得，"这是一部中篇小说，书面的下端用黑色画了三级石头台阶，一枝小草从石头缝里顽强地生长出来，用小草象征新生，把石头台阶比作黑暗的势力。技法不用由浓到淡的照相机式层次，而以无数细点来表现疏密浓淡。设色简洁，只有红、黑两种，红色作书名，象征血，黑色象征铁，铁与血交溶，暗示敢于向旧世界挑战的英勇气概，留给读者一种宽广的联想。"[1] 周作人的《两条血痕》，是钱君匋进开明

① 钱君匋：《书籍装帧生活五十年》，刊《钟声送尽流光》（钟桂松、郭亦飞编），地震出版社 2014 年 7 月版，第 72 页。

书店不久做的一本封面设计，当时的周作人已经功成名就，在新文学的历史上，已经占领一席之地，所以，这样的一位新文学名人的作品，由钱君匋这样一位刚刚进出版社的年轻人来设计封面，其本身已经是大胆之举。但是，钱君匋不慌不忙，凭借着自己对作品的理解，大胆设计，在暗淡红底色上，用半个封面的面积，设计了三种形状的小品式的图案，而下半页则用印刷字体设计了四个字的书名，大部分是空白。这种疏密反差强烈而又不火爆的构思，即使现在看来，还是很大胆的设计。所以香港媒体认为，钱君匋"早期的《鸽与轻梦》、《两条血痕》和《山中杂记》等等，……用简洁的笔触和色彩画出情调很浓的小品画，适当的配在书上，色彩虽然只有两种或三种，但他很留意和书面用纸颜色的配合"①。

在钱君匋早期的封面设计中，他对于纸的颜色的选择和使用，是花了工夫的。因为有了底色的底气，在封面的画面上，能够做到大胆而又和谐，平和而又奇特。对钱君匋早期的封面设计，有的评论说，是钱君匋在封面设计的探索时期，一是探索适合于书籍装帧需要的形式；二是探索适合于自己的创作路子。其实，钱君匋进开明书店以后，如何让封面设计更加符合书的主体内容，在封面上更加新型、现代、摩登、美观、协调，而且有些已经开始向民族风格倾斜了。恐怕这是钱君匋早期书籍装帧即封面设计的主要特征。如1929年出版的陈万里的《民十三之故宫》的封面设计，钱君匋把书面的四分之三（左边）用金黄色调，四分之一用土红色调，这样，金黄色调，是象征荣华富贵和威严，土红色调象征了故宫的宫墙的色调，而圆形的装饰图

① 黄蒙田：《钱君匋的装帧艺术》，刊香港《大公报》1981年8月20日。

案，则选择故宫所藏的中国古代铜器中的装饰纹样（龙和如意图形），从而整体上形成了庄严辉煌的装饰效果，概括出故宫建筑物色彩的特点。所以，钱君匋早期的封面设计，已经积极往具有中国风格的封面设计方向去努力了。

三、在鲁迅面前

钱君匋是幸运的，20 岁出头的钱君匋进开明书店没有什么实习期、试用期之类的形式，就担当起开明书店出版的书籍的装帧设计重任，直接走上装帧设计之路。开明书店的书籍的美术编辑和封面设计，章锡琛一开始就放手让 21 岁的年轻人钱君匋去做，自然，钱君匋也充分调动起自己生活积累和艺术积累，发挥自己的艺术想象，无论在技术上还是在艺术上，都尽量做好每一部书的编辑和封面设计。而章锡琛看了钱君匋的作品，总是给予许多鼓励，这让钱君匋信心大增，工作的积极性也得到大大提高，感觉自己找到了能够发挥爱好和特长的一个平台。钱君匋非常珍惜开明书店这份既能够发挥自己的想法，又是一份稳定而高尚的工作。在以后的出版生涯里，这种敬畏和热爱，钱君匋矢志不渝，一如既往。

然而，更幸运的是，钱君匋在开明书店认识了鲁迅先生。

鲁迅先生是 1927 年 10 月携许广平从广州到上海定居的，在上海的鲁迅先生不再去大学固定讲课，而以写作为生。所以他对出版物的内容和形式等，十分重视，对书籍的装帧设计格外关注。到上海后，鲁迅对陶元庆的绘画展览专门写文章介绍。

钱君匋与鲁迅的第一次见面，是钱君匋1927年刚进开明书店不久的一次偶遇。钱君匋在《忆鲁迅先生》一文中，有一个详细回忆：

1927年的一个午后，我第一次见到了鲁迅先生。那时我正在上海宝山路宝山里60号初创的开明书店工作。这家新兴的小型书店，是鲁迅先生的乡友章锡琛所创办的，当时只有赵景深、索非、王蔼史和我这几个工作人员。那天鲁迅先生来开明访问章锡琛，上得楼来，第一脚踏进我们的办公室。我见他穿着浅灰色的长袍，唇上留着一小撮胡髭，气概非常温文庄重，有一种极可亲近的样子。他向着我问章锡琛在不在，我很恭敬地告诉他在里面的一间，话还没有说完，章锡琛听见鲁迅先生，连忙撇开座上客，三脚两步地从另一室迎了出来，招呼着让到里边去了。先在座的客人夏丏尊，为了计划出版书刊，正到开明来商量，于是鲁迅先生同时会见了他。鲁迅先生访问完毕，辞出时又通过我们的办公室，章锡琛就为我们一一介绍。其时我正好是一个二十岁的青年，见陌生人常现木讷之态。鲁迅先生转过身去，看见开明所出的新书，便随手拿起几本来，问这些书的装帧是谁的作品，这时我才战战兢兢地指着《寂寞的国》和《尘影》、《春日》这几种，说是我所作的。鲁迅先生看了又看，指着这种装帧诚恳地说："不错，设计得很好，受了一些陶元庆的影响是不是？但是有你自己的风格，努力下去，是不会错的。是不是还有其他的作品？给我看看。"我听了这番话，真是受宠若惊，不知如何回答才好。其实我当时所作的装帧还不成熟，更谈不上什么风格，这完全是鲁迅先生奖掖后进的话，我之所以把书籍装帧坚持到现在，鲁迅先生的这一番话，是起了决定性作用的[①]。

20岁时对鲁迅先生的印象，深深地刻在钱君匋的记忆版图上。这是钱君匋第一次与鲁迅先生零距离接触，也深深感受到鲁迅先生那渊博的学养和平易近人的风格。鲁迅作为文艺界的一面旗帜，在20岁的钱君匋这个小职员眼睛里，是要仰视的，何况这面旗帜竟对钱君匋的作品有所褒奖，这让钱君匋的印象更加深刻了。后来，陶元庆知道钱君匋与鲁迅有过不期而遇的缘分，便带着钱君匋去拜访鲁迅先生，钱君匋多年后回忆说：

这一年的十一月间，有一个上午，元庆来看我，邀我一起去鲁迅先生家看画像的拓本。当我们到了横浜路景云里，刚一进门，鲁迅先生就从楼上下来迎接。我们跟他上楼。大家随便谈了一些闲话。因为元庆常为鲁迅先生设计封面，不知不觉中便闲谈到这个上头去，并提出民族化的问题来，鲁迅一听，认为很有意思，便想到他所收藏的画像石拓片，于是取出来让大家欣赏探讨，并提醒我们是否可以从这种东西中吸取养料、由于拓片幅面过宽，只能一幅幅打开，摊在地上欣赏，楼上地位不够，便到楼下。鲁迅先生逐幅作了一些必要的说明，一直看到将近午饭时分。这些精美的画像拓片，对我的启发很大。后来我在许多封面中运用了这些画像的构图和技法，如《民十三之故宫》和《东方

---

① 钱君匋：《忆鲁迅先生》，刊《钟声送尽流光》（钟桂松、郭亦飞编），地震出版社2014年7月版，第149—150页。

杂志》等书刊装帧。①

在鲁迅当年日记里，对钱君匋有多处记载，鲁迅书信集里也收有给钱君匋的一封信。鲁迅日记里有五处提到钱君匋。一是 1928 年 7 月 17 日，那天天气晴朗，鲁迅偕许广平等同游杭州刚刚返回上海，此时，旅途劳顿的鲁迅在日记中写道："得钱君匋信并《朝花夕拾》书面两千枚。"那天，21 岁的钱君匋给鲁迅信上写些什么呢？事隔三十三年后，钱君匋回忆说：

> 鲁迅先生对书籍艺术一向非常重视，又是行家，所以他的著作以及他为人所编印的著作，其版式都非常优美，别具一格。他自己的著作，其装帧大部分出于陶元庆的手笔。元庆死后，鲁迅先生的许多书才自己来装帧，如《引玉集》等。只有《十月》和《艺术论》，以及后来的一本《死魂灵》和一本《死魂灵百图》，其装帧是我所作的。
>
> 到了下一年的七月间，元庆为鲁迅先生的《朝花夕拾》作好了极其优秀的装帧。印刷时，鲁迅先生怕形象和色彩与原作有出入，打算自己上印刷厂去看着印，又因有杭州之行，不能分身。这时，元庆远在北京。这件事就落在我的身上。我一向知道鲁迅先生对书籍印刷质量的要求很高，就一连跑了好几天印刷厂，在那里看着他们印制这个书面，对每套色彩都细致地校正了。我对书籍的印制质量的严格要求的习惯，寻起根来，还是由于受到了

---

① 钱君匋：《忆鲁迅先生》，刊《钟声送尽流光》（钟桂松、郭亦飞编），地震出版社 2014 年 7 月版，第 150 页。

鲁迅先生的影响。

《朝花夕拾》印完以后，我就附了一封信，一起托印刷厂送给鲁迅先生。那封信上所说的，除了关于《朝花夕拾》的印制以外，还告诉了鲁迅先生他所译的《思想，山水，人物》一书中的一个误译。……①

钱君匋的回忆大概是正确的，当时鲁迅先生刚刚从杭州旅游回到上海，不顾旅途劳累，当天就动手回信钱君匋：

君匋先生：

顷奉到惠函并书面二包，费神谢谢。印费多少，应如何交付，希见示，当即遵办。

《思想，山水，人物》中的 shetch Book 一字，完全系我看错译错，最近出版的《一般》里有一篇文章（题目似乎《信纸翻译之难》）指摘得很对的。但那结论以翻译为冒险，我却以为不然。翻译似乎不能因为有人粗心或浅学，有了误解，便成冒险事业，于是反过来给误译的人辩护。

鲁迅 七月十七日②

据鲁迅日记记载，这封十七日写的信是十八日发出的，18日"午后复钱君匋信"。而19日鲁迅"下午得钱君匋信"。钱君匋与

---

① 钱君匋：《忆鲁迅先生》，刊《钟声送尽流光》（钟桂松、郭亦飞编），地震出版社2014年7月版，第150—151页。

② 《鲁迅全集》第11卷，人民文学出版社1981年版，第626页。

鲁迅相熟之后，鲁迅对钱君匋也是关爱有加。1930 年，鲁迅自费出版木刻画册《士敏土之图》，画册用线装精印，编号出版。钱君匋写信向鲁迅索要此书，虽然印得不多，成本也很高，但鲁迅也欣然寄赠他一册。鲁迅在 1931 年 3 月 4 日日记里记着"得钱君匋信，索《士敏土之图》，即与之"。后来，鲁迅又印了《引玉集》，钱君匋对这本书也喜欢，又去信求书，鲁迅同样赠与他一册。1934 年 10 月 1 日，鲁迅日记中也有收到钱君匋信的记载。

不到 30 岁的钱君匋有幸与文坛巨匠鲁迅书信往来并且直接聆听鲁迅对装帧出版的见解，直接感受鲁迅做事做人认真负责的态度，让钱君匋终生受益。笔者在 20 世纪 80 年代碰到过这样一件事，当时君匋艺术院的同志送钱君匋先生一份工作总结，请钱先生审阅。但这份手写的总结的字，写得龙飞凤舞，钱先生看了一眼就让人退回去，让艺术院办公室的同志重新写过。他说，这材料是给别人看的，怎么可以写得这样龙飞凤舞？给别人看的材料，一定要写得端端正正，这也是礼貌，尊重别人。后来，我见他在包扎几本书，包得方方正正，扎得紧紧的，一丝不苟。当时我在旁边问钱先生：您这样一丝不苟是受谁的影响？钱先生二话没有，一边包扎，一边脱口就说："鲁迅"。当时我突然想到，恐怕古今中外成大家的人，都是一丝不苟的人。

当时，钱君匋为了学习研究日本的装帧设计，专门去内山书店买书，用于自己书籍装帧参考。期间，钱君匋也得到鲁迅先生的关照，让钱君匋这个年轻人感到无比温暖。他说：

> 当时我觉得日本出版的书籍很可爱，因而经常要买些日本版的书。日本国人内山完造在上海北四川路魏盛里开了一爿内山书

店，是唯一专销日本版书的书铺。第一次上这家书店，还是章锡琛带我去的，后来夏丏尊也曾经和我同去过几次。章锡琛、夏丏尊和内山完造都是好朋友，不过我跟他们去都是专门买书的，见了内山完造，也只是打个招呼，不曾作其他进一步的长谈。我买日本书愈来愈多，根据我的收入，往往买了这本，就不能买那本，幸好我有些稿费，还显得可以。有一次到内山书店去，看见一套多卷本的《世界标记图案大系》，开本很大，定价又贵，我很想买而又不敢下手。这一天正是隆冬，天气颇冷，我偶然闯进店堂中间，不料看到在一个角落里，鲁迅和内山完造两人围着火缸在饮茶闲扯，鲁迅手里还拿着一根烟卷，神态非常自若。我见是鲁迅，便举手打个招呼，鲁迅一见是我，就招呼我过去共饮一杯。我们寒暄几句后，鲁迅便介绍我与内山完造相识。内山我早已见过，但因语言隔阂，没有交谈，只是彼此心里有数而已，这次鲁迅郑重地把我介绍给他，他对我非常热诚，邀我一同坐下围着火缸饮茶。鲁迅问我是否经常来这里买书，我说三日两头来看看，这里的好书实在多，买不胜买。鲁迅似乎意识到我买书或有困难，便诚恳地用日语对内山说：

"钱君匋是我的朋友，他在新文艺界很著名，他买书较多，建议给他记账的优惠待遇，你看使不使得？"

内山完造听了鲁迅的建议，立即作出决定：

"是的，我经常看到钱君匋先生来买书，是一位大主顾，你的建议很好，我完全同意，从今天起，开个户头，钱先生买书，照中国的习惯，按一年三节结账不迟。"

鲁迅先生译毕了内山的一段话，我听后表示对两位的谢意。

《世界标记图案大系》已出的五卷，我便一口气买了下来，重甸甸地搬了回去。自此以后，我去"内山"买书，不愁囊中没钱，见好书就买，后来丰子恺先生为我画了一幅画，题云：

"藏书如山积，读书如水流。钱郎破万卷，博学难堪俦。"

内山书店买书记账的人并不多，我因有鲁迅的支持，才得到记账的权利。[1]

鲁迅先生这种关心，钱君匋感到无比温暖，后来他走上出版的道路以后，利用自己的篆刻艺术，在自己人生最困难的时候，为鲁迅先生刻 168 方笔名、别号的《鲁迅印谱》，以怀念这位在自己出版道路上扶持过自己的前辈。

在与鲁迅交往的时候，正是钱君匋在上海开明书店干得红红火火的时候，所以他有机会与于右任、夏丏尊等等前辈有交往，让钱君匋的出版眼光日渐开阔。

钱君匋与于右任先生的认识交往，据钱君匋自己回忆，是因为认识陈望道，是随陈望道去看望于右任，从此认识于右任先生并且经常来往的。有一天，钱君匋去看望陈望道，而陈望道恰恰要去看于右任，于是钱君匋就跟着一起去。钱君匋回忆说："我们来到于氏的上海官邸时，碰巧他要出车去江湾、吴淞一带去凭吊十九路军抗击日本侵略军的战场。寒暄之后，邀我们同去，于是我们也登上了他的车，向江湾、吴淞出发。后来他又留我们在官邸张灯便酌。酒过三巡，我不揣冒昧，开口向于老请求写字。他满面笑容地答应了，并在席间为

---

① 钱君匋：《想起鲁迅一件往事》，刊《钟声送尽流光》（钟桂松、郭亦飞编），地震出版社 2014 年 7 月版，第 152—153 页。

我挥写了八尺巨联'时雨光万物，大云庇九州'。然后兴犹未尽，又为我写了六尺联'险艰自得力，金石不随波'。这是我第一次获得于右任的手迹。归来后，展玩再四，彻夜难眠。以后凡有机会，都不放过请他写字，前后获得五十余件，再加上收购来的，不下七十余件。我都视同瑰宝。"① 从当时的情况看，因为出版上的事情，钱君匋与陈望道有交往，而且交往还很频繁的。陈望道是浙江义乌人，生于1890年，比钱君匋大17岁，他既是中共创始人之一，又是新文化的倡导者，先后在上海做过报刊编辑，大学教授，1928年创办大江书铺，从事出版事业，此时与钱君匋是同行。30年代后期开始到他晚年，陈望道基本上在教育系统工作。所以，陈望道早年在当报刊编辑的时候，钱君匋就与他成为亦师亦友的朋友。钱君匋他自己说，他是陈望道编的副刊《觉悟》上的作者，钱君匋的一些诗常在《觉悟》上发表，后来钱君匋为了提高自己的文化水平，还专门去听过陈望道的修辞学讲座。当时陈望道夫人蔡慕辉主编《微音》杂志，陈望道就让钱君匋为之设计封面。所以，陈望道与钱君匋十分熟稔。

但是，钱君匋能够出入国民党政府监察院院长于右任的官邸，民间的说法是，当时于右任在上海新娶的夫人沈氏是钱君匋老家浙江屠甸镇人，因为有这一层关系，钱君匋就成为于右任府上的常客。据说当年钱君匋在屠甸老家曾接待过于右任并请于右任为桐乡地方文献《檇李谱》题书名。于右任还为钱君匋家里写过"思源堂"的匾额。

当时，钱君匋的篆刻水平也为于右任所欣赏，所以，钱君匋常常到于右任官邸拜访时，时不时为于右任奉上几枚印章，让于右任大

---

① 钱君匋:《于右任和我其书法》，刊《钱君匋论艺》，西泠印社1991年6月版，第172页。

为开心。往往在这个时候，于右任就挥毫为钱君匋写字。在于右任看来，钱君匋是个忘年交，肯学、肯刻苦，是个多才多艺的才俊。而在钱君匋看来，于右任是大书法家，他的草书"用笔结构不脱北碑的奇丽、野拙，又兼有三种草书的特点"。钱君匋认为于右任的书法"为五百年来所难得"。所以他在与于右任先生的交往中一方面体味于右任的草书书写心得，从中感受于右任书法的真谛，钱君匋一生收藏七十多幅于右任作品，不少是于右任在宽松欢怡的心境下创作出来的，这和用重金购来观摩的效果是大不一样的，所以钱君匋从于右任的书法创作中得到的艺术滋养是不可低估的。另一方面，感受于右任这样大家的气势，在于右任的气场里造就自己艺术出版的大气。

在上海开明书店的日子里，二十多岁的钱君匋与敦厚温润的夏丏尊先生交往，犹如醍醐灌顶，让钱君匋想起来满是幸福。1928年年初，章锡琛聘请夏丏尊到开明书店担任总编辑的。夏丏尊（1886—1946），浙江上虞县人，早年留学日本，回国以后，在浙江省立第一师范学校教书，与李叔同等同事，钱君匋的老师丰子恺是他的学生，五四运动前后，他积极提倡白话文，并且身体力行，深受学生欢迎。1920年到1924年，夏丏尊先后在湖南第一师范学校和白马湖春晖中学教书，1925年到上海立达学园任教。1927年任暨南大学国文系主任，不久应聘到开明书店任总编辑。当时，钱君匋"在同这位长者的接触中，觉得他满腹经纶，为人正直，和蔼可亲。算起来我们之间的年龄要相差将近二十岁，但在工作中一点也没有觉察到他那么大年纪，而我又是那么小的年纪，相互之间，好像是同学一般，无话不谈，不拘形迹，谁也不会对谁有什么隔膜，融洽得像鱼水"，钱君匋回忆说。这种不分你我的融洽，让钱君匋更有机会零距离接触夏先生，领略夏先生丰富的出版经验和高尚的人格。

1929 年开明书店出版《李息翁临古法书》，"后记"本拟由夏丏尊撰并书，但到临开印之前，夏丏尊十分诚恳地说自己的字不好，请钱君匋代为书写。后来钱君匋虽然用心抄了两份，但钱君匋最后也同样用诚恳打动夏丏尊，最后夏丏尊听从小自己二十来岁的钱君匋的话，自己动手书写《李息翁临古法书》后记。钱君匋回忆说："有一天早晨，我走进办公室，见夏丏尊先生已经坐在我的对面。这位长者质朴持重，讷于言而敏于行，是我们年轻一辈的当然师表。他望着我说：'君匋！弘一大师的《临古法书》今天就要付印，我写了一篇《后记》，可惜我的书法较差，请代我抄一下作为原稿去制版行吗？'我说：'老夫子有命，当然可以，不过我写的字太嫩了，是不是合适，请你考虑。''先写出来看看，如果写成后你自己认为不满意时，那时再由我自己来写，也管不得丑媳妇见公婆了。就这样办吧，一言为定。'他说完后就干别的事去了。这天下午和晚饭后，我仔细把《后记》写了两遍，翌日见夏丏尊先生来了，请他过目，他看完了我写的说：'你很用功，写得不错，可以用，就用你写的吧。'我说：'丏尊先生，我思考了一个晚上，觉得我抄的东西不能用。''为什么？''你和弘一法师有几十年的交情，是他的知己、畏友、净友，出一本书是不容易的。你写的端庄厚重，比我老练，内涵的美要多得多哩，不如存真为宜。我不顾一切直言了，表示对二老的敬重。抄了两遍，表示不是偷懒推辞。'丏老说：'好，真爽快，听你的话我自己抄吧。你写的两份我们各人保存一份，留作纪念。'"① 事后，钱君匋非常感慨，觉

---

① 钱君匋：《追念夏丏尊先生》刊《钱君匋散文》（陈子善编），花城出版社 1999 年 4 月版，第 82—83 页。

得在开明书店和夏丏尊先生这样的前辈在一起做出版工作，是一种幸运。

在开明书店的历史上，还传诵着总编辑夏丏尊和钱君匋、索非这些早期开明人融洽的人际关系。钱君匋回忆说：

> 有一回，我和索非几个人闲谈着对联。我说以前曾经听到过一副为理发店所写的对联：
>
> 虽为毫末生意，却是顶上功夫。
>
> 大家听了，都说写得很好。丏尊先生见我们这样兴高采烈地谈论对联，就也来凑热闹，说，"我以前也拟过一副对联作为自况，联语是七个字一句：
>
> 命苦不如趁早死，家贫无奈做先生。
>
> 和你们刚才所说的那一联，是不是一样描写了个中情况，技巧上的工整怎么样？"大家听了之后，一齐叫起来："好极了，妙极了！"后来丏尊先生还要我为他书写这副对子，但是我自认为写得不够好，虽然写了出来，却搁着没有交出去，后来在不意之中，被他发现了。他说："写得不好不要紧，只要我欢喜，就不在乎写得好坏，作为纪念不是很好的东西么。"这一副对联就被他拿走了。①

后来钱君匋结婚时——1933 年，钱君匋仰慕弘一法师的字，想托夏丏尊向弘一法师求字。认真的夏丏尊没有同意，认为把和尚的字

---

① 钱君匋：《追念夏丏尊先生》，刊《钱君匋散文》（陈子善编），花城出版社 1999 年4月版，第82—83页。

拿来挂在新房里不妥当，但看到钱君匋真心喜欢弘一法师的字，不忍心拂逆这个小朋友的心愿，便将自己的一幅弘一法师的旧藏割爱赠予钱君匋，并在旧藏"一法不当情，万缘同镜象"的对子上题字："君匋思得弘公法书，检旧藏赠之。癸酉秋日，丏翁记"，表示因钱君匋仰慕弘一大师的字而检出赠与。这样的真情割爱，让钱君匋十分感动。

夏丏尊赠与的弘一法师书法，钱君匋一直珍藏着，直到"文革"开始，对子被红卫兵抄走。经过十多年劫难之后，弘一大师的真迹又回到钱君匋手里，连钱君匋都觉得"好像有神护着似的"。所以，每当提到这件事，钱君匋就心跳厉害，"我不禁思念着他们俩，泪水也潸然而下了"。

夏丏尊对朋友的真诚与无私，影响了钱君匋一辈子，在与钱君匋交往的过程中，恐怕人人都有一个体会，你有事情向他诉说后，他都会无私地向您伸出援助之手，甚至慷慨给予，在钱君匋的朋友圈里或者后学者里，得到过钱君匋的书画、印品的恐怕不在少数，据笔者所知，钱君匋家乡桐乡县里，从一般百姓到乡镇企业家，从文化工作者到机关干部，手头有钱君匋作品的人就不在少数。

在与鲁迅、于右任、夏丏尊交往中，钱君匋的出版思想、出版理念有了新的高度和宽度，让钱君匋懂得了出版思想对一个出版家而言，不啻是一个出版家的灵魂，没有思想的出版家，只能是一个出版工匠。钱君匋在后来的出版实践中，注重于出版的专业化，注重出版的高度。虽然，钱君匋是以音乐美术编辑的身份进入开明书店的，但是他受到的影响，见识和眼界，大大超出一个普通出版编辑的范畴。同样，钱君匋晚年自己提到章锡琛"经营有方"时，常赞许章锡琛"看准时代脉搏"的眼光，"与众不同"的出版理念，"精兵简政"的管理模式——聘请有真才实学的人来操持书店业务的做法，等等。对钱君匋以后自己从事出版经营活动都有极大的影响。

四、一炮而红的封面设计：钱封面

进了上海开明书店的钱君匋，已经站上一个出版的制高点。在上海这个高地上扮演着一个新的人生角色——封面设计的装帧家。今天我们回望钱君匋在走进开明书店之后的身份，是编辑——美术、音乐、文学等等，什么杂活都干的一个编辑，但其中的封面设计、书籍装帧，却是进开明书店以后钱君匋兴趣所在的一个亮点。

钱君匋到开明书店接手的第一份封面设计，是当时年轻而非常新锐的诗人汪静之的《寂寞的国》。钱君匋曾在《忆章锡琛先生》的文章里提到过自己进开明设计的第一本书，他说："我进'开明'去搞美术、音乐编辑，还担任'开明'的整个装帧工作。我第一件处女作是为汪静之的《寂寞的国》作封面设计，这个设计曾得到鲁迅的赞许。"钱君匋这个回忆没有错。今天我们追溯钱君匋出版之路时，相信钱君匋进开明书店后设计的第一幅封面，是湖畔诗人汪静之的诗集《寂寞的国》，这是不争的事实。因为"第一"这个概念，对出版艺术家钱君匋来说，是至关重要的一个序数，这"第一"做好了，才有第二、第三，何况钱君匋是一位对出版有抱负和理想的人。汪静之，安徽绩溪上庄镇余川村人，1902 年生，他是五四运动时期全国 142 个诗人之一。早年考取屯溪茶务学校，1921 年考取在杭州的浙江省第一师范学校。到杭州以后，汪静之十分活跃，与潘漠华、冯雪峰、应修人等人组织"晨光文学社"，聘请叶圣陶、朱自清为顾问。1922 年 3 月，又组织了我国现代文学史上有名的"湖畔诗社"。学校毕业以后，汪静之先后在武昌的湖南中学、保定的育德中学、安徽的第二农业学校担任国文教师。1926 年 10 月经郭沫若介绍，去北伐军总政治部宣传科任职。次年在《革命军报》特刊任编辑，兼《劳工月刊》编辑。大革命失败后在上海、南京、杭州等地的中学大学教书。新中国成立以后一直在出版、高校和文化系统工作。1996 年在杭州去世。而当年同样年轻的钱君匋为汪静之的《寂寞的国》绘封面设计时，20 多岁的汪静之正在武昌军队任职。汪静之在《寂寞的国》的"自序"中说："而且诗是我的生命的一部分，我在做诗便是在生活。我要做诗，正如水要流，火要烧，光要亮，风要吹；水不愿住了它的流，火不愿熄了它的烧，光不愿暗了它的亮，风不愿停了它的吹，我也不愿止了我的唱。"个子小小的汪静之，胸怀里充满了生活的激情，这样的激情化作文字，化作新诗，也深深地感染了封面设计者钱君匋，因为钱君匋也是一个在五四运动影响下，冒出来的新诗人，他读汪静之的诗，有着更多的共鸣。

不出几年，钱君匋的封面设计的风格很快形成并且成熟，甚至到了完美的地步，前几年的探索的痕迹逐渐消失，取而代之的是趋于完美。

首先，这个时期的封面设计，给人的感觉是构图的均衡和谐。无论是《死魂灵》、《苏俄文学理论》、《日出》、《波斯传说》、《芝兰与茉莉》、《新生》、《献给孩子们》，还是杂志类的《文艺阵地》等等，都是这方面很好的案例。画面给人一种宁静、协调的感觉，封面上的各

钱君匋（1907—1998）

1988年春，钱君匋、陈学鬐夫妇在桐乡君匋艺术院

20世纪80年代钱君匋回故乡与乡亲合影（前排左五为钱君匋、左二为本书作者钟桂松）

1993 年，钱君匋与巴金合影

钱君匋与王映霞

1988 年 5 月，钱君匋夫妇与日本篆刻家梅舒适等在日本合影

钱君匋（左八）在福建武夷山合影

于右任为钱君匋父亲钱希林写的"思源堂"

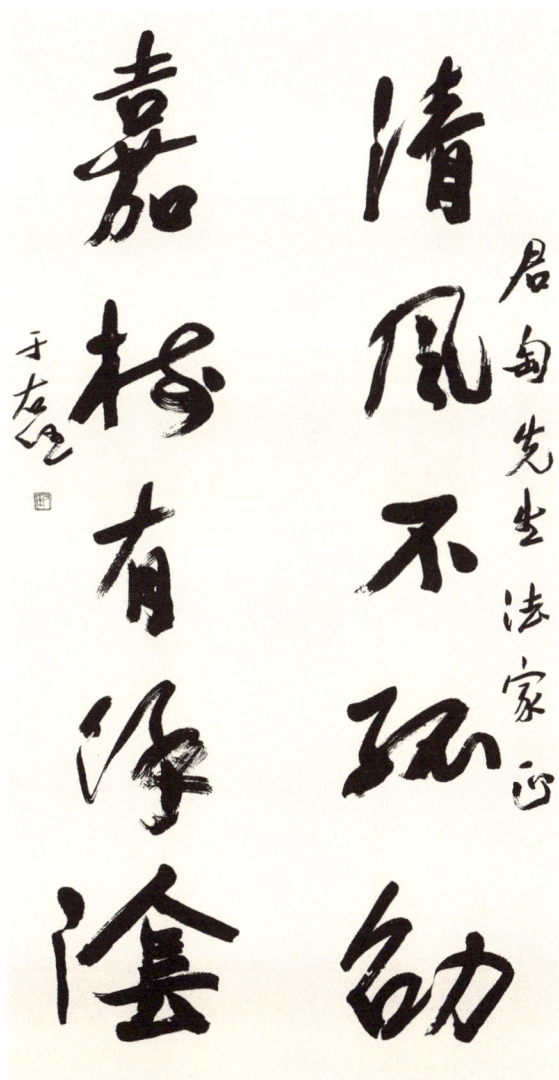

20世纪30年代于右任为钱君匋写的书法

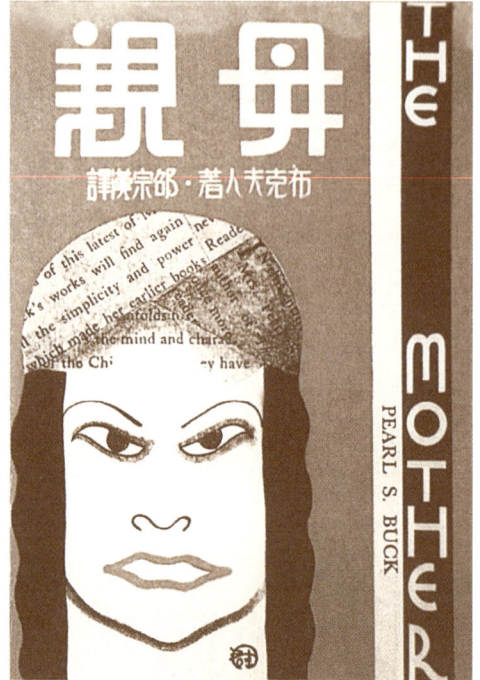

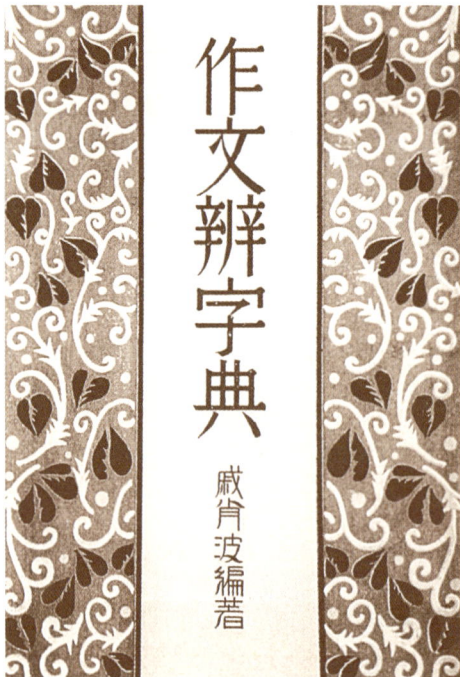

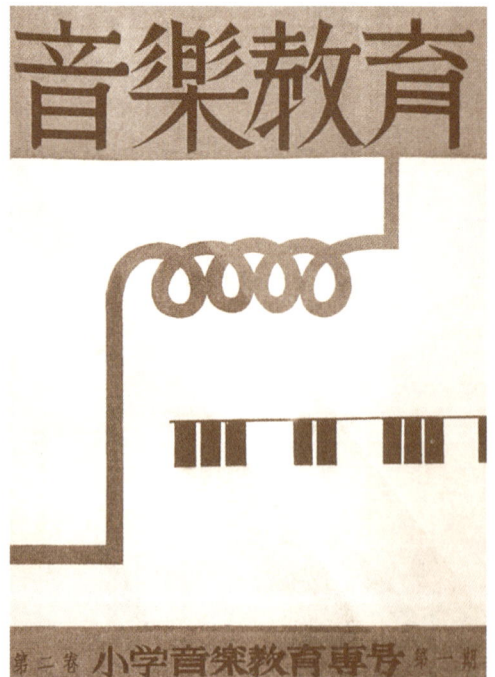

钱君匋在 20 世纪二三十年代的封面作品

钱君匋在 20 世纪二三十年代的封面作品

钱君匋 20 世纪五六十年代的封面作品

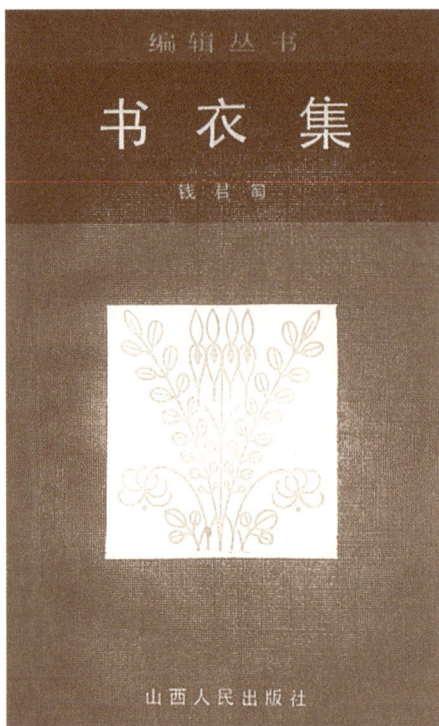

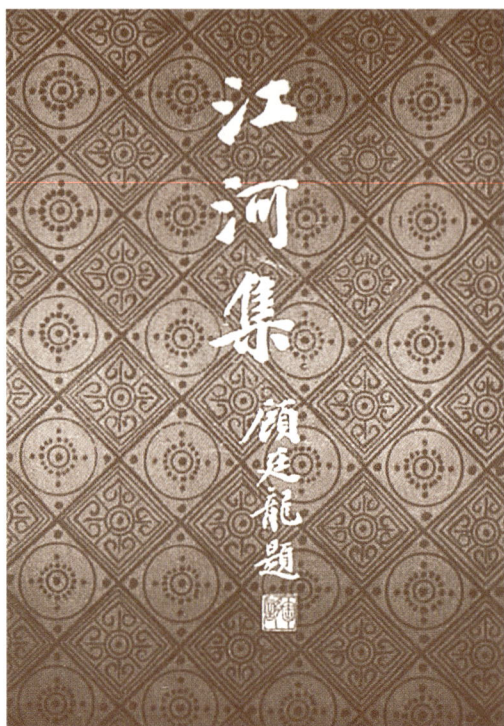

钱君匋晚年的封面作品

种元素，或是一片叶子，或是一朵花，或是曲线，或是直线，或是汉字，或是外文字母等各种图案的元素，相互之间成为一个总的整体，在体现一个主题中间相辅相成，相得益彰。正如罗之仓先生指出的，相互之间的这种关系，成为"不能缺少某些点或线，不能移动书名的位置，不能掉换一种颜色，甚至不能换成另一种纸（因为纸的色泽、质地已被组合进总体构思之中了）"。[①] 否则这种和谐就会被破坏。

其次是这个时期钱君匋的封面设计，对汉字的处理形成了自己的独特风格，汉字在封面设计中，是一种主要的元素之一，或者说，是一种关键元素，设计得好，起到画龙点睛的"睛"的作用，处理得不好，成为画蛇添足的"足"，所以封面设计中对汉字的处理，成为衡量一个封面装帧设计者水平的要素之一。钱君匋本身是书法篆刻大家，对汉字的敏感和美感程度，异于常人，所以在这一时期的封面设计中，无论图案字还是中国传统书法的行草隶篆，在钱君匋笔下，都处理得让人赞叹不已，尤其是手写宋体字，已经达到尽善尽美的境界，每一个字的笔画的粗细长短，在相互之间不能作丝毫的改动，而且钱君匋笔下的汉字，是有灵气似的，非常耐看。所以，当时新文学界的大师们对钱君匋的封面设计赞赏有加，是有道理的。

其三，在这个时期里，钱君匋的封面设计，出现一种"跳格"现象，就是钱君匋设计的书籍在书店的书架上，是最先跳入读者的眼中。甚至到了五六十年代，人们对钱君匋的书籍装帧，有一种亲切感和怀旧感。这固然与社会大环境有关系，但钱君匋的封面装帧设计的美学效果，已经深深印入人们的脑海里了。这恐怕也是事实。

---

① 罗之仓：《钱君匋书籍装帧风格的分期》，刊《钱君匋的艺术世界》，司马陌夫、晓云编，上海书店 1992 年 7 月版，第 44 页。

　　其四，钱君匋的音乐素养影响他的装帧封面设计。钱君匋的音乐天赋是他艺术世界的一部分。如1930年他为屠格涅夫的长篇小说《罗亭》所作的封面设计就明显留有音乐对他装帧创作的影响。这部小说描述的是一个缺乏实践勇气和能力的青年罗亭和大家闺秀娜塔丽娅的爱情故事。书中的罗亭是一个典型的懦弱者，他口中称颂爱情，但在现实压力面前，又唯唯诺诺，不敢行动，反而是娜塔丽娅愿意不惜一切和他私奔。罗亭的懦弱性格最终毁了两人的爱情，而小说正是主人公在性格上地位上的差距，造成了小说的戏剧张力。这种张力在钱君匋的封面设计中就转化为各种混杂在一起的色块。明亮的黄色、炙热的红色就像是勇敢的女主人公，忧郁的蓝色、深沉的黑色就是懦弱迷茫的男主人公，他们交织在一起，时而紧凑，时而舒缓。钱君匋利用颜色的不同属性，色块的形状排布，将小说主人公的性格、情绪充分展现了出来。这种将颜色化为节奏，将音乐融于色彩，恰到好处地表现了小说主题，非常有特色。

　　这是钱君匋的封面设计成熟以后，大家公认的几个特点。

　　钱君匋的封面设计，从30年代开始，似乎走进了一个自由的王国，封面设计在钱君匋的笔下，已经成熟和稳定。所以封面设计的"业务量"直线上升。有人估计，钱君匋当时每年有50至100面左右的封面设计，上海滩上的大杂志《东方杂志》、《小说月报》、《妇女杂志》、《教育杂志》和《学生杂志》都请钱君匋这个不到30岁的小伙子来设计封面；鲁迅不仅表扬钱君匋的封面设计，而且将自己的书让钱君匋去设计封面，茅盾、叶圣陶、胡愈之、郑振铎、丰子恺、巴金、陈望道等名人都愿意把自己的作品请钱君匋来设计封面，一时，钱君匋的设计成为上海文化出版界的一件值得叙说的风光事。

　　文学家郁达夫也是钱君匋年轻时交往的名家之一，才气横溢的郁达夫在钱君匋的印象里是平易近人的，郁达夫当时专门到开明书店找钱君匋，请钱君匋为《达夫全集》进行装帧设计，两人相对而坐，一起谈着《达夫全集》的封面设计的设想，作为小说家，郁达夫对年轻的钱君匋的设计才能十分赞赏，《达夫全集》封面设计出来后，郁达夫十分高兴，专门带了美味食品去犒劳 20 多岁的钱君匋，让钱君匋感到自己艺术创作成功带来的喜悦，留下了深刻记忆。

　　在此之前，封面设计一发而不可收的钱君匋已经在开明忙得应接不暇，其时的钱君匋的装帧声名鹊起，尤其是新文学作家及一些大型刊物的装帧广获好评之后，朋友们担心钱君匋粗制滥造，影响钱君匋在艺术上精益求精，于是 1928 年 8 月，由开明书店老板章锡琛牵头，约了丰子恺、夏丏尊、邱望湘、陈抱一等人，为钱君匋订立一个《钱君匋书籍装帧画例》，设立一个求设计封面的门槛，丰子恺还为"画例"写了"缘起"。这个"画例"与当今时代画家的"润笔"有很大不同，当今不少"润笔"费一般都开门见山，直陈"一平尺"多少多少人民币，满纸是钱；而当年钱君匋这个"画例"，也讲钱，但并不是满纸是钱，而是满纸是艺术，满纸是精神。这里不妨抄录"画例"文字：

　　　　书的装帧，于读书心情大有关系。精美的装帧，缘系该书的内容，使人未开卷时先已准备读书的心情与态度，犹如歌剧开幕前的序曲，可以整顿观者的感情，使之适合于剧的情调。序曲的作者，能撷取剧情的精华，使结晶于音乐中，以勾引观者。善于装帧者，亦能将书的内容精神翻译为形状与色彩，使读者发生美感，而增加读者的兴味。友人钱君匋，长于绘事，尤善装帧书册。其所绘书面画，风行现代，遍布于各书店的样子窗中，及读者的案头，无不意匠巧妙，布置精妥，是使见者停足注目，读者手不释卷。近以四方来求画者日众，同人等本于推扬美术，诱导读书之旨，劝请钱君广应各界嘱托，并为定画例如下：封面画每幅十五元，扉画每幅八元，题花每题三元，全书装帧另议，广告画及其他装饰画另议。一九二八年九月。

这则"画例"发表在 1928 年 9 月号的《新女性》和《一般》杂志，两个杂志同时刊发，可见影响不小。更让人感到温暖的是，称钱君匋这个 21 岁的青年人为"友人"的竟是上海名流：丰子恺、夏丏尊、邱望湘、陶元庆、陈抱一、章锡琛等。"画例"公布的同时，还附了一个"三不画"，即 1. 非关文化之书籍不画；2. 指定题材者不画；3. 润不先惠者不画。

与钱君匋亦师亦友的陶元庆在 1929 年 8 月 6 日去世之后，钱君匋在出版界成了新文化作品装帧设计的翘楚，大量的作品封面设计都纷至沓来，更加让钱君匋应接不暇，所以当时朋友们打趣钱君匋，称他的装帧设计是"托拉斯"，称他为"钱封面"。与丰子恺的"丰杨柳"、张大壮的"张牡丹"齐名，成为当时出版界的一道文化风景。

出版界的"钱封面"并不是凭空而来，而是钱君匋刻苦钻研，自己蹚出一条封面设计艺术之路的结果，据钱大绪回忆，"当时我在一旁看到父亲多次在比例上，尺度上精益求精，改了又改。"这种精益求精的创作，也积累了值得后人汲取的经验，这里，不妨看一些钱君匋有关封面设计书籍装帧的经典经验之谈：

晚清的一些通俗小说，已采用活字排印，平装形式，在封面上大都印着彩色的绘画。在此以前，在封面上印绘画是从来不曾有过的，因此，把它看作书籍装帧中封面画的萌芽，也未始不可。《装帧琐谈》

和晚清通俗小说的封面差不多同时出现的，还有一种健康的封面设计。……这种封面设计，最初是在鲁迅所印的书上出现的。他早年用文言文来翻译的《域外小说集》，这在他的文学事业上，是特别值得珍重的早期文献。此书1909年出版于东京，用的是青灰色的封面纸，上端饰以带状的图案，作一胸像侧面希腊妇女，在迎接初升的太阳，技法颇为雅洁精练。紧靠它的下面，用圆润秀挺的篆书，右起横写书名《域外小说集》五字。下端以较小的字标明册次。这个设计，使人感到庄重完美，可以列入佳作之林。《装帧琐谈》

第一卷的《新青年》，还用《青年杂志》这个名称，其封面为彩色套印。这个设计把书面分作三截，上边的一截，在一个长方的框子里，画了一排坐着念书的青年，以一行五线谱作为框子下边的边缘；中间的一截，用花边作成马蹄铁的形状，其中印了外国名作家等相片；横在最下部的一截，把出版者及其出版地点组织在一行带状花边里。《青年杂志》四字，用红色的图案字，放在中间一截的右边，绚烂夺目，卷数期数放在左边，在这上面加了一个雄鸡报晓的标帜。整个看来，整齐而有变化，不论在结构上、色彩上，都很醒目。

第二卷改名《新青年》后，装帧也随之改变了。《新青年》三字的图案形体很好，用红色印在上端，颇觉庄重稳定；中部用一单纯的黑色花边框子，把要目印在其中。后来又改为"井"形的设计，似嫌简单枯燥了一些。第八卷起又换了一种设计，中间用一平面圆形的地球，两只手从左右两边伸向中心，互相握着，巧妙地表达了"全世界无产者，联合起来！"的意思。《装帧琐谈》

我觉得书面装帧要有东方的、中国的气派，把古为今用这句话体现出来，取得我国古代的铜器和石刻的纹样，是大有可为的。不但如此，凡我国古代优秀的绘画、书法、工艺品、服饰等各方面遗留下来的东西，无论是造型、结构、色彩、线条等，都可以在设计书面时，根据实际需要，融合到创作中去，成为现代的有民族特色的装饰作品。《装帧琐谈》

我国的书籍装饰，和其他各门文学艺术的传统有着相应的共通关系，属于东方式的淡雅的、朴素的、不具豪华的、内涵的风格。书籍装帧这个名词是外来语，含义包括一本书的从里到外的各方面的设计，即书的字体、版式、扉页、目次、插图、衬页、封面、封底、书脊、纸张、印刷、装订，以及书的本身以外的附件，如书画、书籍之类等等。《书籍装帧》

把书籍内容高度概括而成为形象的，则如鲁迅的《朝花夕拾》、《彷徨》等。其中有一本《坟》，鲁迅写信请陶元庆设计时，指出只要作为书籍的装饰，可以与书的内容无关，但陶元庆却没有根据鲁迅的意愿，为他作出了现在大家所见到的那本《坟》的封面设计，其中有树木、棺材、土坟等的形象。可以说一反鲁迅所指的建议，而采用了把书的内容高度概括成为形象的那种手法，设计出了这个优秀的作品。陶元庆之所以能取得这种独特的风格，不是单靠孤立的绘画技术，而是靠善于从书籍装帧之外求

书籍装帧。《书籍装帧》

我研究音乐，就要把音乐的旋律、和声、节奏、音色等，想尽方法和封面设计结合起来。当然，音乐语言不就是绘画语言，也不就是封面设计语言，但它们有一个共性，可以相互影响，相互运用。封面设计，也应该有旋律，有节奏。音响效果等于色彩的效果。如果把从事音乐创作的手法，用到封面设计中去，所取得的效果一定会不同寻常。《书籍装帧》

我用新的技巧来创作封面，更是不少，例如我为沈雁冰的《雪人》一书所作的封面只着眼于雪这一事物，把雪放大了。如果如实地把它描写成六出的雪花，当然未始不可，但总觉得太嫌写重了，和科学的图解没有什么区别。因此，我通过意匠，把它变化成为似而不似的样子，再加上日光反射的色彩，形成了《雪人》的封面。《书籍装帧》

书籍装帧又像是一具高级的扩音喇叭，要把书的内在精神融化在用点、线、面以及色彩所构成的画面上，正确清晰地传达到读者的心中，从而使读者理解书的内容的大概轮廓，引起再读的兴趣。装帧是书籍的美丽的外衣，起到装饰的作用，能使读者见了喜爱，爱不释手。好的装帧，放在橱窗里或者书架上，因其突出，一定会被读者首先看见。书籍装帧虽然看来是一件不那么大的作品，但形成却是不容易的，而是比较艰辛的。《〈书籍装帧艺术〉序》

钱君匋以上这些言论，是他精彩的、深刻的有关书籍装帧经验之谈的一个零头。钱君匋作为一个封面设计大师，一生设计一千七百多种书面——但这也是估计，林林总总的封面设计中倾注了钱君匋的审美理想、审美情趣、审美实践；同时，钱君匋又是一个在出版工作实践中，善于从前人、巨人的思想成果里汲取营养、丰实自己的封面设计理论的人，并不断探索、不断攀登、不断创新。"钱封面"是一个内涵丰实，思想全面，名副其实的雅号，也是钱君匋在出版领域刻苦创新，为世人认可的尊称。

五、客串文化生活出版社

成名以后的钱君匋并没有过上优裕的生活，他依然非常勤奋地在复旦大学、同济大学、爱国女校、坤范女子中学等单位兼任音乐、美术教师，同时还在光华书局、亚东图书馆兼任书籍装帧设计工作。所以，钱君匋从 1931 年开始，多次向章锡琛提出辞职，以免影响开明书店的工作。但是章老板多次挽留，一直到 1934 年，章锡琛才同意钱君匋离开开明书店。1933 年 9 月 3 日，钱君匋在老朋友陈虞孙的介绍下，与江阴姑娘陈学馨在福州路大中华饭店举行婚礼。陈铭枢、潘公展是主婚人。从此，钱君匋开始新的生活。

钱君匋离开开明书店以后，曾经因为巴金的邀请，客串过文化生活出版社的编辑工作。

钱君匋离开开明书店以后，澄衷中学、爱国女中等等几家中学教音乐和美术的工作仍在继续。其中，澄衷中学是宁波老板叶澄衷 1899 年创办的一所私立中学，实力浓厚，待遇优厚，蔡元培曾经担任过校长，几十年间培养了四万多人，是上海当时一所声名在外的学校。澄衷中学的教务主任陈虞孙是个文化人，曾经做过《文汇报》的主笔，他非常欣赏钱君匋的才华，就邀请钱君匋来澄衷中学兼职教音乐和美术。钱君匋对音乐、美术教育，自然也是驾轻就熟。当时，妻子陈学鎏也在这个学校工作。钱君匋兼职的另一个单位是神州国光社的美术编辑，当时这个出版社由王礼锡任总编辑，曾献声担任总经理，其他同事，钱君匋记得有胡秋原、方天白、彭芳草、彭信威等等。虽然不大，在业界也是很有名的一个出版社。钱君匋是个有情有义的人，他是在开明书店成长起来的，他的一些资源，都是开明书店给他的，比如，他通过开明书店这个平台，认识了许多名人，如鲁迅、郑振铎、茅盾、叶圣陶、陈望道、樊仲云、徐调孚、顾均正、周予同、钱经宇、胡愈之、王伯祥、刘薰宇、费幼雄、胡仲持、夏丏尊、方光焘、刘叔琴、匡互生、黄涵秋、裘梦痕等等，这些名人有的已经成为钱君匋的朋友。也是钱君匋进开明后几年间得到的收获。据说，钱君匋第一次向章锡琛提出来辞职时，章老板挽留他，希望他继续在开明书店工作，钱君匋一听，就爽快地留下来。两年以后，钱君匋再次提出辞职，章先生同意了。钱君匋自己说："我因为在各个学校所教的功课愈来愈多，七年后便辞去了开明的工作，由沈振黄、莫志恒接替。"

这一年，是 1934 年，钱君匋 29 岁。

1935 年 5 月，吴朗西、伍禅、丽尼、柳静等几个年轻人创办了文化生活出版社，9 月，吴朗西邀请巴金出任文化生活出版社的总编辑。巴金是钱君匋的老朋友，巴金困难的时候，钱君匋伸出过友谊之手，后来巴金出版著作的时候，钱君匋为他精心设计封面，所以两人是无话不说的朋友。

钱君匋和巴金两人的友谊还得从前面说起：

1927 年，21 岁的钱君匋走进开明书店的大门。说来也奇怪，当时钱君匋因为恋爱不成才离开杭州的，然而石头似的心，在开明书店内似乎又打开了看似封闭的心扉。钱君匋回绝杭州萱姑娘的追求后，开始追求开明同事王蔼史。这个王蔼史是浙江上虞县人，出生于名门望族，但王蔼史却是一个追求进步和自由的受五四影响的青年女性，不满封建婚姻，只身到上海找自己心仪同乡青年胡愈之。王蔼史的痴情让已结婚的胡愈之十分感动又十分无奈，他只好让王蔼史在上海出版界找一份工作，借以谋生。所以钱君匋 1927 年进开明书店时，王蔼史已在开明书店做校对工作了。

钱君匋开始没有多大注意，后来忽然发现这位俏丽、温柔大方的王蔼史特别善解人意，有了这样感觉后的钱君匋更加注意王蔼史，然而，王蔼史似乎早已下了决心，除了胡愈之，已无心恋爱。但钱君匋随着时间的推移，追求的热情有增无减，这位表面木讷的钱君匋，内心对王蔼史激情澎湃。后来蒋介石对中共党员和进步人士大开杀戒，胡愈之亡命法国，躲过蒋介石带来的劫难。这件事对苦苦追求和等待的王蔼史来说，是十分残酷的，后来，王蔼史与钱君匋作了一次推心置腹的长谈，表示她心里只有胡愈之。胡愈之离开上海不久，感觉孤单的王蔼史不顾一切地离开上海去追随胡愈之，先去马来西亚，后又到法国，岂料，王蔼史追到法国时，胡愈之恰巧在半个月前去了莫斯科。王蔼史的爱情之路坎坷，始终未能如愿，最终成为一个爱情悲剧。而钱君匋的这次单相思恋爱，仍然是以失恋告终，据说王蔼史追胡愈之追到国外之后，钱君匋失落痛苦得要自杀，他找到老朋友巴金，居然央求巴金在他自杀后为他写篇悼念文章，因为巴金和钱君匋是非常熟悉的朋友。

　　钱君匋和巴金的认识，是钱君匋的开明出版社的同事索非介绍的，钱君匋记得，当时，索非找到钱君匋，说来了一个四川朋友，但是没有工作，没有积蓄，生活困难，问钱君匋能否抽若干资金助一臂之力？钱君匋欣然同意，并以月薪三分之一相助，每月 7 元。钱君匋问索非，这个朋友是谁？索非说："李芾甘"。钱君匋又问，这样相助可否？索非连连说："满意！谢谢！"李芾甘就是巴金。当时钱君匋、巴金都是年轻人。所以，年轻的时候，巴金和钱君匋两人是无话不谈的朋友。这次失恋对钱君匋打击很大，有点痛不欲生的样子。一天，钱君匋找到好友巴金，痛苦万分地告诉巴金，"自己马上要死了！"巴金一听，十分惊愕："君匋，慢慢说，发生了什么事？"钱君匋说："想求你一件事。"巴金见钱君匋魂不守舍十分痛苦，真担心有什么事，忙答应下来，说："好的，什么事？君匋你说吧。"于是钱君匋把自己追求王蔼史小姐和王小姐的态度一五一十地告诉了巴金。最后说，希望在自己死后，求巴金写篇悼念文章。巴金一听，心中暗自好笑，笑钱君匋太痴情，只好一边答应一边安慰。自然，钱君匋在这次失恋中没有死，巴金的悼念文章也没有写。所以，有这样的关系，巴金希望钱君匋到文化生活出版社工作，邀请钱君匋去文化生活出版社担任美术编辑，是顺理成章的事。钱君匋直到晚年还清楚记得，当时兼职文化生活出版社，"每两天去上班一次"。工作并不繁重。据说，文化生活出版社的创办，是因为其中一个创办人尼丽翻译了一本纪德的作品《田园交响乐》，想找一家出版社出版，结果四处碰壁，年轻气盛的一帮朋友就自掏腰包，办了个出版社，其中吴朗西夫妇出力不少。所以创办之初，这些年轻人都是凭着热情和融洽的人际关系，一起努力奋斗。钱君匋客串文化生活出版社，为他们做封面设计的时候，也颇为轻松。

在这一段时间里，钱君匋经历了出版的不同形态，不同体制，他已经深深地感受到出版这个行业，发展的机会很多，就是看经营者的思路，什么样的思路，就决定什么样的出路，在中国 20 世纪 30 年代战前的十年时间里，钱君匋在出版领域的历练和思考，将注定是一个有胆有识的出版家。

第三章

万叶书店，涉足收藏

一、万叶书店（上）

　　钱君匋在开明书店里，他看到太多的出版前辈，在经营出版的过程中，他们的社会责任和经营智慧，给他许多启发。从选稿、编辑、印制到发行营销，诸多的生产销售环节中，常常让钱君匋体会到做出版的成功和快乐。在他的出版实践中，钱君匋父辈小本经营中的前卫、精明的特点，也遗传在钱君匋办出版的血液里，在适合的环境里慢慢地发酵成长。所以，当他独当一面主持万叶书店出版业务时，能够很快确立创新的经营理念。

　　战前的上海，国内政治与战争暂时的稳

定，让上海的文化产业得到迅速发展，上海书店业似雨后春笋，福州路一带已经自然形成了文化一条街。笔者没有详细考证，如果讲近现代上海文化产业在整个 GDP 中的比重，估计战前 20 世纪 30 年代，恐怕是上海历史上最高的，这并不是厚古薄今，而是特殊时代的宽松政策，特殊地理位置的特殊条件造成的。同时，我们也要客观地看到，当时的经济水平不高，其他的生产条件水平很低，从而反衬出当时文化产业的高比例。

万叶书店是钱君匋在抗战烽火中创办起来的。

抗战爆发后，钱君匋经历了一段逃难生涯——他把这段逃难生涯写成散文，以《战地行脚》的书名结集以后，在广西桂林烽火出版社出版。其中真实、细腻地记录了全面抗战爆发之后自己奔波逃难的行踪。后来，钱君匋从武汉到广州，再到香港。然后夫妇俩回到上海。但是，就是这次逃难经历，让钱君匋萌生了办出版，宣传抗日的想法，他在武汉时，见到在抗战中奔波的郭沫若，在长沙听到过郭沫若、茅盾等慷慨激昂的演讲，让钱君匋这位 30 岁出头的年轻人热血沸腾。后来到广州，但广州很快硝烟弥漫起来，钱君匋只能带着满腔热血，经香港回到上海。据说他在香港时，钱君匋去看望老乡茅盾，茅盾十分关心地询问钱君匋家里的情况，让战乱年头遭遇离乱之苦的钱君匋感到无比温暖。所以，他想回家，他的两个儿子还寄养在江阴和屠甸呢。他想回上海，也想为这个多灾多难的民族做点事情。

1938 年 6 月，钱君匋和夫人陈学馨坐阿杜斯号邮轮回到上海。

上海往日繁荣的文化出版业，经过日本侵略军炮火的摧残，此时已经萧条，尤其是进步出版机构此时大多已经内迁，进步出版物更是少得可怜。相反，许多汉奸文化却充斥市场，毒害读者。逃难返沪的钱君匋虽然觅得老饭碗——在澄衷中学教书，但战火中的学校学生锐减，连累老师的薪水。据说此时已身为人父的钱君匋的月薪只有 12 元，这对钱君匋来说连养家糊口都困难。所以今天我们回顾钱君匋的传奇经历和文化贡献时，就会发现，钱君匋当年在沦陷区上海创办万叶书店，一方面是钱君匋想为抗日尽一点力，另一方面是被无奈的生活逼出来的。试想，如果当年钱君匋逃难返回上海，有一份优厚的工作，全家生活无忧，恐怕钱君匋不会呼朋唤友集资办书店了。自然，钱君匋选择出版，还有他内心深处有着始终挥之不去的"开明"情结，一旦有了机会，首选当是"开明"留下来的情结反应，走章锡琛先生走过的出版发展之路。

钱君匋在《略谈万叶书店》自述里，曾经说过：

> 这几个青年，有的从事音乐工作，有的从事美术工作，有的从事中小学教育工作。他们都满怀着抗日救国的热忱，想为祖国出一些力，在抗战不久便成为"孤岛"的上海，觉得不能无所作为，但又不能赤膊上阵，在相互议论下，决定在各自的本位工作之外，再搞一点副业——出版事业。用出版事业这个工具来为抗日救国作些鼓动宣传，以配合当时的形势，作为自己对祖国的一些小小的贡献，于是诞生了这家小之又小的万叶书店。①

自然，因为专业、能干，这个"小之又小的万叶书店"很快解决

---

① 钱君匋：《略谈万叶书店》，刊《书衣集》，山西人民出版社 1986 年 7 月版，第 138 页。

了几个年轻人的生活困难问题。钱君匋先生在另一篇《"孤岛"文艺钩沉》一文中说过：

> 抗战一起，我离开上海，到内地兜了一转，再经香港回来，仍旧在澄衷中学教书。因为收入不够维持生活，就约了李楚材、季雪云、陈恭则、陈学慈，连我五个人，在业余办了一个不成其为书店的书店——万叶书店，出版一些小学校用的美术和音乐方面的教材，生意倒不错，于是就站住了脚。①

不过让钱君匋没有想到的，万叶书店竟然在孤岛上迅速成长起来了，这就不能不归功于钱君匋的经营能力了。

万叶书店，为什么叫万叶书店？是万页？指代书籍的厚重？还是另有寓意？钱君匋在所有回忆里都没有说起。笔者曾请教万叶书店老员工丰一吟老师，她似乎也没有听人说起过。但是，钱君匋先生的儿子钱大绪对万叶书店名字的来历有个说法，他说："书店取什么名呢？父亲想到出版小学活页歌曲入手。当时总量已达万页了，因此万叶的名字脱颖而出了。……万叶还有另外的比喻了，叶与友、雨都是谐音，……数量很多，数以万计。"② 知父莫若子，大绪先生说的有一定道理。不过，"万"字向来在中国的汉字里是最高最大的一个量词，其实万字后面还有亿，但万字已经够了；所以，"万叶"，应该是钱君

---

① 钱君匋：《孤岛文艺钩沉》，刊《钱君匋散文》（陈子善编），花城出版社 1999 年 4 月版，第 287 页。

② 钱大绪：《草创期万叶书店追记》，刊《君匋艺术》（内刊）君匋艺术院编，2012 年创刊号。

匋对出版规模和境界上，期盼达到的一个顶级愿景。

至于万叶书店的创办同人，钱君匋先生文章倒有多次提及。

钱君匋在《略谈万叶书店》一文中说：李楚材、陈恭则、陈学慕、顾晓初、季雪云、钱君匋"大家都在节衣缩食的情况下，各拿出一百元来，作为出版工作的资金，所以万叶书店刚诞生的时候，其规模是小到不能再小了。经过协议，由我担任经理兼总编辑。陈恭则、李楚材、顾晓初任编辑及推广，陈学慕任会计，季雪云任总务。"[1] 因此，这六个年轻人创办起万叶书店，拉开这个后来在中国现代出版史上能够占一席之地的出版帷幕。

但钱君匋在《"孤岛"文艺钩沉》一文中，却说是五个人"在业余办了一个不成其为书店的书店——万叶书店"，他说的五个人，是指李楚材、季雪云、陈恭则、陈学慕、钱君匋。缺少一个顾晓初。为什么没有提顾晓初？是忘了？还是另有原因？

在钱君匋晚年手订的年谱里，说到创办万叶书店时，他是这样说的："在港居约半月，乘法国轮船即杜斯号回沪，仍在澄衷中学教书，以钟点甚少，月薪仅 12 元，于是与李楚材、季雪云、顾晓初、陈恭则、陈学慕等五人创办万叶书店，……"这里讲的显然是他与其他五人创办万叶书店。那么，在《"孤岛"文艺钩沉》一文中，顾晓初是回忆中遗漏了。因此，还可以肯定，万叶书店是钱君匋经济拮据的窘迫之下倡议创办的，创办初始有六位年轻人，他们是：钱君匋、李楚材、陈恭则、顾晓初、陈学慕、季雪云，他们当初的股本是每人出资100 元，分工如下：

---

[1]　钱君匋：《略谈万叶书店》，刊《书衣集》，山西人民出版社 1986 年 7 月版，第139 页。

钱君匋　经理兼总编辑

陈恭则　编辑

李楚材　编辑

顾晓初　编辑

陈学禁　会计

季雪云　总务

1938 年 7 月 1 日，万叶书店在上海海宁路咸宁里 11 号悄悄地诞生了。

起步了，书店下一步如何走？别人不甚了了，但是，钱君匋却心中有数，从小做起，从一页一页的"活页"做起。出版社在没有能力出整本书的情况下，钱君匋做起活页的文章，编印《小学活页歌曲》，薄利多销，因为这样的经营方式，印量可多可少，时间可长可短，规模可大可小，完全是因市场而定。"《小学活页歌曲》内容是二三十年代刚刚出现的学堂乐歌，是沈心工、李叔同、邱望湘、陈啸空、钱君匋等人创作、改编、填词的歌曲。曲谱采用从国外传入不久的简谱，使用当时最先进的印刷技术铅字排版，谱面清晰，16 开对折，不用装订，这些单页的歌片，钱君匋精心设计了封面。由四个高低音谱号，朱红、黑、翠绿三色巧妙组合。"[1] 岂料，这《小学活页歌曲》一印行面世，立刻受到沦陷区无歌可唱的学校学生欢迎。于是，一炮打响的活页歌曲选，成为万叶书店几个年轻人掘的第一桶金。

后来，《小学活页歌曲》连续出版了 300 种，合订成 3 本。钱君

---

① 黄大岗：《我国第一个音乐出版社》，刊《中央音乐学院学报》2007 年第 2 期。

匐的儿子钱大绪曾经说过万叶书店初创时期的情况。他说："父亲租了海宁路咸宁里十一号二楼和亭子间作为万叶书店的店址，兼作他的创作室及卧室。朝南的窗口放二张写字台，紧接着放一张八仙桌供用餐用。隔一条走道，在门边上设有一床，以供休息。房内西侧有一个从地板到天花板的大书架，用很结实的木料制成，上面可放很多书，还有几百个小隔间用来放万叶书店的活页歌曲选，父亲的合伙人多半是澄衷中学等学校的教师如陈则恭、陈学綦（我称二阿姨）、顾晓初、季雪云等人都没有出版经验。父亲担子很重，因为有了开明的经历，所以得心应手，万叶很快步入正轨。父亲初创资金不足，靠了认得印刷厂、纸行、装订所，都可以赊账，先把书出了，收到书款后再付账。活页歌曲被各校选为教材，歌曲可由任课教师挑选，大受欢迎。为了及时发货，合伙人都很忙碌，我那时上小学，也帮忙找架子低部位的页子，大人们爬梯子找高的那部分。很快万叶就掘到了第一桶金。"[1] 钱大绪在另外一篇文章中回忆万叶书店初创时的艰苦条件时说："我和二弟挤在桌上睡，或在地上睡，把桌子让给叔父钱君行睡。父亲和母亲睡在门边的铁床上。……电话是墙上挂机，拨号盘也是老式的。"[2] 所以，在这样的条件下收获的第一桶金，给了钱君匐这些年轻人极大的信心。钱君匐也看到，在孤岛时期的上海，教育界是出版界可以发挥引领作用的地方。所以，活页歌曲选的营销成功，让钱君匐对教育市场的开拓有了新的计划，钱君匐组织教育界有经验的

---

[1]　钱大绪：《时雨光万物——父亲的出版情结，万叶书店》，刊《上海鲁迅研究》2007年春季卷。

[2]　钱大绪：《草创期万叶书店追记》，刊《君匐艺术》（内刊）君匐艺术院编，2012年创刊号。

老师编写中小学学生的课外读物。这项工作，正是万叶书店里几个年轻人的强项，因为李楚材本人就是位育中学的校长，对编写、把握中小学学生课外读物，正是他们的业务之一，编写课外教材，只要有人指导，自然驾轻就熟。据《钱君匋传》介绍，当初钱君匋他们编的教辅主要有《国语副课本》、《算数副课本》、《常识副课本》、《小学生画帖》、《儿童画册》、《中小学图画教学法》、《中小学音乐教学法》、《幼稚园读本》、《儿童画册》等等。估计当时钱君匋他们出版的教辅教材远远不止这些。钱君匋开始是想以书店的经营来补贴家用的，他虽然对出版有创新和发展的志向，但是，估计一开始也并没有想以此为主业。没有想到一开始，却如此得心应手，开张大吉，教学辅助教材让钱君匋蹚出一条万叶书店发展的路子。

钱君匋是有情怀有抱负也有才气的出版人，所以当他在出版领域掘得第一桶金、第二桶金以后，他怀着文学情怀的梦想，逐步将视野拓展到抗战文艺领域。当时钱君匋曾经教过书的澄衷中学里的王鹏飞等几个高中生看到山河破碎的国家，私底下悄悄地组织一个"野马文艺研究会"，想用文艺的形式投身抗日，他们找到自己的先生钱君匋，希望万叶书店出版一份《文艺新潮》的刊物。钱君匋觉得此举与自己的抗日爱国情怀不谋而合，欣然接受王鹏飞等几个学生的建议，同意出版《文艺新潮》。于是在万叶书店开业两个半月之后的 1938 年 10 月正式出版《文艺新潮》创刊号。钱君匋以"宇文节"的笔名担纲主编。这是一份 32 开本的文艺月刊，第三期开始，钱君匋专门邀请蒋锡金来参加编务，到第十期，蒋锡金才在杂志上公开与钱君匋等一起列为主编。当时抗日的杂志在上海生存非常困难，但是，《文艺新潮》得到上海地下党的积极支持，楼适夷、阿英、巴人、白曙、关露等等中共党员都积极写稿，也得到陈望道、黎君亮、钟望阳、许广平、罗洪、朱雯、赵景深等等进步人士的支持，他们纷纷将自己的新作，给钱君匋这个新办的杂志发表。尤其值得一提的是，《文艺新潮》创刊号一开始就高举鲁迅的旗帜，封面上署"鲁迅纪念特辑"，内容有"陶元庆的炭画《鲁迅遗像》，许广平汇编的、以《论中国现代的木刻》为题辑录鲁迅致李桦的七封信，林之材的散文《用工作来纪念鲁迅》、王任叔的论文《鲁迅先生的第一篇小说》等。"[①] 钱君匋在《文艺新潮》创刊号上的这个编辑设计，不仅因为他与鲁迅有深厚感情，始终坚守鲁迅精神，高举鲁迅这面旗帜，尤其在民族存亡的抗日战争时期，也充分体现了当年钱君匋的出版思想的进步性。钱君匋曾经对沈栖说过：封面上虽然标明是纯文艺刊物，但是"'纯文艺'仅是一个烟幕，以避日寇的耳目，便于通过和发行。这个刊物的宗旨是：用文艺这个武器来揭露、挞伐那些不共戴天的日寇，同时，唤醒国人一致起来抗日"。因此，《文艺新潮》上发表的作品，无论是小说还是诗歌，抗日的主旋律非常明显，这在上海的非常时期，是难能可贵的。据沈栖先生研究，在诗歌方面，钱君匋曾经在这个杂志上发表过白曙讴歌"守土卫国的民族战士"的长诗《夜的交响》；罗昔的表达全民族的共同愿望："要一致的抵抗！抵抗！抵抗！"的《战士之歌》；还有林英强号召"一滴的血都须流洒在大战斗的沙场！"的诗歌《热血的注流》，等等。

　　《文艺新潮》上发表的小说，也同样如此，茅盾的内弟司徒宗（孔令杰）的小说《人山》，描写主人公金生在日本鬼子面前，临死不惧，大义凛然，向乡亲们发出"打啊，兄弟们，待着等死吗？打啊！"的

---

　　① 沈栖：《记〈文艺新潮〉月刊》。

吼声。罗洪的小说《我们十五个人》，征骅的小说《海轮上》等，都是宣传抗战的作品。另外，杂志还发表周文的报告文学《在重庆遇轰炸记》、钱君匋（笔名宇文节）自己的《向广德行进》等，都是反映抗日战争真实状况的。在一卷九期发表王元化的《飞康号四旅客》，其中讲到这样一个故事，"四个留在孤岛上的伤员，在同胞帮助下，乘船赴温州，经吴淞口，日寇上船检查，发现一伤兵，将他捕去。此时另外三个伤兵一齐站起来说：我们四个人本来是一起的，要捉就把我们一起捉去。于是四个伤兵都被日寇捕去，下落不明。"就这么简单，却让人的心灵受到巨大的震撼！更为可喜的是，《文艺新潮》在八年抗战中，曾经发表过来自陕北、皖南等革命根据地生活的文章，据说，这些文章都是中共地下党员白曙同志联系组稿的。从创刊号开始，相继发表了一组"陕北通讯"，如《让更大的困难到来罢》、《苟同志》、《几件事》、《穿过了坟墓》等，以及"寄自延安"的报告《荒山上》、《开荒小品》等。还有如二卷八号上的"万里来鸿"，发表茅盾从新疆寄来的长信，当时茅盾落在盛世才的手里，被软禁在迪化（今乌鲁木齐），外面的人都不知道茅盾生死的真实情况，所以钱君匋在《文艺新潮》上刊登茅盾的来信，吸引了无数关心茅盾安危的读者。甚至，钱君匋还专门直接刊登来自新四军以及无锡地区的抗日游击战的文章报道，如《铁与火，贫困与困苦》等，把游击战的实际状况通过杂志传达给广大读者，进一步鼓舞人民的抗日斗志！

今天，我们回顾这些已经过去七八十年的往事，看似在杂志上发表几篇文章的简单事情，但是回到当时的时代背景里，是冒着生命的危险进行的，所以今天回顾起来，依然让人感到悲壮。这样充满热血的抗战诗歌和文章作品发表在已经沦陷的上海出版的杂志上，鼓舞中国人民的抗战，是中国出版的骄傲。

钱君匋的爱国情怀还体现在出版教科书的内容选择上。教材从来就是关乎民族兴旺，关乎国家未来，关乎社会健康，也关乎文明进步。而钱君匋在编辑出版教材时，正是关乎国家生死存亡的抗日战争时期，况且还在沦陷区的上海。但是钱君匋在民族大义这一点上，没有含糊，他在《小学国语副课本》里，将法国的爱国名篇《最后的一课》选入自己出版的教科书，向中国的小学生灌输抗日的爱国思想，从小教育孩子决不当亡国奴！所以，钱君匋先生的儿子钱大绪曾经回忆说：抗战胜利后，"敌伪教科书被扔进纸篓里，独尊万叶这套教科书，销量极为可观，一时间洛阳纸贵，一书难求，连老鼠啃过的书也不剩下。"① 这套教科书不仅体现了钱君匋的爱国出版情怀，受到钱君匋的重视，而且钱君匋对这套教科书的编辑，也非常敬重，钱大绪小时候，看见"主编者王修和常到万叶书店来谈编务，他身着带补丁的劳动服，头戴草帽，脖子上搭了块灰白色毛巾，骑了辆加重自行车而来。有时还把他读小学的儿子带着，父子俩讲话有浓重的乡音，父亲把他们作为上宾，并要我向他们学艰苦朴素的作风。"② 在钱君匋的眼里，这样的出版编辑家是值得尊敬的，也是值得年轻一代学习的。这仅仅是一个小小的例子。钱君匋在出版进步书籍，办进步刊物的同时，对和万叶书店出版进步作品有联系的进步人士，也是非常关心，据钱大绪回忆，楼适夷当时生活没有着落，钱君匋知道以后，很快伸出援助之手，解决了他的生活问题。他说："父亲得知适夷藏身

---

① 钱大绪：《时雨光万物——父亲的出版情结，万叶书店》，刊《上海鲁迅研究》2007年春季卷。

② 锡金：《关于〈文艺新潮〉及其他》，刊 1978 年《长春》第 7、8 期。

在威海卫路同孚路转角处的酱园后面，他当时是党在孤岛文艺领导人之一，与组织联系时断时续，就从锡金那里要来地址，亲自送稿费上门，以解燃眉之急，自此结下深厚友谊。"① 这，也可以看出钱君匋的为人。

钱君匋在民族生死存亡之际，办万叶书店，办《文艺新潮》杂志，同时也激活了钱君匋十多年累积的人脉资源。因为钱君匋不仅需要大量教育界的人脉资源，也需要文艺界中大量人脉资源，这些资源，同样为万叶书店的发展提供了条件。

事实上，《文艺新潮》的创刊伊始，就团结了一大批左翼作家，巴金、许钦文、林淡秋、关霞、罗洪、叶君健等等作家已经成为《文艺新潮》的常客。后来，钱君匋还聘蒋锡金参加《文艺新潮》的编辑事务，蒋锡金当时是中共地下工作者。蒋锡金先生晚年写过一篇长文，回忆在万叶书店的那些日子，其中讲到编辑《文艺新潮》时说："我参与这个杂志的编务，主要是钱君匋要我帮助他组稿。……因为这个刊物既有他的存在意义。就应帮助他维持下去，办得它更适合于当前的需要些；我同时正参与党的'文艺工作中心小组'的活动，和当时的文艺界接触较经常。对有些同志的写稿和翻译作品的想法，我的心里也有数，只要一动员就能到手；……再如，我那时还在协助着适夷在上海编《文艺阵地》，所以，两个刊物的稿件作适当的平衡和调剂也是方便的。"② 可见，对进步文艺界而言，《文艺新潮》与茅盾主编的《文艺阵地》是当时抗战时期两大文艺刊物之一。

---

① 钱大绪：《时雨光万物——父亲的出版情结，万叶书店》，刊《上海鲁迅研究》2007年春季卷。

② 锡金：《关于〈文艺新潮〉及其他》，刊1978年《长春》第7、8期。

钱君匋通过《文艺新潮》表明了自己的抗日、进步的立场，受到进步作家的欢迎和支持。

于是，钱君匋又顺势而上，借杂志的品牌编辑出版"文艺新潮小丛书"，正式迈入正规出版机构行列。茅盾翻译的《团的儿子》，楼适夷翻译的高尔基的《老板》，瞿秋白翻译的普式庚的《茨冈》等作品，作为文艺新潮小丛书之一出版。普式庚，这个旧译名字，其实就是大名鼎鼎的普希金。此外还有丰子恺的漫画集《大树画册》等，第二辑有庄瑞源的《香岛祭》，梅菫的《里程碑》等。但是，当时的出版环境、社会情况远远不如我们今天想象的好，钱君匋和万叶书店的同人如此高举抗日的旗帜，出版进步杂志、进步书籍，租界当局不会视而不见，日寇当局也不会坐视不管的，所以《文艺新潮》出版到1940年上半年，日本宪兵就不断地到钱君匋的万叶书店骚扰甚至搜查，并向钱君匋宣布："你办的《文艺新潮》是反动的，危害邦交，扰乱租界治安，着即停刊。如不从，就没收财产，驱逐出租界。"① 所以，《文艺新潮》在1940年5月1日出版第二卷第七号以后，被迫停刊。

扼杀进步文艺刊物，查封抗日的杂志，在沦陷区的上海，是家常便饭。但是，面对日本宪兵的暴行，钱君匋没有退缩，1939年他就与天马书店老板郭少卿秘密商量，决定搜集全国的抗日报纸杂志上的抗日文章和相关作品，用上海联谊社的名义编辑，用《第一年》作为集子书名，假借美商"美灵登出版公司"和"香港美高未名书店"的名义，出版记录中国全面抗战历史的《第一年》文集。这个文集出版以后，深受广大读者欢迎。于是钱君匋他们又紧接着编辑《第二年》，

---

① 钱大绪：《时雨光万物——父亲的出版情结，万叶书店》，刊《上海鲁迅研究》2007年春季卷。

钱君匋在《第二年》的序言中说："我们跟敌人搏斗已经两年了，目前我们的文坛，在这民族解放战争的高潮中，也逐渐有了不少新的收获。为了纪念这两年来艰苦的战斗，我们决定继《第一年》后从许多心血结晶中选辑这本《第二年》，当作一块小小的纪念碑，来留下这一年间反映血泪并流的成果。"因为是假借香港的出版机构的名义，所以钱君匋他们从《文艺阵地》、《自由中国》、《战地》、《七月》、《救亡日报》、《光明》、《呐喊》、《烽火》等等抗日杂志中选编这些抗日文章作品时，就放开手脚，无所顾忌地选编起来。其中有张天翼的《华威先生》、姚雪垠的《差半车麦秸》、丁玲的《重逢》、《冀村之夜》、沈西苓的《在烽火中》、巴金的《给死者》、郑振铎的《我翱翔的天空》、沙汀的《贺龙将军印象记》、周扬的《从民族解放运动中来看新文艺的发展》、艾思奇的《抗敌文艺的动向》、任均的《起来黄帝的子孙们》、林秝的《八百勇士赞》、白曙的《红堡垒》等，在沦陷区的上海，编辑出版抗日作品选集，是要冒极大的风险的。所以在深受读者欢迎的同时，日本宪兵也闯进了万叶书店，幸亏钱君匋已将《第一年》等转移到了别处，宪兵没有查到真凭实据，只好将钱君匋带到宪兵队问讯后放人。钱大绪回忆说："当时太平洋战争爆发，日寇进入租界，四处搜寻《第一年》、《第二年》，消息传来，父亲连夜从栈房中取出抗日出版物，装成四十大箱，送至徐家汇天主教堂办的徐汇中学地下室。日寇对于天主教堂和教会学校是轻易不敢下毒手的。旷日持久的搜查终于在新生书店找到一本《第一年》，老板无意中提到万叶书店。于是先由密探进入万叶书店转了一下，出去领了一队日本兵来进一步翻箱倒柜，不见《第一年》的踪影，无奈搜去桌上的丰子恺《缘缘堂随笔》，程演主编的《内乱外侮历史丛书》的《甲午海战》，小学活页歌曲《宝贝，乖乖地睡到明天》，说有抗日内容，令父亲当晚去戈登路日本司令部听审。去后日寇以刑具相威胁，父亲一再说明是美商美灵顿出版公司出版的，要找就去找他们。日寇没有找到任何罪证，只好让父亲交保。这样的传讯多达七次，日寇毫无办法，也就不了了之。"① 可见当时在沦陷区日寇统治下出版环境的险恶。

有关万叶书店的史料收集整理工作，目前还未引起高度重视，成果也不多。从现有史料看，万叶书店在三四十年代编过"文艺新潮"和"万叶文艺新辑"、"万叶青年读本新辑"、"儿童教育故事"等等丛书外，似乎还有几种丛书——"万叶画库"，这套画库之一就是巴金先生的长篇小说《家》，作为"万叶画库"之一，由费新我绘，钱君匋编，由上海万叶书店印行，扉页上有费新我1940年画的巴金头像；另外还有"万叶儿童书库"等。

万叶书店出版的书，不少都是一再出版的畅销书，有的印十多版二十多版，这既是为万叶书店节约了成本创造了财富，也为钱君匋把握出版市场提供了真实的经验。这里，由于资料的不齐，万叶书店当时的《万叶书店书目》保存不全，笔者只有第十四期，不少已经散失，或者淹没在图书馆浩如烟海的资料里了。所以对万叶书店在抗战时期的出版目录，只能零零碎碎找到一些书目，桐乡申伟先生提供了几十本万叶书店出版的书籍供笔者参考，所以从中梳理出万叶书店在抗日战争期间出版的不完全目录，可以看出万叶书店出版的发展走向：

《音理初步》　缪天瑞

① 钱大绪：《时雨光万物——父亲的出版情结，万叶书店》，刊《上海鲁迅研究》2007年春季卷。

万叶戏剧新辑《鲍志远》　　易卜生原著，石灵改编

《家》连环画本，巴金著　　费新我、钱君匋绘

现代学校美术教本《中国画册》　　翁之琴

《写学生画帖》　　陈隋七眉山

《万叶水彩画》　　费新我

《蜡笔画册》（1—4册）　　费新我

《万叶歌曲集》　　钱君匋编

《大树画册》　　丰子恺著

《幼儿园读本》（四册）王修和等编

《小学国语副课本》（八册）　　王修和等编

《小学算术副课本》（八册）　　王修和等编

《钱君匋印存》　　四卷线装本

《暑期国语》　　王修和等编

《暑期算术》　　王修和等编

《暑期常识》　　王修和等编

《小学校音乐教学法》　　缪天瑞著

《乐理初步》　　缪天瑞编译

上面这些书目，仅仅是万叶书店在抗战时期出版的一个零头，说这些，是真正的挂一漏万。还有，以《文艺新潮》名义出版的文艺方面的书等，也是钱君匋在抗战时期对中国出版的贡献。所以，从万叶书店在抗战时期出版的情况看，他主要是在音乐、绘画、教辅等方面突进，这是钱君匋的高明之处，他在激烈的市场竞争当中，扬长避短，创新发展，走出一条自己的出版路子。

丰子恺既是钱君匋的老师也是当时著名的画家、作家，他的著作不少都是在万叶书店出版，据不完全统计，丰子恺在万叶书店出版过：《毛笔画册（1—4 册)》、《率真集》、《子恺漫画集》（彩色版精装本）、《劫余漫画》、《猫叫一声》、《进行曲集》、《小钞票历险记》、《音乐十课》、《绘画鲁迅小说》（1—4 册)、《音乐知识十八讲》、《世界大作曲家画像》（翻译）、《管乐器及打击乐器演奏法》（翻译）、《中小学图画教学法》（翻译）、《苏联音乐青年》（翻译）、《音乐的基本知识》（与丰一吟合译）、《阿伊勃里特医生》（翻译）等等共计 16 种。

二、万叶书店（下）

1945 年 8 月，中国人民全民抗战浴血奋战八年，终于取得了抗战胜利。在上海，关于抗战胜利的消息，8 月 10 日就已经传开了，从黑暗中过来的上海人民终于可以见到阳光了，人们奔走相告，连夜上街游行，流着泪，欢呼抗战的胜利。钱君匋的朋友郑振铎在 8 月 11 日的日记中说："晨起，有人来，说起日本已经屈服了，兴奋之极！立即外出，消息已满城都知，秩序井然，闻昨夜有游行，有狂欢终夜者，……"① 钱君匋同样沉浸在抗战胜利的喜悦之中。他晚年在自己写的年谱中，对抗战胜利以后的那种兴奋，着墨不多，仅仅两句话，"8 月，日本宣布无条件全面投降，八年抗战始告结束。"② 八年出版的艰难，钱君匋无怨无悔；八年人生的心酸，钱君匋无法用语言来表达。

---

① 陈福康编著：《郑振铎年谱》，书目文献出版社 1988 年 3 月版，第 354 页。
② 《钱君匋纪念文集》上海鲁迅纪念馆编，中国福利会出版社 2007 年 4 月版，第 362 页。

事实上，日本侵略中国，给中国人造成的伤害，罄竹难书，再多的文字也写不尽日本侵华的罪行。

抗战胜利以后，出版业也面临着大洗牌，一些汪伪的出版机构纷纷关门息业，而他们原来的汪伪教科书，已经成为废纸。但此时正是开学在即，而新的教科书，一时又编辑不出来。所以万叶书店的副课本，成为当年的抢手货，钱君匋在年谱中写道："其时南京汪伪政府之伪国定教科书废止不用，上海各中小学无书可代，于是竞相采用万叶书店之小学《国语副课本》及《小学算术副课本》代用，因是连日赶印，发行量高涨，供不应求，鼠啮之书，亦全部售罄。"① 据说，当时这每一种课本，每个学期要印 10 万套。万叶书店一下子成为上海的一颗出版新星！不久，万叶书店因为营业的需要，扩大了经营场所，购买了上海南昌路 43 弄 26 号的一栋三层楼房，作为万叶书店新的店址。

步入规模出版之后，钱君匋在书店发展上有了更高的目标，他不再满足于作坊式的出版规模，而是以股份公司形式扩大规模。消息一发布，盐商陆海藩、书法家费新我等社会名流和各界人士 70 余人，纷纷入股万叶书店，万叶书店也正式更名为"万叶书店股份有限公司"。据说，当时万叶书店股份有限公司中，钱君匋家的股票占了百分之九十，第二位是盐商陆海藩。而像费新我先生等社会名流，不少是稿费入股的，费先生是用自己编辑的钢笔画、铅笔画的书籍稿费来入股万叶书店的。

实行公司化运作后，让钱君匋的经营魄力得到空前的发挥，除

---

① 《钱君匋纪念文集》上海鲁迅纪念馆编，中国福利会出版社 2007 年 4 月版，第 362 页。

了购置万叶书店业务用的店面外，钱君匋还投资创办了一家位于上海北四川路四达里的印刷厂。这个印刷厂主要是铅字排版以及简谱的排印，这个小厂也是股份制企业，只有二十个人，其中十个人是这个印刷厂的老板，还有十个人是印刷厂的学徒。所以在四十年代的一段时间，钱君匋已经成为一个编辑、印刷、发行一体化的出版老板。同时，钱君匋还利用名人效应，继续编辑进步作家的畅销书，出版"万叶文艺新辑"丛书，从当时出版的部分作者阵容看，就可想见其成功。有茅盾、丰子恺、凤子、巴金、王西彦、梅林、舒湮、索非、靳以、塞先艾、臧克家、李广田、顾均正等等，自然，这样的丛书作者阵容，让万叶书店的经营达到了一定高度。当时，茅盾翻译的《团的儿子》在万叶书店出版，因为茅盾和钱君匋是老乡又是老友，所以书的结账问题，茅盾给钱君匋写信：

> 君匋兄：顷得若君来函，谓《团的儿子》二版拟加用插图，即可付印云云，甚为欣慰。七月以来，开明付版税新法，足下想亦知之。鄙意此法对作者固有利，而对书店亦少了若干麻烦，万叶经济宽裕，对于《团的儿子》新版税祈能照开明办法一次付清，此款即交另境可好。结单则仍请寄敝处，匆匆即颂　日新
>
> 　　　　　　　　　　　　　　　　　雁冰上　九月廿五日①

茅盾这封与钱君匋谈出版稿费支付方式的信，是目前见到的他们俩人交往的唯一现存书信。估计像这样的信，钱君匋与其他作家的交

---

① 原件藏桐乡档案馆。

往中，肯定还有不少。

　　钱君匋成功了，不过，万叶书店开创阶段养成的优良作风，没有因为事业发展财大气粗而懈怠，他依然非常勤勉地在出版领域奔波耕耘。曾经的万叶书店员工杨昌霖回忆说：钱君匋是个工作狂，早晨一起来，就可见他在伏案工作了。当时图书发行的方式还是人工的，不少有价值的图书，如一些音乐著作，在仓库里迟迟卖不出去，于是，钱君匋为了减少库存，专门让员工骑着自行车去推销。而且钱君匋对家大业大的万叶书店的管理也非常严格，陈恭则是万叶书店的创办人之一，抗战期间，钱君匋编辑的抗日书籍《第一年》、《第二年》，就是因为陈恭则的关系，转移到徐汇中学，逃过日寇的一劫。钱君匋记着陈恭则的好处和友谊。抗战胜利以后，陈恭则从重庆回到上海，钱君匋知恩图报，让他住在万叶书店，想重用他，让他为万叶书店继续努力。但是此时的陈先生经过抗战的岁月，思想观念已经发生了深刻变化，他带着女人住在万叶书店的亭子间里，早上迟迟不起床，人家已经早早在工作了，陈先生还没有下楼来。因为陈恭是万叶书店的创始人，现在万叶书店条件好了，钱君匋想为他配个摩托车，这样便于陈先生出门。于是万叶书店为陈先生配了一辆"大炮牌"摩托车，结果，陈恭则一骑，差点撞到墙上，弄得大家都很扫兴。后来钱君匋只好让陈恭则另外高就。这样一来，保持了万叶书店严谨、勤勉的店风。

　　但是，伴随着国民党接收汪伪政府财产的结束，出版业的新的一轮竞争又在上海这个出版重镇开始了。在激烈的竞争中，教材辅助读物的出版印行权，也被国民政府收回。后来，当时的国立编译局经过全国性的筛选，给万叶书店来函，告知，万叶书店可以拥有国定的中小学教科书的印行权。随公函一起来的还有印行教科书的合同文本。

这对出版机构而言，是发大财的极好机会，而且不是每个出版社都有这样的发财机会的。所以这在别人看来，钱君匋的发财机会是双手推不掉了。但是，虽然不是中共党员的钱君匋却有着强烈的政治意识，担心发财是发财了，但吃了人家嘴软，拿了人家手短，将来蒋记政府的指令下来，让你无处可躲。于是，钱君匋找个理由，放弃了印行国民政府教科书的专有权。事后想想，钱君匋这是聪明之举，如果当年他接受国民政府这个教科书出版发行专有权，恐怕几年后，乃至下半辈子，钱君匋无论哪个方面始终都是说不清、道不明了。

抗战胜利以后到上海解放这段时间，钱君匋在出版事业上，的的确确没有放松自己，新版、重版的书不少，比如：

1946 年

　　《团的儿子》　卡泰耶夫著，茅盾译

　　《子恺漫画选》　精装彩色版，丰子恺著

　　《率真集》　丰子恺著

　　万叶青年读本新辑 《自然科学读本》　褚蓁照编

　　《旅途杂记》　巴金著

　　《乐理初步》　缪天瑞编译

　　《老板》　高尔基著，适夷译

　　《宝贝儿》　臧克家著

　　《毛笔画册》　丰子恺著

　　《幸福的梦》　高尔恰克等著，周姚译

　　《水彩画册》　费新我著

　　《近世史》　鲍文希编

《血与火》 靳以著

《希望》 田涛著

1947 年

《算术升学指导》 王修和编

《图案画册》 吴承钧作

《小学音乐教材及教学法》 缪天瑞著

《活的文学》 林焕平著

《乡下朋友》 王西彦著

《音乐十课》 丰子恺著

《乐学》 创刊第一号，缪天瑞主编

《乐理初步》 缪天瑞编译

《劫余漫画》 丰子恺作

《万叶国文选》(第二册) 朱炳煦选编

《近古史》(中国史第三编) 鲍文希编

1948 年

《音乐的构成》 该丘斯著，缪天瑞译

《小学常识辅教本》 吴一恒等编

《飞行箱》(万叶儿童文库) 顾均正译

《三难题》 顾均正译

《民众音乐 口琴吹奏法》 黄涵秋编译，丰子恺作序

《辨字小楷帖》 包静元著，朱雨香书

《曲式学》 (美)该丘斯著

从这些目录中，我们可以看到当年钱君匋在出版方向上还在努力

探索，文学的、儿童读物、翻译的、音乐的，教材教辅，林林总总，一直沿袭万叶书店走过的路走下来，似乎万叶书店的经营状况还是蒸蒸日上的。

但钱君匋毕竟是出版行家，当走过一条印行教辅——印行进步人士作品的发展之路以后，抗战胜利后的几年间，出版社的重新洗牌，钱君匋面临着远虑和近忧的选择，如果不尽快转型，淘汰出局只是时间的问题，在老友缪天瑞的建议下，钱君匋选择出版音乐作品作为万叶书店的发展方向。钱君匋在回忆万叶书店时说，"我在想，出版美术和文学、儿童读物，在编辑上、技术上都比较容易，出版音乐书籍，因为情况复杂，比较困难，我既有这方面的知识和经验，如果我不去搞这一行，那就不会再有比我更内行的人去搞了（指要精通音乐和出版）。于是我就毅然决然地在万叶书店的后期，把原来从事儿童读物、美术读物、文学读物的出版，一下子改了个调子，停止了以上这些门类的出版，转到音乐上来，专门致力于这方面的出版，结果把儿童和美术读物转让给童联书店继续出版，文学读物转让给联营书店继续出版，专心致志地向音乐书籍大踏步进军，成为我国独一无二的一家音乐专业出版社，为新中国的音乐从业人员提供了不少音乐方面所急需的知识，付出了辛勤培育的汗水，转化为今天的人民音乐出版社。"① 这一转向，让万叶书店在抗战胜利后又走出一条创新的发展之路。钱君匋当时也没有想到自己与音乐这么有缘，自己学的和爱好的当中有音乐，万叶书店以出版小学活页歌曲选起步壮大，没有想到七、八年过去了，书店壮大了，规模也不复原来了，抗战胜利了，已

---

① 钱君匋：《略谈万叶书店》，刊《书衣集》，山西人民出版社 1986 年 7 月版，第 142—143 页。

经成为股份公司的万叶书店忽然要丢掉许多出版资源，舍弃许多轻车熟路的东西，走专业出版的路子。许多人不一定理解，但钱君匋却义无反顾，认定这是竞争中的一条新的出路！

万叶书店在这个转方向的过程中，我们不能忘记钱君匋的同学、朋友缪天瑞先生，是他，推动了钱君匋下决心转型，专门出版音乐书籍。缪天瑞是浙江温州瑞安人，是我国著名的音乐教育家和音乐学家，1908年4月15日出生在温州瑞安县，1923年考入上海艺术师范音乐科，与钱君匋是同学。毕业以后一直在中学、大学从事音乐教育，也编辑过《音乐教育》杂志，抗战中在重庆国立音乐学院教授音乐课，1943年3月到福建国立福建音乐专科学校任教务主任、教授。1945年8月，因为同情、救助被捕学生而被当局要求"自请离职"。1946年10月，应台湾交响乐团邀请，去台湾担任该团编译室主任和副团长。主编台湾首种音乐期刊《乐学》季刊。1949年5月初，从台湾回到温州，8月北上天津，其时路过上海，钱君匋与缪天瑞两位老友才有机会畅聚，才有缪天瑞对万叶书店的前途、发展方向贡献意见。缪天瑞是钱君匋的贵人，在万叶书店的发展中，处处见到缪先生的身影，据不完全统计，从万叶书店出版音乐书籍中，由缪天瑞先生或编或译，或者自己著作的音乐书籍达十多种，他的学术著作代表作《律学》也是万叶书店1950年出版的。新中国建立以后，精通英、日、德三国语言的缪天瑞先后任中央音乐学院研究部主任、教务处主任、副院长；天津音乐学院第一任院长，天津市政协副主席，兼任天津市文化局副局长和河北省文化局副局长等职务。曾经是全国人大三、四、五、六届代表。2001年，中国音乐家协会首届金钟奖授予缪天瑞先生终身荣誉勋章。2009年8月31日在北京去世。这是后话。但是当年缪天瑞北上以后，同样给钱君匋在音乐出版方面许多支持，为音乐学院的研究教学出版了不少系列音乐书籍。

所以，正当壮年的钱君匋，在竞争中又先着一棋，才40出头，正是大显身手的年华。

这种专业出版社的路子，在钱君匋万叶书店之前，很少有出版社尝试过，所以这方面的特色和效益都不明显，国外虽然有先例，但在国内大都是什么赚钱出版什么，什么来钱印什么，一哄而上的同时也一哄而下，给国内出版界没有留下什么好名声。所以，钱君匋走专业出版之路在许多人看来，是一条自加压力和充满风险之路。但是，钱君匋心里依然信心十足，没有半点犹豫，一往直前。有人曾对钱君匋这次转向，作过分析，认为钱君匋有底气，一是因为他是音乐界的行家里手；二是他有音乐编辑的经验，有一批音乐界的朋友；三是他热爱音乐等等，这三个方面都有道理，其实，这些都是源于钱君匋的敢于创新的胆识，如果钱君匋没有创新的胆识，这些条件，恐怕也只能做一个音乐爱好者，或者做一个合格的音乐编辑。

转向后的万叶书店股份有限公司专门从事音乐出版，在出版业的红海里独创出一片蔚蓝色海洋，无论是经济效益还是社会声誉，得到了双丰收。据有关资料介绍，在新中国成立前后的几年间，万叶书店出版了200多种音乐理论专著、歌曲集、乐谱，如《中国音乐史纲》、《音乐技术学习丛刊》、《民间音乐研究》、《曲式法》、《曲调作法》、《对位法》、《二胡演奏法》、《弦乐器演奏法》、《二胡基础教程》、《大众音乐教程》、《手风琴演奏法》、《西洋歌曲译丛》、《苏联音乐青年》、《捷克斯洛伐克音乐》、《记苏联群众歌曲》、《西洋音乐史》、《苏联音乐发展的道路》、《布拉姆基及现代乐派》、《贝多芬及浪漫乐派》、《二胡曲集》、《中国民歌选》、《十日礼赞》、《塞外舞曲》、《绥远组曲》、《思乡曲》、《摇篮曲》、《群众口琴曲集》、《音乐的构成》、《小提琴演奏法》、《万叶歌曲集》、《新疆民间合唱选》，等等，有些音乐书籍印数也不少，一版再版，乃至十多版。这一切，无意间让钱君匋为中国的音乐事业做了一件功德无量的善事，为中国乃至世界的音乐事业作出了他不可磨灭的贡献，被业界誉为"我国现代音乐出版事业的先驱和奠基人"。现在看来，钱君匋当之无愧！

钱君匋创办万叶书店的成功案例，也是一个文化浙商的成功之路，他从一个小作坊开始，发展到实行股份有限公司的现代企业；在内容上从低成本运作到多品种经营，再到专业出版，实现了由少到多由多到好的发展和转变。钱君匋的出版业经营理念显示了他的出版经营智慧，他的这种出版智慧是顺应了出版规律和适应出版特点的。所以对今天风风火火的出版业来说，依然具有借鉴学习的意义。

钱君匋创办万叶书店的传奇经历，显然已经成为文化出版事业发展中一个经典案例。这是钱君匋从三十多岁到四十多岁期间创造的一个奇迹。这样说，我想仍不为过。

三、收藏：出版之余的酸甜苦辣

在出版界从事收藏的人不少，而收藏如此之多的艺术精品，却是不多；收藏文物又与出版情怀融为一体的，更是少见；最后以一生的收藏捐献给故乡的，在出版家中更是少而又少。

钱君匋在出版界声名鹊起以后，收入也丰裕起来，而且钱君匋没有一点其他不良嗜好，在花花世界的上海，钱君匋克勤克俭，用他自己的话来说，是一分一分赚钱，该花的时候，大把大把地花。无谓的应酬，无聊的浪费，钱君匋是不屑的。所以当钱君匋办出版赚钱以后，就把收藏艺术文物作为出版之余的另一种追求。其中的酸甜苦辣，也折射出钱君匋的情怀和性格。

钱君匋的家乡老友范雪森先生是桐乡君匋艺术院建造时钱先生在桐乡的常任代表之一，他对钱君匋先生捐赠过程，及捐赠文物的内情颇为了解。他在回忆钱君匋先生的文章中，对钱君匋先生当时一次性登记捐赠的文物有一个数字，他说：

> 经过20天的紧张而繁忙的工作，共计登记书画文物4083件。共分四类：（一）书画类，共1294件，包括明代文徵明、陈老莲、徐渭等22件，清代吴昌硕、赵之谦、任伯年等275件，近代谭泽闿、于右任等109件，现代张大千、齐白石、丰子恺、刘海粟、黄宾虹、陆俨少、潘天寿、徐悲鸿等732件，先生自己作品156件。（二）印章类，共1169件，包括赵之谦石章104方、吴昌硕石章152方、黄牧甫石章168方、其他名家石章67方、钱刻印章425方、先生自用印253方。印章中从石质看，有田黄5方、鸡血13方、冻石30方等。（三）书籍、拓本类（包括原拓）共1571件。（四）其他类，有瓷、陶、青铜器、笔墨砚共49件。在捐赠文物中，经专家鉴定，有属国家一级文物17件，即赵之谦的八尺花卉四屏条、金冬心的墨梅、陈洪绶的赏梅图、陈白阳的松石图、石涛的兰竹册页、吴昌硕的信札诗稿和印章6方、赵之谦印章3方、黄牧甫印章2方。

不过，范雪森先生这个回忆记录，是 20 多年前八十年代的文物鉴定记录。倘在今天收藏成为一种全社会时尚时，恐怕钱君匋先生4083 件文物中，不少文物可跻身于国家一级文物行列了。现在动辄上千万、上百万价值的艺术品，在钱君匋捐献的文物里，毫不夸张地说，随便挑一件，都可以达到这个水平，所以，在钱君匋身后也有人猜测，如果钱君匋的文物当年（20 世纪 80 年代初）有现在这样价高的水平，恐怕钱君匋先生是另外的做法了。自然，这样的猜度，我们也无可厚非。但是相信钱君匋即使在今天，依然会义无反顾！

钱君匋平生第一次购买的藏品是什么？我们没有考证，因为似乎意义不大。但在钱君匋晚年，时有提及。原来，钱君匋作为收藏的第一件藏品，恰恰又是钱君匋渴望学习的东西——一本罗振玉编的、珂罗版印制的《流沙坠简》。这部书一百元的标价、让钱君匋 25 元购得。现在看，这个收藏有两点让钱君匋记忆深刻，一是满足了自己学习汉简的需要，收藏得到了愉快和满足，二是收藏过程讲究"诚"和"韧"字，但这第一件藏品收藏过程中，这"诚"字让他尝到了甜头，旧书店老板为 20 多岁的钱君匋如此执着而感动，以赚个名声而低价卖给钱君匋的。据介绍，这部《流沙坠简》是近人罗振玉、王国维撰，共有三册。初版于 1914 年，后来在 1934 年校正重印。全书据法国人沙畹书中的照片选录英籍匈牙利人斯坦因在我国敦煌等地盗掘的简牍、纸片、帛书等，共 588 枚。有释文和考释。其中大部分是汉简，仅少数为纸片，帛书和晋代及其以后的简牍。全书分为小学术数方技书、屯戍丛残、简牍遗文三部分。附录还有晋初木简等。所以这部书对渴望了解书法历史面貌，从源头练起的钱君匋来说，自然十分重要。

在抗战前，钱君匋自从买得心爱的《流沙坠简》以后，了却了幼时苦求不得的心结，但也激起他通过收藏来学习的热情，尤其是他设计封面出名之后，收入渐丰裕，见到自己心仪的前代艺术大师的作品，他就一件一件地购进，一件一件地临摹，反复观摩，所以钱君匋开始以学习为目的收藏，与他的书法、篆刻及封面设计相得益彰。

收藏与观摩学习结合得像钱君匋这样好，不是说没有，但确实是出版家、收藏家、艺术大师中的佼佼者。而且钱君匋的收藏时间之长，恐怕也不是同辈中一般人可比。从钱君匋收藏的经历看，收藏也并不是盛世所特有，近三十余年来中国收藏热，相当部分是虚火上升，伪作赝品充斥，但钱君匋在 20 世纪三四十年代收藏时，正逢国运艰难，兵荒马乱，这种状况恰恰是为钱君匋收藏提供了一个时代契机。所以，抗战开始后，钱君匋创办万叶书店，生意兴隆，家底丰厚殷实，渴求从文物中汲取知识的钱君匋依然像战前那样乐此不疲。他在忙碌的出版事务过程中，见缝插针，随时随地从各种各样的收藏信息中，捕捉值得收藏的艺术品的信息，一点一点地搜集，一点一点地收藏，小到一方印章，大到一幅巨画，钱君匋在收藏过程中，常常在兴奋和焦虑中交替，甚至懊恼痛苦。不过，收藏中的酸甜苦辣，让钱君匋一生都无怨无悔，有时连吃亏上当，事后回忆起来都觉得是一种甘甜。

1937 年全面抗战爆发后，30 岁的钱君匋也遭受战乱之苦，奔波在江苏常州、湖州以及老家屠甸等崎岖小路上。有一次，钱君匋在逃难途中，经过湖州，在湖州地摊上见到两方吴昌硕为于右任镌刻的昌化鸡血印章，当时钱君匋立刻驻足不前，停下来，一问价格，摊主索价 80 银币，这让在逃难中的钱君匋十分为难，想着乱世年头，下一步生活如何尚在未知中，只好"硬着心肠挥手而去"。这件与收藏擦肩而过的事，后来让钱君匋后悔了一辈子，直到晚年还记忆深刻。他在《古铁篆刻遗珠》一文中说："我在抗战开始的一年，避日寇撤退到湖州，有一天在街头的地摊上见到吴昌硕为于右任刻的两方上等鸡血昌化，一刻'于'，一刻'右任'，都是朱文，当时索价为银币八十元，我身边虽带有不少现金，但我想到今后过的是流浪生活，经济来源已经断绝，靠身边的钱能维持多久不得而知，本来想买这两方名人为名人刻的印，只好硬着心肠挥手而去，不敢染指了。抗战胜利后，我在上海见到于老，谈起这件事，他顿足长叹不已。"[①] 这样的遗憾，在钱君匋的收藏过程中，常常发生。

1940 年 3 月，钱君匋在上海城隍庙的旧书店里，发现了扬州八怪之一的李方膺的梅竹册页一部计十开，后来又找到李方膺的兰菊册页，也是十开。对李方膺，钱君匋是熟悉的，曾临摹过李方膺的梅花，于是钱君匋多少带些激动买下了李方膺的两部画册。在与旧书店老板交谈中，钱君匋才知道，这两部画册原来收藏者是一对兄弟，分家时每人各一部，因为在乱世年头，命都朝不保夕，遑论这书画册页？所以李方膺的这两部册页就进了旧书店，现在又流进了钱家，不过，这次为钱君匋所收藏，却是让李方膺在天之灵感到欣慰，册页到了喜欢的人手里了。

1942 年 7 月，钱君匋买到了文徵明的学生陈复道的四尺整张的《墨松》，不久，他又从文物掮客的手中买来徐文长的《芭蕉梅花图》，要价 60 元，因已破损，钱君匋找上海装裱名家严桂荣重新裱糊，竟花了 120 元。1943 年 5 月，钱君匋又以 100 元的高价买下了明代书

---

① 《钱君匋艺术论》（司马陋夫、晓云编），线装书局 1999 年 8 月版，第 84 页。

画家文徵明的长卷《窗前鸣珮》，这是一幅精品，长卷上有文徵明的引首、画心、拖尾，文徵明的三绝全体现了。文徵明的这件长卷，钱君匋买得称心如意，他后来带着长卷向名家显宝，马一浮、潘天寿、丰子恺、黄宾虹、齐白石、陆俨少等观赏过后，在长卷空白处题诗题字，留下珍贵的记忆。

新中国成立之初，北方的京津等大城市里的收藏家依然藏龙卧虎，大量文物古董在民间流散甚多，尤其是一些破落贵族的后人，因生活艰难，常有珍品在社会上交流以换取生活费用。有一天，对赵之谦有深刻研究的钱君匋与同事朱咏葵先生聊赵之谦时，朱咏葵告诉他，天津王幼章之孙手里有一批赵之谦的印章，在天津劝业场的古玩店里待售。这个信息让钱君匋激动莫名，后来在一个大雪纷飞的星期天，钱君匋与朱咏葵一起赶往天津，在天津劝业场的古玩店里，钱君匋激动地看到赵之谦 105 方各类印章。钱君匋知道，赵之谦存世印章总共不过三百来方，今天在天津竟然见到一百余方印章，让刻印几十年的钱君匋有些忘情，他知道"赵之谦刻的印章，最初是从浙派入手，后来又改宗皖派。广泛吸收了碑额、古钱币、镜铭、诏版文字，以笔墨味入印，突破了邓石如、吴让之的樊篱，朴茂隽永，秀而有骨，阳文刻侧款，独创一家"。钱君匋还知道赵之谦的印章"结构严谨，变化无穷，在分朱布白的处理上有独到之处"。钱君匋认为"赵之谦他的刀法能够在巧中见拙，朱文挺拔凝练，白文沉雄朴茂，绝无尘俗之状，而有隽永味，真正做到了'书如佳酒不须甜'的意境。"但是，这批赵之谦的印章，古玩店老板要价 2000 元。当时这两千元，相当于钱君匋一年的工资。钱君匋只好怏怏而回，但他的心已经留在天津劝业场，与那批见过面的赵之谦印章再也无法忘怀了。此后一段日子里，钱君匋茶不思饭不想，心里一直惦念着那105方赵之谦印章。后来，还是朱咏癸从中周旋努力，在1954年的年底，钱君匋终于以1500元的价钱买回赵之谦105方印章，让钱君匋欣喜若狂。他事后回忆说："积久的愿望一旦实现，真使我狂喜之极。"据说，为此，钱君匋当天看着赵之谦印章喝了五斤绍兴酒。

第二年，即1955年2月，同事朱咏癸告诉钱君匋，有个书画商手头有8本新罗山人的册页（共96张画）。新罗山人就是华喦，其画风清新秀动、洒脱疏宕。钱君匋一听，自然羡慕不已，与朱咏癸一起去书画商家里，一看，钱君匋认定这是华喦的真迹。对华喦这位画家作品，钱君匋心仪已久，这位自署为"新罗山人"大师的作品，钱君匋家里还没有呢，看到这些册页，爱不释手的表情立刻无法掩饰地流露出来。但是，书画商看到钱君匋是个懂行的收藏家，立刻开口八本册页要价2000元。这价格着实让钱君匋吃了一惊，因为此时的钱君匋，来源不多开支却不少，手头的积蓄所存不多了。怎么办？悻悻而归的钱君匋只好让朱咏癸去与画商协商，希望能够降价。后来，降了200元，钱君匋总算以1800元买进新罗山人的8本96张册页，为此，钱君匋是卖掉了清代画家查士标的一幅画，徐悲鸿的一幅喜鹊图之后才凑齐1800元的。但是，让他没有想到的是，画商在册页中动了手脚，在一本册页中抽出几张，成了残缺。这对真正懂行的收藏家来说，是一种缺憾，于是，有机会总要千方百计收全。而这时的画商又会假托发现了失佚的画页，为渴盼的收藏家提供线索，吊收藏家的胃口。画商这样的做法，让钱君匋在买新罗山人册页时碰到了。就在钱君匋当时倾其所有，花1800元巨资——在当时当是巨资了，买下新罗山人8本册页后两年，即1957年春天，荣宝斋的一位朋友写信告诉钱君匋，说他们那里有一张新罗山人的册页，据说是你买的 8 本册页里取下来的，如果你要，请寄 200 元来。钱君匋知道书画买卖中的潜规则，只好再花 200 元，买回一张新罗山人的册页。购买新罗山人册页的往事，让钱君匋留下了深刻的记忆，一辈子都忘不了。晚年也曾回忆说："记得买华新罗的画时，因为手头没有那么多巨额现金，于是忍痛卖掉查士标、吴昌硕、徐悲鸿的作品多件来凑数，并与物主协商分期付款而得到同意，才能买下。这一次把我的历年积蓄差不多都花了，但是我不觉得惋惜，倒是变卖查士标、吴昌硕、徐悲鸿三家的作品，非常觉得可惜！至今还经常出现在我的梦里，颇有'鱼我所欲也，熊掌亦我欲也'的样子，两者无法兼得，只好放弃其中之一！"① 作为真正的收藏家的收藏，不是附庸风雅，更不是为钱而收藏，而是心物相通，是缘分。钱君匋的收藏，就是心与藏品常常连在一起的，这就是所谓的"牵挂"。齐白石的一张四尺整张《红莲鸣蝉》的收藏过程，整整让钱君匋在心里、梦里牵挂了四年，心动了四年，缘乎情乎，仿佛这幅《红莲鸣蝉》注定让钱君匋"苦恋"四年之后才能进钱府！晚年他说："齐白石的一幅四尺整张《红莲鸣蝉》，1949年我经过北京，在琉璃厂一家画店中见到，这幅画悬挂在极显著的进门处，问价一百元连框，我嫌价太高没有买，1950 年我又至北京，见此画仍旧挂在这书画店门前，我问价仍要一百元，不肯让一分一厘，我还是不肯下手，1951 年再去北京，见此画还是高悬着，仍旧要一百元，不能还价，我只好望望然而去之，直到1954 年我再从那家画店经过，想想还是依他们的高价吧，用一百元买了回来，重裱后

---

① 　钱君匋：《春梦痕》，上海书店 1992 年 9 月版，第 191 页。

挂在我上海客厅里……"①

　　牵挂、纠结，买了四年才买到的齐白石的画，终于释怀遂愿！这种牵挂纠结和快意，只有钱君匋体味最深。但是，像这样"苦恋"之后有收藏甜味的，让钱君匋在收藏中有种成就感的不止这一次，但像买新罗山人册页那样买了以后再买的遭遇，钱君匋同样不止一次地碰到，有时哪怕熟人朋友间也不能免俗。有一次，钱君匋从一个书画掮客手里以每开 50 元的价格，买得金冬心的五开水墨花卉册页。金冬心就是扬州八怪之一金农。他的画作以自我之诗心禅意为之，脱尽画家习气，不同凡俗。所以深得钱君匋喜爱。过了些日子，那个掮客又送来金冬心同样大小的四开水墨花卉册页，但要价每开翻一番，100元一开。掮客掌握钱君匋心理，采取钓鱼办法，收藏讲究完整，于是钱君匋只好忍痛买下。当时钱君匋还对那个掮客开玩笑说，你是不是还有第三次送来？掮客拍胸保证，就这一次，不会再有了！可是，后来钱君匋去另一位收藏大家钱镜塘家里看画时，发现自己买的金冬心册页在钱镜塘家里也有一开，同样是水墨梅花，而且正是钱君匋收藏的那部册页的最后一开，如果买了这一开册页，整部水墨花卉册页就齐了，这也意味着这部册页收藏价值的不一样。钱君匋便让钱镜塘出让，问要价几何？钱镜塘这位远房族弟也不含糊，要价 150 元！相当于初次购进时的三倍。钱君匋明知这是掮客和出让者在玩花招，欺诈收藏者，也只好如数付给，买回这一开水墨梅花册页。所以，钱君匋后来说，事主为了卖个好价钱，"当时把画让出来的人，就是这样欺诈买者，诸如此类买进的书画，不止一种，可见物主的狡猾了。"

---

①　钱君匋：《春梦痕》，上海书店 1992 年 9 月版，第 191 页。

不过，说是这样说，钱君匋也没有办法来制止这种艺术市场的不良风气。

这种破财买真品的经历，钱君匋尚且能承受，道中人也会觉得是正常的，让钱君匋感到窝囊的，是把赝品当真迹买进来，这在外行人看来可以权当付学费，但道中人觉得是很没有面子的事。这种没有面子事，钱君匋也经历过不少，据说他花巨资买过十多张假字画。有一次，黄宾虹老先生知道钱君匋收藏甚丰，便向钱君匋推荐一张徐文长的条幅。既然是艺术大师真诚推荐，自己看了以后觉得是徐文长的一幅好作品，便出资买了回来，挂在自己的客厅里不时欣赏。后来，钱君匋便留心徐文长的作品，一次在吴湖帆先生家里看到徐文长的真迹，就借回来研究，发现黄宾虹推荐自己买的徐文长条幅，是赝品。原来黄宾虹年岁已高，掮客骗了黄老先生！据说，钱君匋为了刻苦提高自己的鉴赏水平，记住这次失误，专门将这幅赝品烧掉了！从此，钱君匋发愤研究名家大师作品，失手走眼相对就少了许多。

不过，有时在收藏过程中，时机时间对一个收藏家来说，也极为重要，有时候，一延误，机会可能再也没有了，有一次，钱君匋到杭州，在一个姓任的学生家里看到一张六尺整的唐伯虎的人物画《陶渊明赠酒》，画面上三个人物都栩栩如生，钱君匋很喜欢，就与学生谈好价格，并答应回上海后立刻汇过来。但是等钱君匋从上海汇钱到杭州，这幅唐伯虎名作已经被捷足先登的远房堂兄弟钱镜塘出高价买走了。钱镜塘买到唐伯虎这幅真迹人物画后，十分兴奋，还邀请钱君匋去他府上观赏这幅唐伯虎的作品。这时，钱君匋才知道自己出手慢了半拍，而那个姓任的学生见钱眼开，失信于老师，让钱君匋懊丧不已。

在收藏过程中，钱君匋虽然经历了酸甜苦辣，也渐渐形成了自己收藏的特色，尤其是印章，钱君匋从天津收藏了赵之谦105方印章之后，又陆续收藏了吴昌硕印章200方，黄牧甫印章156方，成为国内外收藏赵之谦、黄牧甫、吴昌硕印章最多的收藏家。"无倦苦斋"也渐渐形成了。无，取即赵之谦的别号无闷的"无"字；倦，取黄牧甫别号中倦叟的"倦"字；苦，取吴昌硕别号苦铁中的"苦"字，各取一字，是藏品特色，其实也是钱君匋自己刻苦的一种自励，有一种乐此不疲的意味在。

第四章

公私合营，浮浮沉沉

一、私私合作的上海新音乐出版社

在新中国成立前后，钱君匋的万叶书店经历了"一慢二看三通过"的过程，但是钱君匋对万叶书店的出版方向，就是缪天瑞给他指出的走音乐专业出版的发展之路，他心里非常清楚，这是万叶书店的发展的必然之路，所以在新中国成立前后的几年时间里，万叶书店在新中国的感召下，紧跟时代步伐，出版了大量的国内外的音乐著作和歌颂新中国、歌颂社会主义、歌颂毛泽东、歌颂共产党的音乐作品，成为新中国成立之初音乐出版的佼佼者。

1949 年 5 月 27 日，上海解放，全市欢腾。

28日，陈毅同志作为中共中央委任的上海市市长，开始接管并主政上海这个东方大都市。钱君匋的万叶书店在解放军进城之前已经停止出版，"静待政策"。对政权交替，钱君匋直接感受还是第一次，清王朝覆灭，钱君匋年纪尚小，几乎一无所知，而这一次，他从直观上看到秋毫无犯的中共军队，知道蒋家王朝大势已去，但如何去经营他的出版企业？钱君匋心里有看看再说的想法。但是，当他想看看再说时，刚刚进上海的市长陈毅同志却让人找到钱君匋，让钱君匋去他办公室聊聊。

陈毅，钱君匋虽然没有见过面，但对这个名字并不陌生。陈毅是一员儒将，文化修养很高，政治智慧、政治经验也非常丰富。万叶书店曾经是新四军到上海办事的一个落脚点，新四军军部的李仲融就是因为常来上海而与钱君匋熟悉的。李仲融曾经出面请钱君匋为陈毅刻过印章。所以，在上海的篆刻家钱君匋在陈毅记忆里留下了印象。因此，在刚进上海不久日理万机的时候，陈毅就想见见钱君匋，了解上海文化界的情况。

后来，钱君匋见到了陈毅。不过，在大气的陈毅面前，钱君匋有点拘谨，钱君匋后来回忆说：

> 一天，有一位穿布军服的解放军送来一封信，说陈毅市长明天上午约我去谈谈，我就问这位解放军陈市长住在什么地方。他只告诉一个地址，没有说到其他。次日我按时根据所说的地址前去，走到福州路、江西路口朝东北的转角上，那座建设大厦的底楼，挂着"上海邮政汇业储金局"招牌。我看看地址没有错，就向楼上走，二楼进门就有一位解放军领我到一间宽敞的房子里，

只见陈毅市长一人坐在藤椅上抽烟，身后还有一张单人床，一个书架，几叠公文摊在桌子上，房子里其余的地方都空空如也，这就是陈市长当初办公室兼卧室的地方。

我跟着那位解放军进入陈市长的办公室时，解放军向陈市长报告："钱君匋同志来了。"陈市长一转身就站起来招呼，用四川口音很浓重的普通话说"请坐请坐"。接着相互寒暄了几句就聊起天来，好像是旧相识似的，东南西北聊了一大套，最后他问起上海国画、书画家的情况，同时让我提供一些人名，我谨慎地只提出了几个人的名字，如沈尹默、王蘧常、马公愚、白蕉、吴湖帆、贺天健等人。我还提到我的老师丰子恺的名字，其时他还滞留在重庆，没有办法取得交通工具回上海。陈市长点点头，抽一口烟，好像在那里盘算什么似的，我估计他将要约他们来谈话也说不定。等陈市长重新抽烟的时候，我就告辞而归。①

对此，钱君匋自己修改定稿的年谱里没有记载。现在时间已过去六十多年，陈毅和钱君匋都已仙逝。不可能再进行考证当时会见谈话的具体内容。但是，猜想起来，陈毅想见见钱君匋，了解了解上海文化界的情况。因为上海这样的大都市在以后的社会发展中，不能没有文化。同时在百废待兴正当用人之时，如果有可能，陈毅也许想报一印之恩，让曾经帮过新四军忙的钱君匋，再为共产党的文化出版事业作贡献。

但是，具有艺术天赋的钱君匋却没有政治家的气质，虽正当年，

---

① 钱君匋：《一方印认识了陈毅市长》，刊《春梦痕》，上海书店1992年9月版，第211页。

却没有气宇轩昂的政治人物形象，也没滔滔不绝的说话水平，更没有八面玲珑察言观色的本领，唯有说起出版，说起书画文物，说起他的印章，他才仿佛有无穷的智慧和思想。

钱君匋从陈毅的办公室出来，又回到自己的出版天地里。

钱君匋此时也许还不知道，颇有远见卓识的中共文化出版界的组织者们已经在谋划新中国的出版大业。他们在中共领袖们的运筹帷幄之下，早已开始清理国民党留下来的出版烂摊子，描绘新中国出版大业的蓝图。

1948 年 12 月 29 日，中共中央关于《对新区出版事业的政策的暂行规定》，对旧中国的出版业清理已经有了明确的指示，其中有：

（一）没收国民党反动派的出版机关，凡国民党反动政府及其地方政府下的各机关、各反动党派（如国民党各个反动派系、青年党民社党等）与特务机关所主办的图书出版机关，连同其书籍、资财、印刷所等，一律没收。如正中书局、中国文化服务社、独立出版社、拔提书店、青年书店、兵学书店等，均属此类。如有民营书店之借用上列牌号者，则应在处理上加以区别。此类书店没收后，原书店即不准再开业。

（二）民营及非全部官僚资本所经营的书店，不接收，仍准继续营业。如开明、世界、北新等书店属之。商务印书馆及中华书局，也属此类。其中官僚资本应予没收者，须经详细调查确实报告中央，再行处理。

（三）凡允许继续营业的书店，其书籍暂任其自由发卖，不加审查。如出版教科书者，则劝告他们自行停售党义公民等教科书，及自己修改有关政治的教科书（如历史）。

（四）对于新出版的书籍中，如有政治上反动而又发生了重大影响的书籍，必须干涉及禁止者，暂时采用个别禁止及个别干涉的办法，这些书籍和非由显著的反动派所著作出版，则在采取禁止干涉措施前，应向中央请示。①

这个在上海解放前半年发出的中央规定，钱君匋自然不知情，但是，现在看，这个规定中有关指示，钱君匋似乎关系不大，而且钱君匋还感到庆幸的是，当年抗战胜利后，国民党当局曾准许钱君匋印刷出版有关学校教科书，但钱君匋放弃了这个发财机会，没有出版国民政府审定的教材。

就在中共中央这个指示发布一个多月之后，中共成立了临时出版工作委员会，黄洛峰、祝志澄、王子野、平杰三、华应申、史育才、欧建新为委员。1949 年 10 月 1 日，新中国成立，国家成立出版总署，胡愈之为出版总署署长。

新中国的诞生，让钱君匋看到人民翻身的那种喜悦和顺应时代潮流的趋势，对自己苦心经营的万叶书店的生存发展，充满了信心。对重新开张的万叶书店，钱君匋一心一意在谋划音乐出版的专业化路子，他记得老同学缪天瑞告诉过他，万叶书店在音乐出版方面已经有了一个很好的基础，而且现在苏联的榜样说明，私营出版社肯定不是新中国出版的方向，一定要向国有出版社方向发展，所以今后新中国应该有国家自己的音乐出版社，万叶书店坚持音乐出版这么多年，以

---

① 见《中共中央对新区出版事业的暂行规定》，刊《中华人民共和国出版史料》第一卷，中国书籍出版社 1885 年 5 月版，第 1—2 页。

后完全可以逐步发展成为国家音乐出版社的。钱君匋把老同学的话深深地记在心里了。

1949 年 11 月，即新中国成立不久，上海出版界就组织上海 23 名出版人赴东北、华北学习考察交流，团长张静庐，副团长姚蓬子。钱君匋也是成员之一。考察中看到老解放区出版业的发展态势，让钱君匋明白了万叶书店在新中国出版队伍里同样是可以有作为的。这次东北之行，钱君匋收获颇多，不仅在思想认识上，对新中国的出版前景有了新的认识，而且还见到了老朋友、文化部的部长沈雁冰，以及胡愈之等朋友。这些老朋友，过去都是同事、老乡，现在在北京担任中央政府要职，所以在与沈雁冰、胡愈之等交谈中，让这些年一直在出版界埋头苦干的钱君匋豁然开朗，心情也非常畅快。第一次到北京，到东北的钱君匋，沿途风景也让他心旷神怡。这次东北之行，给钱君匋留下很好的印象，他自己在年谱中回忆到：

> 10 月（应为 11 月），上海出版界组织东北老区出版参观团，网罗上海新闻出版界作为团员，其中有毕青、吉少甫、王子澄、姚蓬子、赵家璧、张鸿志、应启元、徐鉴堂、黄菀乡、吴拯寰及余等三十余人，先抵北京，余为第一次晋京，随团住数日，分别拜访中央文化部长沈雁冰，出版总署署长胡愈之。中国音乐家协会主席吕骥及赵沨，均为余之旧友。并与胡愈之商定于北海小山上展出余之书籍装帧作品二百余件，得出版总署同志之支助，盛况空前。
>
> 出关后先至沈阳，由新华书店接待，住于其新址楼上数日，参观书店、新华印刷厂，高粱米饭，为第一次食用，并作座谈，

学习老区出版事业模式，作为上海借鉴，游览北陵等地，生活甚为畅适。后至哈尔滨，参观一如沈阳程式，座谈连续多次，新知不少，游松花江，在江上滑冰，尽兴而归。

又至安东，车经瓦房店，以苹果代午餐，至安东参观王子造纸厂，始见造纸先后过程，复游安东大桥，此桥南达朝鲜。

再赴大连、旅顺，均属游览性质，参观火车头俱乐部，遇作家芳草，谈甚欢。至旅顺，参观博物馆，所藏木乃伊多具，均完好如生。并有欢喜佛一大尊，供于楼梯分岔处之平台上，任人参观。旅顺、大连两地风物，饱览无余。[①]

对上海组织出版界人士的这次东北之行，中央出版领导部门非常重视，在他们还在东北参观考察的时候，北京的领导陆定一、胡愈之联名给周恩来报告，准备在考察团回到北京时，组织出面开座谈会，向他们宣传新中国的出版政策，提出出版要求。这份报告现在保存在中央档案馆，报告的全文是这样的：

周并转中央：

上海出版业东北华北参观团，由公私合营书店二家（三联、上海联合出版社），与公私合营有关者一家，已军管者二家及私营17家（包括商务、中华）组成，来平向中央政府出版总署请示具体方针。团长张静庐，副团长姚蓬子，11月5日到京，8日去东北，约半个月再返京，届时出版总署拟正式予以接见，办

---

① 《钱君匋纪念集》，上海鲁迅纪念馆编，中国福利出版社2007年4月版，第364页。

法拟：

（一）由出版总署主动召开一次座谈会，重申扶持有益于人民的私营出版事业及在不为帝国主义、封建主义与官僚资本主义作宣传的范围内出版自由的方针，并谛听他们的意见。

（二）指示他们在缺乏新的稿子时，把已出的各书中尚有用处者整理出来重印。有些书销行甚广，但内容有反动与错误之处（如《辞海》、《辞源》中有关政治的条目），必须于再版时修改。

（三）确定教科书国营，但海外华侨的教科书可自由经营。

是否妥当，请予批示。

陆、胡

1949 年 11 月 22 日 ①

从这份以陆定一、胡愈之个人的名义呈给周恩来的报告来看，当初钱君匋他们参观考察，是新中国成立以后，出版界第一次组织上海出版业同人去老区参观考察，所以出版总署非常重视，认为是听取意见、统一思想、明确政策的一个好机会，计划在他们从东北回到北京以后，出版总署领导专门与上海这些出版家座谈。

11 月 25 日出版总署召开署务会议，决定在他们从东北参观考察回到北京，出版总署将以总署名义举行一个招待会，招待参观考察回到北京的出版业同人。在 12 月 3 日的第 4 号《出版总署工作简报》上，专门刊登一则"上海出版业华北、东北参观团动态"，其中简报

---

① 原件存中央档案馆，刊《中华人民共和国出版史料》第一卷，中国书籍出版社 1885 年 5 月版，第 554 页。

写道："上海出版业华北、东北参观团包括三联书店、上海联合出版社、联营书店、商务、中华、世界、大东、开明、光明书局、文光书店、万叶书店、晨光出版公司、东方出版社、作家书屋、龙门书局、新亚书店、耕耘出版社、神州国光社等 20 个单位，23 人，其中公私合营书店 2 家，余均为私营书店，有业务管理、印刷、出版、技术等各方面熟练人才。主要目的为了解中央对私营书店的政策，出版总署成立后的组织与计划，以及解决他们的困难问题，如编辑出版分工、纸张供应、著作权保障、稿费版税办法等问题，并特别注意全国新华书店出版工作会议的决议内容。本署在他们去东北工展参观回来后，已举行过一次招待茶会，把上面的许多问题，曾由胡署长、叶副署长、黄洛峰同志、徐伯昕同志等分别予以原则性的解答，并拟分别邀约谈话，获得较深的了解他们今后的动向，作为我们研究政策的参考。（详细报告待该团离京后再报）。"[①] 所以这次东北之行，在新中国的出版史上，是一次有意义的活动，不少出版家在回忆自己的出版事业发展过程中，都回忆到这次东北参观考察活动。钱君匋也是如此。

但是在史料上，钱君匋在自撰的年谱中，说是在 10 月份去东北参观，但从出版署的文件史料看，应该是在 11 月初。因为上海出版业参观团是 11 月 5 日到北京的，那么，从上海出发的时间，应该在 11 月初，而不是 10 月份。另外，出版署文件也点明上海出版业参观团的团长是张静庐，副团长是姚蓬子。是由 20 个单位、23 人组成，而不是钱先生记忆中的三十余人。所以，这些史料，一方面可以补充

---

① 见《中华人民共和国出版史料》第一卷，中国书籍出版社 1995 年 5 月版，第 593 页。

钱君匋先生的年谱；另一方面对钱君匋在新中国成立以后万叶书店的出版业务和传主行踪，有了更多的了解。

1950年9月15日至25日，全国出版会议在北京召开，会议主要围绕"出版发行工作的统一和分工问题；合理调整出版业中的公私关系问题"。沈雁冰、郭沫若、叶圣陶、胡愈之等文化出版界的领导在出版会议上作重要讲话，新中国的出版界第一次提出"出版专业化、统筹兼顾、分工合作"的出版方针。看到这个方针时，让钱君匋暗暗惊讶老同学缪天瑞的卓识。

此后，坚持专业化的出版路子，在钱君匋的脑子里更加坚定了。在以前的基础上，万叶书店投入更大的财力与精力，出版音乐书籍。这里，我们可以看看1950年到1953年万叶书店出版的部分书目，从中可以看出钱君匋对音乐专业出版的努力和追求：

1950年：《大众音乐教程》、《常识》、《绘图鲁迅小说》、万叶乐谱丛刊《儿童节奏乐队》、《民间刻纸集》、《恶魔的诱惑》、《儿童唱歌法》、《新图案的理论和做法》、《对位法》、《大众自然科学》、《托尔斯泰儿童故事集》、《律学》、《唱歌指挥法》、《苏联红军歌舞团》、《应用图案及美术字》、《综合新美术》、《狼》、《国语》、《艺术的社会意义》、《口琴吹奏及名曲》、《奇怪的故事》、《万叶铅笔画》、《高加索的俘虏》，等等。

1951年：《歌曲作法》、《我们的朋友》、《贝多芬九大交响乐解说》、《团体游戏》、《中央音乐学院教材丛刊·独唱歌曲集》、《应用美术文字编》、《民间音乐研究》、《美术字手册》、《西洋唱歌法译丛》、《捷克斯洛伐克的音乐》、《乐器法》、《巴赫及古典乐派》、《儿童爱国故事丛书·臂上的伤疤》、《二胡演奏法》、《布拉姆斯及现代乐派》、中央音乐学院研究部资料丛刊《我们保卫祖国的天空》、《简明艺用人体解剖图》、《河北民间歌曲选》、《怎样写二部歌曲》、《小提琴演奏法》、《贝多芬及浪漫乐派》、《音乐技术学习业刊》（创刊号）、《应用美术人物编》、《苏联图案集》、《论苏联群众歌曲》、中央音乐学院研究部资料丛刊《苏联歌曲集》（第一集）、《世界大作曲家画像》、《基本乐理》、钢琴独奏《纺车》、中央音乐学院创作丛刊《牧歌》、《乐队指挥法》、《小英雄抓特务》、《军校学生的幸福》、中央音乐学院创作丛刊《全世界人民心一条》、《鼓舞》、《在蓝色大海边上》、《思乡曲》、《生产支前歌曲集》、《和平青年进行曲》、《刘天华创作曲集》、《毛泽东颂歌》（工农兵歌曲集之五）、钢琴独奏《巾舞》、《从顿河来的朋友》（儿童教育故事丛书）、《杯舞》（钢琴独奏）、中央音乐学院研究部资料丛刊《摇篮曲》、《前进吧，船长》、《赛德的小骆驼》（儿童教育故事丛书）、《怎样训练乌鸦说话》（儿童教育故事丛书）、《白天鹅》（儿童教育故事丛书）、《铅笔新画册》、《新中国独唱歌曲选》、《幸运的孩子》（儿童爱国故事丛书）、《侦察兵》，等等。

1952 年：《亲爱的军队亲爱的人》、《中国打击乐器教程》、《中国民歌选》、《音乐通论》、《西洋音乐史》、《意大利文艺复兴时期的美术》、中央音乐学院研究部资料丛刊《小提琴演奏法》、《应用图案及美术字续编》、《西洋歌剧故事全集》、《中国革命民歌选》、《飞到胜利的最前方》、《苏联舞蹈选》、《统计图绘制法》、《俄罗斯艺术家回忆录》、《音乐通论 2》、《管弦乐法原理》（第一册）、《管乐器及打击乐器演奏法》、《手风琴演奏法》、《英雄的库里申科：叙事歌》、《应用美术人物篇》、《会场布置法》、《木管乐器研究》、中央音乐学院研究部资料丛刊《耶稣歌曲集》、中央音乐学院研究部资料丛刊《定县子位村管乐曲集》、《提琴类弦乐器演奏法》、《和平鸽飞翔在天空》、《音乐通论》（东北鲁迅文艺学院编）、《中国民歌钢琴小曲集》、《塞外舞曲》、《练耳和视唱》、《贝多芬及浪漫乐派》、《论苏联群众歌曲》、《回旋曲》、《中国音乐史纲》、《新行星》、《音乐通论》（鲁艺音乐编译丛书之二）、《古曲》、《歌曲》（第四期）、《调试及其和声法》、中央音乐学院通俗音乐丛书《二胡基础教程》、《构图法讲话》，等等。

1953 年：《管乐编曲法》、《新疆民间合唱选》、《应用美术漫画复制与创作》、《钢琴短曲集》（万叶乐谱丛刊）、《论中国古代艺术》、《管弦乐法》、《中小学图画教学法》、《和声处理法》、《中国少年之歌》、《浔阳古调》、《钢琴小曲集》、《苏联音乐发展的道路》、《阿伊勃里特医生》、《苏联音乐生活》、《不当英雄不下山》（工农兵歌曲集之八）、《苏联艺术论集》、中央音乐学院研究部资料丛刊《群众口琴曲集》、《音乐的基本知识》、《幼儿歌曲集》、《治淮歌曲集》（工农兵歌曲集之七）、《乐队指挥法》、《小提琴练习曲》（万叶乐谱丛刊），等等。

笔者手头有一册第十四期的《万叶书店书目》（1951 年 8 月编印），有 133 种之多。其中分类为：一是"音乐"，其中分音乐理论、音乐技术、乐谱；二是"美术"，下分美术理论、画集、印谱；三是儿童读物，下分一般读物、劳美教材；另外还有"其他"。可见当时万叶书店在出版音乐书籍过程中，出版种类非常丰富。而且在音乐出版方面，钱君匋已经远远走在同行前面了，音乐书籍的出版开发，已经很有深度和高度。值得注意的是，当时钱君匋的出版事业已经紧紧与时代相联系，与新中国的社会大氛围相吻合。钱君匋出版了不少苏联等东欧社会主义国家的音乐书籍，如《苏联音乐青年》、《论苏联群众歌曲》、《苏联音乐发展的道路》、《捷克斯洛伐克音乐》，等等，同时，钱君匋也出版一批歌颂新中国，歌颂中国共产党的音乐作品，如《中国革命民歌选》、《东方红变奏曲》、《毛泽东颂歌》、《治淮歌曲集》、《抗美援朝歌曲籍》等等。很快，万叶书店的音乐出版在上海出版界音乐界声名鹊起，奠定了万叶书店的音乐出版地位。

但是万叶书店也有跟得太紧而出现被动的情况。笔者在研究万叶书店出版物的过程中，发现当时有这样一件事，让钱君匋很被动。1950 年，上海私营文化企业昆仑影业公司拍摄了一部以武训行乞办学的无私境界为蓝本的电影《武训传》，宣传武训那种行善积德的贡献。影片拍摄前送中宣部审查通过，上映后反响也很好，获得广泛好评。但是，到 1951 年 5 月，《人民日报》发表了毛泽东同志亲自修改的社论《应当重视〈武训传〉的讨论》，毛泽东很严肃地指出："电影《武训传》的出现，特别是对武训和电影《武训传》的歌颂竟至如此之多，说明了我国文化界的思想混乱达到了何等的程度。"于是，文化出版界开始按照社论基调对这部电影进行批判和讨论。此时让钱君匋感到后怕的是，万叶书店当时竟然也紧跟形势，出版了一部《武训画传》。钱大绪先生回忆说："当时赵丹主演的《武训传》受好评，树立武训办义学的艰辛历程感人至深，父亲受到感动，便出了一本《武训画传》来进一步宣传崇高形象。"[①] 此时，《人民日报》在 1951 年 6 月 10 日发表了《出版工作者应该认真参加〈武训传〉的讨论》的文章，提出："我们出版工作者应该热烈响应人民日报社论的号召，积极参加《武训传》的讨论，并且要在这个讨论中达到提高政治思想水平，改进出版物质量的目的。"同时也严肃指出："我们的出版界曾经出版了若干种宣传

---

① 钱大绪：《草创时期的万叶书店追记》，刊《君匋艺术》（内刊）2012 年创刊号。

武训的有害的书籍。……足见我们没有起码的政治警觉性，思想水平太低，应当认真检讨。"对此，钱君匋确实紧张了一阵子，因为他组织的《武训画传》还刚刚出版。他赶紧清理了《武训画传》的库存，并且赶快写检讨，批判清理自己的思想问题。同时主动举一反三，对万叶书店已经出版的书籍，自行进行清理，发现有不符合当前形势的书籍、文字，赶快整改。果然，在清理过程中，钱君匋发现1951年7月出版的《河北民间歌曲选》的内容有些问题，收入了一些不健康的内容，比如民间小调《十八摸》、《叫大娘》以及带有迷信色彩的《打灶分家》等。在批判《武训传》过程中，也有人发现了万叶书店出版上的问题，有署名王引龙、丁辛的读者给万叶书店来信，批评万叶书店出版《河北民间歌曲选》中的问题。于是，钱君匋赶快组织一次讨论会，对《河北民间歌曲选》进行讨论和重新修订，于1952年5月重新出版，并且在出版后记中，写了带说明带检讨的"后记"。其中写道："经过了批判《武训传》的学习之后，我们仔细检查了以前所编的《河北民间歌曲选》，发现其中有些错误和缺点，于是组织了一次讨论会，决定根据大家的意见，改了重排再版。"紧接着，后记还写道："会上指出了本书初版中的几点错误：编辑者阶级观念是不明确的，存在着客观主义的态度，罗列了所有的资料，在选择上缺乏原则性，介绍民间音乐，应该介绍那些能够正确地反映人民生活感情的、健康的部分。不健康的、歪曲人民生活感情的部分是应该扬弃的。本书初版中辑入了封建迷信的《打灶分家》，色情的《十八摸》、《叫大娘》等，都是不应该的；又如《斗小牌》、《十二探》等编入了全部歌词，也是不适宜的。""编辑者对新词类的'新'没有从本质上去认识，新应当是指新生的，不应该机械地根据年代划分，所以时调等不应作为新民歌来看待。""在整理工作方面，对内容的考虑，词句的校正，词曲的配合，都做得不够仔细；以致有分类不恰当，人名、地名不统一，应加注解者未加注解，虚实字区分不清，内容相似者有时分列两处，使人找不到编排的线索等缺点。"尤其让钱君匋费心的是，当初写这个后记时，开头的一段话，没有写好，所以钱君匋发现以后，专门重新写过，印在另外的纸条上，黏贴在再版的"后记"上面，留下了一个书疤。

钱君匋经过这一次的失误，渐渐感到组织的重要性，感到有一个领导单位的必要性。虽然万叶书店在经济上已经走上良性发展的轨道，只要在出版投入上没有什么大的失误，发展是没有什么困难的，况且现在在专业出版方面，和已经召开的全国出版会议的精神要求有许多暗合之处，这是让他感到欣慰的。经过整改，钱君匋正在积极寻找新的出路，走社会主义的公私合营的出版道路。在音乐出版中，钱君匋是有优势也有"野心"的，他的音乐出版条件很好，自己懂音乐，有一支音乐编辑力量，有一批音乐作品音乐著作的作者。所以，做强做大音乐出版，登上国家音乐出版的制高点，是钱君匋当时的愿景和梦想。现在看，这也符合钱君匋勇攀高峰的性格，在钱君匋的性格里，要么不做，要做一定要做国家一流的。

钱君匋一生都拒绝平庸，无论是搞艺术还是做出版。

当初中央对出版业公私合营的政策十分慎重，而且都是在大量调查研究基础上，有选择地推进。希望私营出版业走联合出版之路，有了一定规模之后再走公私合营的道路。自然，万叶书店十多年来，虽然努力，规模仍然不大。当时，钱君匋为了了解国家有关政策，据说在新中国成立后多次去北京拜访文化部长沈雁冰和出版总署署长胡愈之，这两位既是新中国文化出版界的最高行政长官，也是钱君匋的老友老乡老同事，自己的想法可以直说。当时钱君匋为了表达对毛泽东主席的敬仰，曾为毛主席刻了"毛泽东印"、"润之"两方印章，托沈雁冰转呈给毛主席。钱君匋的这种敬仰之情，后来给他带来意想不到的效果，这是后话。

根据先私私联合的出版政策和专业出版的特点，钱君匋在万叶书店董事会内部商量，决定在上海出版工作者协会的协调和牵线下，找同类项的出版社，走联合的出版之路。于是，他们和上海音乐出版社和教育书店三家同人坐下来商量，一起走联合的出版之路。上海音乐出版社也是一家私营出版社，老板是一位大学音乐老师，叫王允功。规模比万叶书店小，是个夫妻店，里里外外只有6个人，即除了王允功夫妇外，还有沈新元、袁纽生、蔡体祥、范韵振。因为沈允功懂外文，所以这家出版社出版了不少外国乐谱。同时也出版一些音乐著作，但数量远远不及万叶书店。而徐鉴堂的教育书店，规模更小，也出版一些音乐书籍。据上海音乐出版社沈新元回忆："我们主要在弄堂等着，有人要货，我们就售书，不打折，要人民币。教育书店老板徐鉴堂，也出版一些音乐书谱，数量有限。有影响的音乐出版物是马铁飞主编的不定期出版物《大家唱》1—8集，时乐濛曲，王知十词的合唱《千里跃进大别山》，冯玉才词，武俊达曲的《土改大合唱》，苏夏的《卡农作曲法》，李凌的《指挥法》，屠咸若的《怎样读简谱》和一批苏联舞蹈乐曲。"①

所以这样三家私营出版社，走到一起，以万叶书店为核心与王允

---

① 黄大岗：《我国第一个音乐出版社——钱君匋和万叶书店》，刊《中央音乐学院学报》2007年第2期。

功的上海音乐出版社以及教育书店等私私合并，经过批准，1953 年 6 月 15 日，阳光灿烂，以钱君匋为总编辑的新音乐出版社股份有限公司在上海正式宣告成立。新音乐出版社，全称为"新音乐出版社股份有限公司"。社址在南昌路万叶书店的三上三下的楼房里，钱君匋任总编辑，陆海藩任经理，徐鉴堂任副经理。其实，当初这个新音乐出版社虽然三家合并，规模似乎也并不大，仍然只有 20 多人，其中万叶书店 12 人，上海音乐出版社 5 人，教育书店 6 人，文光书店 1 人，因为文光书店也曾经出版过几本音乐书籍，不过文光书店没有合并进来，但是文光表示今后他们不再出版音乐书籍。因此只派一个人进入新音乐出版社工作。对钱君匋而言，也算是对文光书店曾经在音乐书籍出版方面的贡献的回报，新音乐出版社解决他们一个人的工作就业。

新音乐出版社成立时，在场的 24 人在出版社的门口，拍摄了一张合家欢。纪念 1953 年 6 月 15 日这个让人难以忘怀的日子。从此，钱君匋的万叶书店，已经完成了它的历史使命。此后出版的音乐书籍，不再挂万叶书店的名字，而是用新音乐出版社的名称。如《河北民间歌曲选》在 1953 年 9 月 15 日印刷第三版时，就用"新音乐出版社"的名称。也有的书，因为涉及版权问题，所以在出版时，用"万叶书店版"、"新音乐出版社印行"的方式出版，如王伯敏编著的《构图法讲话》，因为是万叶书店的稿子，现在由新音乐出版社出版了，于是采取这种方式来解决出版社私私合并过程中出现的版权与印行分离问题。

新音乐出版社存在的时间并不长，从 1953 年 7 月至 1954 年 9 月，前后大概有 14 个月左右。但是，合并以后的新音乐出版社还是出版了不少音乐书籍，比如在音乐理论和音乐技巧著作方面：《音乐发展史论纲》、《音乐与现代社会》、《伟大的友谊》、《苏联音乐论文集》、《苏联音乐论著选译》、《乐理简谱教程》、《简谱乐理》、《简谱体系》、《和声学实用教程》、《和声分析》、《钢琴和声学教程》、《和声与对位》、《德沃夏克传》、《视唱练习》、《声乐练习曲》、《二胡入门》、《手风琴简易自修读本》、《风琴演奏法》、《钢琴教学论集》、《口琴入门》、《小号教程》、《罗马尼亚的音乐》、《保加利亚的音乐》，等等；在声乐方面：《创作歌曲选》、《大家唱》、《中国民歌新唱》、《沙梅独唱歌曲》、《陕甘宁老根据地民歌选》、《苏北民间歌曲选》、《丰收》、《苏联合唱歌曲集》、《波兰民歌十二首》、《英雄的高地》、《高音练习曲》、《中音练习曲》、《低音练习曲》、《西河大鼓》，等等；在器乐方面，如《中国器乐合奏曲集》、《阿炳曲集》、《二胡、三弦、钢琴三重奏曲集》、《儿童组曲》、《中国民歌主题变奏曲》、《序曲》、《中国组曲》、《粤曲三首》、《第一钢琴奏鸣曲》、《小型序曲及赋格》、《钢琴基本教程》、《钢琴练指法》、《钢琴进阶 25 曲》、《简易钢琴练习曲》、《初级钢琴曲集》、《小奏鸣曲集》、《快速练习曲》、《实用初级练习曲》、《流畅练习曲》、《圆舞曲集》、《手风琴曲集》、《小提琴协奏曲》、《第二回旋曲》、《春天舞曲》、《抒情曲》、《抒事曲》、《f 大调小提琴协奏曲》、《小提琴练习曲》、《小提琴进程练习》、《小提琴音阶练习》、《小提琴基本教程》、《未完成交响曲》，等等。

这些新音乐出版社出版的部分音乐出版物，有一些是再版重版，也有一些是新出版的音乐书籍，但是，不管怎么样，钱君匋带领的新音乐出版社，还是非常努力地在音乐出版这块土地上耕耘，并且也有丰硕的收获，因为，在钱君匋心中，还有一个梦想。

二、公私合营：音乐出版社的北京岁月

私私合营成立新音乐出版社。这是公私合营前的一个准备性的步骤，钱君匋还要为下一步公私合营谋划，他想攀登中国音乐出版制高点，这就是钱君匋的梦想。1954 年年初，钱君匋带着私私合并半年后的成果，再次走进北京东总布胡同 10 号的国家出版总署，汇报准备公私合营，组建国家级音乐出版社的设想。

新中国的出版业，经过几年的努力，正在逐步向社会主义的方向前进。

共和国成立之初出版业的混乱状况，经过几年的调整和清理，发展方向和工作思路逐渐清晰起来，管理方面也渐渐走上轨道。出版总署在 1953 年 2 月 7 日专门修订了《第一个出版建设五年计划》（草案），其中有改造私营出版社的计划："准备在五年内将现有私营出版社基本上改造完竣。对于不正当的毫无编辑力量的，出版有害图书的投机出版社，逐步予以淘汰。对正当的稍有编辑力量的，出版有益图书的出版社，采取联营和公私合营办法，逐步地予以归并，最后变成国营或地方国营。准备在五年后，此类出版社有 10 家保存下来，成为国营、地方国营或公私合营的出版社。"① 应该说，这样的步骤是稳妥的。但是，当时上海华东的出版业状况，还是处在混乱之中，为此，国家加快了对出版业整顿的进度和力度。据 1953 年 4 月的出版总署领导陈克寒向中央报送的内部报告称，当时上海私营出版社的现

---

① 原件存中央档案馆，见《中华人民共和国出版史料》第五卷，中国书籍出版社 1999 年 1 月版，第 82 页。

状并不乐观，认为当时"私营投机出版业不仅没有削弱，反而在继续增长"。"根据上海书业公会的材料，未办理登记前，上海共有329家出版社，其中私营的是321家。"当时因为私营出版社的暴利，一些皮包公司的出版社如雨后春笋，不知道从哪里冒出来了很多，现在不减反而增加到337家，甚至连"一无知识的童装女裁缝等，也竟申请办理出版业"。要解决这个问题，陈克寒认为："首先要把方针政策明确和一致起来，正如周总理所指示的，出版工作是思想教育工作，这个工作必须逐步地做到完全由国家领导和掌握。因此，应该一方面积极地发展国营和地方国营的出版力量，另一方面对于私营出版业必须坚决地、分别地、有步骤地加以整顿。现有的私营出版业，基本上可以分作两类，一类是有健全的编辑部的，有相当的出版基础和力量，出版态度比较严肃的正当的出版社，因为目前国营出版社的力量不足，而他们还能组织社会上一部分译著力量（这在上海特别明显）。因此，应该很好地加以利用，并可视主观力量和客观条件，逐步地把他们经由公私合营转化为公营。另一类是没有编辑部，没有出版基础和力量，专事投机取巧的投机出版社，应该逐步加以淘汰。淘汰这批投机出版社只有好处，没有坏处，它们的存在，在今天只起着阻碍正当出版事业的发展和毒害人民心灵的作用。"[1] 显然，钱君匋他们的私营出版社是属于第一类的出版社，而且陈克寒的报告中还提到，上海当时有84家出版社"正在酝酿合并"。此时正是钱君匋的万叶书店和上海音乐出版社等酝酿合并的时候。一个半月以后，华东新闻出版局专门向出版总署作了对上海私营出版业进行整顿的报告。6月2日，

---

[1]　陈克寒1953年3月25日至4月23日期间在华东等地调研出版状况的报告，原件存中央档案馆。

出版总署专门回复华东新闻出版局，其中对私营出版业的合并提出两条原则，"一、事先应有估计，合并后可以趋向进步，而非趋向垄断，最好能掌握其中进步力量。然后推动合并；二、合并必须出于私营出版业的自愿，不要勉强，并应由书业公会去推动，而不要由出版行政机构出面干涉。"①当时，这个批复下来时，正是钱君匋他们三家出版机构合并的筹备扫尾阶段，而他们的合并过程也正是这样做的。所以到 1953 年年底，新音乐出版社成为出版总署核准的华东 53 家出版社之一。陈克寒是浙江慈溪人，1917 年 7 月生。当时是年轻的老革命，他 17 岁参加"左联"，同年参加共产党。19 岁到西安红色中华通讯社西安分社工作，20 岁到延安新华社，参与创办《解放》周刊，此后长期在新闻系统工作，1948 年在西柏坡新华社担任社长兼副总编辑。1949 年新中国成立以后，历任新华社社长兼总编辑，新闻总署党组副书记，中宣部宣传处长，出版总署副署长、署长、党组书记。1952 年任文化部副部长，党组副书记。1958 年任北京市委书记处书记。1980 年在北京逝世。

　　1953 年 12 月，出版总署又收到上海方面关于《整顿上海私营出版业方案》的报告。这个报告是以"华东新闻出版处党组小组"的名义报的，其中很详细地分析了上海私营出版业的现状，整顿的原则办法以及 1954 年的私营出版业的改造工作任务。从报告看，上海私营出版业分成六类，一类是取缔的，二类是自动歇业的，三类是态度好的，公私合营了的，第四类私私联合，私营自愿合并经营的。钱君匋的万叶书店就是属于这一类的。报告中专门写道："由上海音乐出版

---

① 原件存中央档案馆，见《中华人民共和国出版史料》第五卷，中国书籍出版社 1999 年 1 月版，第 318—319 页。

社、教育书店、万叶书店 3 家进行合并，并准备由全国音协领导改组
为公私合营的新音乐出版社（尚未完成改组工作）；……合并后人力
资力都比较集中了，便于我们进一步对其加强领导。合并中人员及有
关职工利益方面的问题，均由劳资双方自行协商解决。"第五类是转
业了的，第六类是迁移到我埠的。在 1954 年工作任务中，钱君匋的
新音乐出版社被官方列为 1954 年度与商务印书馆、中华书局、龙门
联合书局一起列为需要公私合营改组任务的出版社。

国家出版总署收到上海这个报告后，于 1954 年 1 月 29 日召开署
务会，讨论对上海整顿方案的答复意见。后来，这个答复意见以(54)
出机字第 56 号《出版总署关于整顿上海私营出版业方案的意见复华
东新闻出版局函》的方式，于 1954 年 2 月 10 日复华东新闻出版局。

所以，当钱君匋 1954 年春天走进出版总署时，总署的决策层早
就掌握了解了上海的出版业情况并且已经有工作部署。

一切公事公办，出版总署的王仿子接待了来自上海私营出版业老
板钱君匋。讲政策、讲立场、有阶级觉悟的国家机关领导认真地看待
钱君匋来访，王仿子被总署副署长陈克寒叫到办公室，"面授机宜"，
如何把握分寸向钱老板交代政策。所以王仿子讲过政策之后，钱君匋
内心似乎很理解了，而且感觉很温暖，很受信任似的。王仿子后来回
忆说："我把要讲的话讲过之后，松了一口气。我发现钱先生似乎也
很轻松。他表示决心走社会主义的道路。对于搬迁到北京，成为与文
学、美术、戏剧等各类专业的中央级出版社行列中的一员，似乎也很
乐意。我们的说话从拘束、呆板转向轻松、自在。"①

---

① 王仿子：《我所知道的钱君匋先生》，刊《钱君匋纪念集》，上海鲁迅纪念馆编，中
国福利会出版社 2007 年 4 月版，第 7 页。

其实，钱君匋的心，主要在音乐艺术的出版事业上，对人民政府的政策是真诚拥护的，对私营出版业的整顿，也是发自内心的拥护和支持的。此时的钱君匋一心想走社会主义道路，跟上时代的节奏和步伐，对音乐出版事业发展到国家层面，也同样是他的一个出版梦想，他以自己个人财产为代价，义无反顾地去争取这顶级音乐出版的地位。

在方针政策明确的情况下，出版总署与华东新闻出版局多次商谈新音乐出版社公私合营问题。笔者见到 1954 年 6 月 26 日第三次商谈纪要，发现这次会谈参加的人员主要是行政官员，有文化部赵沨、出版总署陈克寒、金灿然、王仿子、欧建新、吕朗（记录），华东新闻出版局徐德和。商谈内容主要是讨论出版社的构架及有关人事，明确"公私合营的出版社定名为'音乐出版社'"；"公私合营音乐出版社社长由赵沨同志兼任，编辑部门由文化部及中国音乐家协会调派并予以具体安排；经理部门干部，出版总署决定调徐德和同志任经理兼出版科长并兼上海工作组组长，曹道祥同志任副经理兼秘书科科长"。其中涉及钱君匋的安排，第四条是这样记录的："公私合营音乐出版社成立后，对钱君匋、陆海藩二人工作安排问题，由文化部和中国音乐家协会考虑提出意见再行商量决定。"这次会商时表示以后"再行商量决定"，没有最后定夺。不过还明确："公私合营音乐出版社搬到北京后，其住房问题由中国音乐家协会负责解决。"要求"公私合营音乐出版社至迟在七月底成立。"

但是值得注意的是，讨论公私合营构架，竟然在没有私方代表的情况下，由华东新闻出版局干部代表了。这在当时恐怕是一种惯例，但今天看来，是有点不可思议。一个行政部门的同志与另一个行政部门的同志坐在一起讨论如何处置别人的资产。而且这样的会商纪要，也不抄送给私产权益人，今天想想有些令人忍俊不禁。不过，中国的出版业改革的历史就这样磕磕碰碰地走过来了。

经过紧锣密鼓地筹备，同年7月，根据北京、上海6月26日共同商定的新音乐出版社公私合营的框架，赵沨主持召开有出版总署、中国音乐家协会、新音乐出版社的同志参加的会议，会议一致同意：私营新音乐出版社实行公私合营，改名为"音乐出版社"；以出版音乐书籍和刊物为专业；不经营发行业务；音乐出版社由中国音乐家协会和出版总署共同领导。音协负责编辑业务和人事，出版总署负责出版业务和企业经营；社址设在北京，为适应业务需要上海暂设办事处；新音乐出版社原有职工，全部由音乐出版社录用。

7月11日，音乐出版社在中国音乐家协会召开第一次筹备会。中国音乐家协会孙慎、章枚，出版总署王仿子、徐德和，新音乐出版社钱君匋、徐鉴堂。会议主要讨论筹备处人员的组成，公方指派孙慎、章枚、王仿子、徐德和四人，私方推定钱君匋、徐鉴堂、陆海藩三人。孙慎为筹备处主任，钱君匋为副主任。工作组方面，北京工作组由孙慎任组长，上海方面由上海市人民政府新闻出版处指派等等。

经过一段时间的工作，8月7日，出版总署党组向国务院财经委写出报告，其中写道："在四十户正当与比较正当的私营出版业中，商务、中华已实行全面公私合营，并分别地改组为高等教育出版社和财政经济出版社。龙门联合书局、新音乐出版社的公私合营工作，我们正协同科学院和音协进行之中。"8月27日国务院财经委第六办公厅给出版总署党组批复，说："我们基本上同意出版总署党组8月7日送来的'关于对私营图书发行业进行社会主义改造的方针、步骤、办法和 1954 年工作要点。'"包括同意音乐出版社的公私合营计划。

1954 年 10 月 11 日，钱君匋期盼的国家级音乐出版社正式在北京宣告成立。成立大会在音乐出版社的社址——北京东城区沟沿头 33 号办公楼大厅举行，会上，赵沨同志首先讲话，并且宣布音乐出版社领导班子名单：社长：赵沨（兼）；总编辑：孙慎（兼）；副总编辑：章枚、钱君匋；经理：徐德和；副经理：曹道祥、陆海藩。这一天的晚上，音乐出版社在西单鸿宾楼宴请社会各方面人士和来宾，庆贺音乐出版社的诞生。

音乐出版社成立以后出版的第一本书，是苏联歌剧脚本《冲向暴风雨》，书号为（8026.1）。

据史料，公私合营的音乐出版社总资产 35 万元，其中中国音协现金 3 万元，一批库存图书、纸张约 1 万元，共 4 万元，私方新音乐出版社（万叶书店为主）投资 30 多万元，纸型、新书约 300 种，合 20 万元。按 5% 向资方支付定金，80 余人私股股息 13000 元，到 1966 年停止付息。

10 月 19 日，文化部党组以周扬同志的名义，向中宣部提交关于将上海新音乐出版社改组为公私合营的报告，报告中明确了音乐出版社的出版方针、任务及本年度的中心工作等。报告如下：

定一、际春同志：

近年来，各项出版事业均已逐步调整，但音乐出版工作则仍极混乱。较好的专业出版社如上海新音乐出版社，出书虽极严谨，但缺乏计划，选题也太庞杂。而其他投机出版商，大多只是剽窃版权，滥印歌集以取利。若不立即整顿一下，则影响音乐事业的发展很大。为此，文化部和出版总署会同全国音协，将上海新音乐出版社改组为公私合营，即以音协出版部原有资金作为投资，干部人选已另报，该社即开始工作。

公私合营音乐出版社，以出版音乐的书刊、图谱为专业，具体任务暂定如下：

一、编辑、出版通俗的音乐读物、乐谱，以满足群众音乐生活的迫切需要；

二、编辑、出版中、小学音乐教材以及若干急需的高等音乐学校教材，解决目前普通学校迫切需要系统教材的要求；

三、有重点的出版有关民族音乐的资料和研究著作，以继承和发扬民族的音乐传统；

四、系统的介绍苏联及其他国家的重要音乐理论书籍和作品，并逐步的介绍世界古典音乐作品，以满足音乐干部和高等音乐学校学生研究上的需要。

该社本年度拟暂以整理重印旧刊书籍为中心工作，并即着手草拟明年度的正式选题计划。

以上是否有当？请示。

文化部党组　周　扬①

这份保存在中央档案馆的周扬同志的报告，是研究钱君匋出版生涯的珍贵史料。从中可以看到，当时文化部党组对钱君匋他们的新音乐出版社的看法和态度，认为他们是一个"较好的专业出版社"，出

---

① 原件存中央档案馆，见《中华人民共和国出版史料》第六卷，中国书籍出版社1999 年 9 月版，第 546—547 页。

书"极严谨"。这在当时的鱼目混珠的出版情况下，文化部的评价是很高的。

中宣部 10 月 29 日批复："部长办公会议同意关于成立公私合营的音乐出版社及出版方针的意见。"

今天我们梳理这些珍贵史料时发现，这些报告和批复，为什么都是在音乐出版社成立大会召开之后，至今仍是一个谜团。

现在看，钱君匋在这个公私合营过程中，开始是积极主动的，但进入官方程序后，似乎钱君匋已经有力无处使了，在社会主义工商业改造的道路上，发展的形势像潮水一样，裹挟着钱君匋，簇拥着推向前进。作为公私合营的私方代表的经营管理者，钱君匋的心情十分复杂，一方面实现了自己的办音乐出版社初衷，成为专业化的一家出版社，也实现了自己的国家级出版社的梦想，这是从借款印刷活页歌曲起家的钱君匋一直所梦寐以求的理想。但是，毕竟是新社会了，过去老板式的管理经验，显然已经不合时宜，过去那个职工偷懒，他随时可以让人家走人，他看中的人，一句话就可以进来。还有，过去的钱君匋，看到一个好的书稿，说出版就可以出版。而这一切，似乎在公私合营的过程中，钱君匋再也没有这样的权力了。所以，集体领导的方式对钱君匋来说，也是面临的一个新课题。怎么处理好上下左右的人事关系，对一辈子勤勉精明的钱君匋来说，适应起来尤为困难。在红旗招展的氛围里，钱君匋又陷入新的烦闷，下一步钱君匋该怎么办？他自己都无法回答。

据说，到了北京工作的钱君匋，除了开会，还是开会，工作之余，夫人在上海，他常常一个人去苏州胡同 51 号上海人开的小酒楼独自喝酒。老板娘范智霞是上海人，见钱君匋这个南方人也格外热情，所以钱君匋常常到这个小店喝酒，用钱君匋自己的话来说，"渐熟"，"交往频繁"，既有与老板和老板娘投缘，也有些借酒解闷的意味。当时他给赵泓刻了一方印章，表达自己的心绪："五十年来璧未瑕，丹青金石堪称家，行看朋辈枝栖定，丛翠堂前风雨沙。"他内心还有自己的想法。

音乐出版社发展史上，钱君匋有开创之功，而且功不可没；但钱君匋的公私合营由热切到平缓的心路历程，却从另一个侧面反映了钱君匋复杂的心境。这，恐怕是毋庸讳言的。

三、上海音乐出版社和在北京的"奇遇"

新开张的音乐出版社，稿源并不是说来就来的，音乐界作者的成果有一个积累的过程。之前出版过著作的音乐人，在新中国成立以后，音乐界百废待兴而又激情飞扬，学者似乎还没有时间静下心来专门著作。但是，新音乐出版社和当年万叶书店的作者队伍，依然还在，这支队伍是我国音乐出版的重要的骨干力量。所以，在音乐出版社成立之初，以再版中国音协组织出版的音乐新书和新音乐出版社（主要是万叶书店）的保留书目为主，据说有 100 余部，其中有杨荫浏的《中国音乐史纲》，缪天瑞的七部音乐译著，以及《律学》、《西洋音乐史》、《西洋歌剧故事全集》、《怎样读简谱》、《命运交响曲》、《小奏鸣曲》，等等。有一些音乐著作移到音乐出版社出版的时候，书名作些改动，如万叶书店出版过的《刘天华创作曲集》，后来在音乐出版社出版的时候，改名为《刘天华曲集》；万叶书店出版过的《瞎子阿炳曲集》，后来音乐出版社出版的时候，改为《阿炳曲集》。当然，这是音乐出版社刚成立时的现象，后来音乐出版社发展中，不断地推出自己的品牌，如《中国音乐史参考图片》（中国音乐研究所编）等，从音乐出版社成立后开始出版第一集，一直到八十年代还在出版，成为中国音乐界一份重要的参考资料。

所以，在这样的工作环境下，钱君匋的工作量是不多的，应该说相对还是轻松的。但是这对过去非常勤勉的钱君匋来说，并不是什么值得称道的事。因为，钱君匋是来工作的，他是希望有职有权地在新中国的音乐领域干出一番成绩来的，不是来北京混日子的。不过钱君匋对时间的概念，自有自己的计划，他在北京这个文化中心生活，想到了自己艺术追求的另一个方面，即收藏艺术品。空下来的时候，就和同事朱咏葵"作学术上的探讨"。因而有机会了解到天津有大批赵之谦印章出售的信息，在北京音乐出版社的副总编钱君匋冒雪前往，一睹赵氏珍品，之后便朝思暮想，最后终于将 105 方赵之谦的珍贵印章收入自己的囊中。这种意外收获，让钱君匋十分得意，也算是他去北京工作的一点"补偿"。

但是，夫人陈学馨坚决不愿到北京，一直留在上海。所以，钱君匋一个人在北京过着饥一顿饱一顿没有规律的生活，毕竟不是长久之计。而且时间却在钟声中流淌，这对惜时如金的钱君匋来说，常常坐立不安。同时，作为私方代表的钱君匋，看到由北京开始的一个接一个的政治运动，让钱君匋产生了回上海的念头。

自然，钱君匋并非是一个对政治形势一窍不通的书生，1955 年到北京后看到文艺界的种种斗争，让钱君匋感到有些担心，有些惧怕，批胡风，罗织罪名定胡风等人为反党集团，文化界、出版界不少人都被卷了进去，如上海的私营出版社泥土社，其中不少人，钱君匋是认识的，现在忽然都卷入这场斗争里去了。钱君匋虽然没有这方面的联系和言行，只是自己埋头于自己的"爱好"——收藏文物和书画篆刻，还有一些编辑审稿业务。但是表面平静的钱君匋，内心多少有些惧怕。

到北京后的第二年，即1956年8月，音乐家贺绿汀在上海音协的一次会议上，倡议筹建上海音乐出版社并很快得到批准。但是，有谁能够来参与并且担当上海音乐出版社这个重任呢？大钱君匋几岁的贺绿汀想到了曾经的万叶书店，想到了钱君匋。他和丁善德两人联名给文化部、中国音协写信，希望钱君匋回上海担当上海音乐出版社重任。贺绿汀对中国音乐出版的情况太了解了，他说到万叶书店时，曾经说过："只有钱君匋才有这样的才识和气魄，出版这样多的音乐书籍，功德无量。"

贺绿汀这个动议，正合钱君匋的心意，得知消息以后，钱君匋赶忙向出版社赵沨提出辞职，但北京的音乐出版社不肯放，虽然钱君匋自己感觉在京发挥作用远没有上海发挥充分，但他毕竟是音乐出版的行家里手，北京的同行自然希望钱君匋留在北京。况且钱君匋是音乐界有影响的民主人士，不是一般的编辑。同时还是音乐出版社的私方代表。所以钱君匋的这个要求，在各种各样的政策面前让音乐出版社感到为难。后来钱君匋再三要求，出版社仅同意上海借调钱君匋去上海筹办上海音乐出版社，筹备结束以后还是要回到北京的。其实，今天想想，上海音乐界打算办音乐出版社，这本身已经让北京的音乐出版社感到一种压力，何况还要挖北京音乐出版多面手钱君匋，这不乐意是自然的。后来钱君匋只好去文化部找沈雁冰部长，作为共和国最高文化行政长官，沈雁冰于公于私都是会同意钱君匋要求的。于是，大概在 1956 年 10 月，钱君匋回上海任上海音乐出版社副总编辑，丁善德为总编辑。对此，钱君匋在自撰年谱中有如下记载："贺绿汀在沪倡议筹建上海音乐出版社，约余辞去音乐出版社之职，改任上海新职，余辞职未准，改为借调，后经文化部沈雁冰部长批准，10 月首途赴沪，就任上海音乐出版社副总编辑，另钱仁康亦为副总编辑。丁善德为总编辑。"其实，此时钱君匋尽管已经赴任，但其他各种身份关系仍在北京的音乐出版社。所以此时沈雁冰批准，恐怕是同意其借用去上海。

1956 年 10 月，上海音乐出版社在原上海福州路 677—679 号正式挂牌成立。开张以后，贺绿汀、丁善德、钱君匋他们立即从出版系统和上海音乐家协会调来 20 多名干部，另外还从社会上招了一些音乐编辑人才，如丰一吟、沈秉廉等。钱君匋又立刻开始策划音乐出版的选题，钱君匋毕竟是钱君匋，尤其在上海这个音乐出版高地上，钱君匋马上提出《独唱歌曲 200 首》的选题，结果，这本书一出版，一炮打响，立刻成为上海图书市场上的畅销书，一印再印。紧接着，钱君匋他们又出版了音乐家黄自的《长恨歌》，贺绿汀的《合唱歌曲集》，贝多芬的《三十二首钢琴曲》，巴哈的《英国组曲》、《法国组曲》等。钱君匋在上海，又干得得心应手，从开张到这一年的年底，上海音乐出版社上缴的利润就"仅次于上海人民美术出版社"。似乎钱君匋是为上海的出版而生，为上海出版而活的。否则，在外人看来，钱君匋一回到上海，就像鱼儿到了大海，北京那种一个人跑到单位附近小酒店里喝闷酒的情况不见了，郁闷的心情也开朗了——尽管在私营时或私私合营时曾经都有责有权有利益，而现在自己的股份在北京，上海的音乐出版社里自己是薪水制。因此，钱君匋的努力与自己的利益没有大的关系，但是钱君匋依然像过去办万叶书店时那样，勤勤恳恳，兢兢业业。

正当钱君匋想把新办的上海音乐出版社的出版业务搞得轰轰烈烈时，时间已经进入风起云涌的 1957 年。开始以发动党内外同志向中共提意见，改进党的领导，以整风的方式解决问题。"整风"是一种手段，用毛泽东同志的话来说，"整风是用批评和自我批评解决党内矛盾的一种方法，也是解决党同人民之间矛盾的一种方法"。毛泽东同志在全国宣传工作会议上讲话和在济南党员干部会议上讲话，极大地鼓舞了全国上下，给党提意见，给党的工作提建议，尤其是对党内存在的官僚主义、宗派主义和主观主义的问题，知识界、文化教育界都纷纷起来，帮助党改正错误，恢复和发挥共产党的优良传统。在这场轰轰烈烈帮助党整风的运动中，讷于言的钱君匋自然没有多少话要说，在大鸣大放，大字报、大辩论当中，钱君匋本来可以激情澎湃地给党提意见的。但是钱君匋没有，他觉得共产党很好，自己在解放前就觉得共产党不错！况且钱君匋又没有口若悬河的即兴演讲能力，当年给钱君匋当过助手的邓中谋回忆说，钱君匋不善交际，不善言辞，不会讲普通话，他只是一刻不停地埋头苦干，办事效率很高。所以让钱君匋去大鸣大放，他无论如何是要退避三舍的。当然，作为上海音乐出版社主持工作的第三把手，对人对事，自然也有自己的看法，有时，在私下聊天中，也会说到一个党员办公室主任"架子太大"，但又"什么也不懂，能领导啥"的议论。说过之后，钱君匋自己也忘了。后来上海市政协召开"鸣放"座谈会，钱君匋不善于大会发言，只作了书面发言，提了两条与自己有关的意见，一条是认为，作为私方代表，应该有职有权，一条是他主编的《苏联中小学生歌曲集》版税太少，没有万叶书店时给得多等等。

但是，在帮助党整风过程中，一些人的出格言论，很快传遍知识界、文化教育界。于是，毛泽东5月15日在党内发了一个绝密通知，提醒党内同志，这次党内整风，大鸣大放大字报大辩论中"事情正在起变化"，从而开始从党内整风到"反右派运动"，而且这场运动，比大鸣大放大字报大辩论声势更加浩大，更加残酷无情。钱君匋这个有艺术专长的"资本家"，虽然在"鸣放"中没有激情也没有高调，但后来，他也有些惶惶不可终日。而出版界中人，乘着这股浪潮，常常把目光飘向钱君匋这个年已半百的出版家，总想在钱君匋日常言行中找出一些"右派"言论，好在钱君匋向来不善言辞，那些"积极分子"竟找不出其直接的右派言论，只好以高人一等的姿态，笼统说钱君匋只讲利润，与社会主义改造之后的主流要求不符等等，所以在"反右"运动中，钱君匋被边缘化，属于要改造的对象。因此，一些老友也视他为陌路。这让钱君匋感到十分伤心和不解，甚至有些耿耿于怀，他在自撰年谱中有一段文字，可以看出他在那个年代遗留下来的心态：

1957（51岁）整风反右运动开始，到处揪右派，一时全国骚动，人人自危！上海音乐出版社亦不例外，正在酝酿之中，大字报铺天盖地，对余者独多。右派第一人大约为余矣！但似不像，数日后，毫无动静，劲头渐松，结果全社无右派可揪。当时上海共有出版社十一家，据云出版社不须如此之多，可并成七家，此议一出，上海音乐出版社首当其冲，因系新成立，立足不稳，编辑阵容不强，余又未被划入右派，有走资本主义道路之嫌，此指余只知出书及上缴利润，余任职上海音乐出版社以来，从未作大报告，说国家大事，因此被划为"走资本主义道路"，并入上海文艺出版社，将余编入第五编辑室，于钢琴间工作，补写交代达半年之久。上海文艺出版社社长蒯斯曛乃以前在复旦大学主编《白露》月刊者，为余老友，以余走资本主义道路，故虽为老友，亦不照顾，视若路人。①

钱君匋心中的怨气由此可见。

然而，在知识分子成堆的上海音乐出版社里，竟没有一个人被划为右派，实属罕见，况且像钱君匋这样的资方人员又是多才多艺的艺术家，连钱君匋都觉得自己像个右派："右派第一人大约为余矣!"恐怕是自己当时的真实心理。因为"右派"的后果，当时谁也不清楚。据说当时有分配名额的，分到的，当时也觉得没有什么，不过后来的悲惨经历，却是当时所未料到的。所以钱君匋当时有这个想法，也是不足为奇的。而钱君匋没有被划为右派，对当时许多人来说，倒是不可理解的。

这又得从钱君匋在北京的一次奇遇说起。

1957 年春夏之交的某一天，钱君匋专程去北京办理回上海的调动手续，因为他虽然在上海音乐出版社担任副总编，但所有人事等关系都在北京的音乐出版社。这次去京办理迁移手续，时间充裕，所以钱君匋专门去走访北京的一些朋友，如沈雁冰、叶圣陶、郑振铎等，所以，钱君匋在北京的那些朋友，都知道钱君匋到北京来了。时任文

---

① 《钱君匋纪念集》，上海鲁迅纪念馆编，中国福利会出版社 2007 年 4 月版，第 370 页。

化部副部长齐燕铭知道钱君匋来北京后，就打电话给钱君匋，专门约钱君匋到怀仁堂看戏。齐燕铭此时虽是政府高官，但他同时也是一个家学渊深、造诣很高的篆刻家。他与钱君匋同年，原名振助，蒙古族人，后迁京落籍，其祖父是晚清浙江宁、绍道台；父亲以写何绍基字及蝇头小楷而闻名遐迩，在北京颇有声誉。齐燕铭年轻时求学于中国大学，追随时任国文系主任吴承仕，治经史之学与训诂，尤其对文字学用力最勤，齐燕铭中国大学毕业后先后在中法大学、中国大学、东北大学任教。抗战胜利后，任中共驻南京代表团秘书长，新中国成立后任文化部副部长等职。所以齐燕铭本人既是政府官员，也是一个学问家，他与钱君匋的友情，也源于他的学问，尤其是他的篆刻。

正因为在治印上与钱君匋有共同的认识，二人便成为莫逆之交。据说齐燕铭1958年曾为关山月、傅抱石合绘的人民大会堂巨画《江山如此多娇》刻一巨印"江山如此多娇"，可见其功力。齐燕铭后来也有印谱问世，这是后话。因此，钱君匋到北京办调动迁移手续，老友齐燕铭的邀请，本来没有什么急事的钱君匋便欣然前往。吴光华先生的《钱君匋传》有一段颇具文学色彩的记载，描述钱君匋应齐燕铭邀请去看演出并由此带来意想不到的一桩偶遇往事：

　　齐燕铭在门口迎候着钱君匋，把他带进了怀仁堂，刚刚坐下，有人忽然鼓起掌来。接着，在场的人好像有人指挥似的，全都站了起来，掌声也骤然热烈起来。钱君匋站起来朝前方望去，不远处，一个身材高大，穿着中山装的男人，举着手向鼓掌者摇动致意。钱君匋猛然发现，这不是毛主席吗？毛主席也来看京剧了！他浑身热乎乎了。幕间休息时，齐燕铭带着钱君匋，看望了

毛主席。齐燕铭向毛主席介绍说："这位是上海的篆刻家钱君匋
先生，曾经给毛主席刻过两方印章……"毛主席笑着把手伸向钱
君匋，握手的时候，用浓重的湖南口音说："谢谢你的印章，你
刻得很好，非常好。""刻得不好……请主席多加……指点。"钱
君匋本来就不善言辞，在这样的场合，更显得语无伦次了。"先
生是南方人？""是的，是的……"齐燕铭介绍说，钱君匋先生是
浙江人，因为公私合营，在音乐出版社当编辑。毛主席问钱君
匋："在北京还习惯吗？"钱君匋说："还好，还好。"看着钱君匋
局促不安的老实模样，毛主席笑着对一边的齐燕铭说："刚来北
京，一定很不习惯。你们应该对钱先生的生活多加照顾……"钱
君匋很激动，一时竟想不出说什么话才好。回到自己的座位上，
也是浮想联翩，竟连当天演的什么都记不清了。①

钱君匋这激动是自然的，颇为木讷的钱君匋在这样的场合用"受
宠若惊"这个词来形容是再恰当不过了。而且仿佛冥冥之中注定钱君
匋在怀仁堂见到毛主席之后，让他平安度过 1957 年这个对钱君匋这
样有资本家背景的艺术家来说十分凶险的年份。

据说，当初文化部在给上海市有关部门传达学习毛主席《关于
正确处理人民内部矛盾》的报告时，把毛主席在怀仁堂接见钱君匋的
话，作为贯彻《正确处理人民内部矛盾》的例子一并传达下来。连毛
主席都要求对"钱君匋的生活多加照顾"，上海有关部门能无动于衷
吗？其实，1957 年的形势下，像钱君匋这样的艺术家，划个右派是

---

① 吴光华著：《钱君匋传》，北京美术摄影出版社 2001 年 6 月版，第 219—220 页。

易如反掌的事。事实上，当时上海有关部门也已经把钱君匋划为右派的请示报告草拟好了，后来看到毛主席关心钱君匋的一番话，才把报告压了下来，没有将钱君匋划为右派。然而，这一切，钱君匋这个党外人士浑然不知，轰轰烈烈的"反右"运动，竟然自己可以超然物外，仅仅反思、检讨而已？对政治之类向来没有兴趣的钱君匋以为本该如此，时间也就随着岁月流淌过去了。直到粉碎"四人帮"后，曾是当时钱君匋上级的一位领导与他开玩笑，说：君匋呀，你真是"福星高照"，"反右"运动时因为毛主席的一句话，让你钱君匋在1957年平安度过。此时钱君匋才恍然大悟，才知道那天晚上见到毛主席给他带来的机缘、福音。

　　钱君匋一生中有几位巨人给他留下深刻印象，并给他人生巨大影响，一位是吴昌硕，指点他学问门径，让他在艺术之路上成一大家；一位是章锡琛，把钱君匋领进开明书店，让他走上出版之路，成为现代出版家；一位是鲁迅，因为有鲁迅的鼓励，让钱君匋在书籍装帧艺术上努力一辈子；另一位是毛泽东，一次偶然接见，让他一生少受无数的苦难，假如1957年钱君匋没有遇见毛主席，毛主席没有为他说上几句温暖的话，钱君匋被划上右派是无疑的事，假如钱君匋划上右派，他后来的历史可能要重写，甚至可能还写不成。所以，机缘对一个人的成就来说太重要了。那次齐燕铭的无意安排，却让钱君匋逃过一劫，估计齐燕铭先生自己也没有想到。

第五章

苦尽甘来，情寄故里

一、在文艺出版社的岁月

1958 年的大跃进年代里，创办不到两年的上海音乐出版社并入上海文艺出版社。此时，钱君匋虽然没有被划为右派，但是他的副总编辑职务被免去了。年过半百的钱君匋被编入第五编辑室，没有什么说明，也没有什么职务，办公室不够用，就让钱君匋在钢琴间办公，说是办公，其实就是写检查。实际上，钱君匋这位无党无派人士，在政治运动中被边缘化了，他的许多想法，许多创意，他想做的许多出版选题，此时只能深深地埋藏在心底，无法发挥出来。1958 年 6 月，钱君匋又从第五编辑室，换到文艺出版社的总编室，作为美术顾问，闲置起来。钱君匋晚年在自撰年谱中说："6月，自五编室调至总编室工作，不再作交待，而为美术顾问，实为掩人耳目，仍终日闲坐，无可事事耳。""无可事事"，实际上是没有出版事务让这位经验丰富的出版家去做。

但是，钱君匋即使在那个年代里，还是没有多少问题可以交代的，他的出版历史不仅清楚，而且还是进步的，即使在抗战时期，他在孤岛上海，倾向革命，出版抗日书籍，利用万叶书店的便利，为新四军做了不少事情，得到共产党陈毅同志的肯定。抗战胜利以后，钱君匋没有出版印行国民党政府的指定教材，放弃自己发财的机会，保持了自己骨气；新中国成立以后，钱君匋也是积极响应中国共产党的号召，在社会主义大道上，逐步走公私合营的出版道路，将自己亲手抚养长大的万叶书店交给国家；而在"反右斗争"中，钱君匋也没有出格的言行，所以上海文艺出版社也找不到钱君匋的什么问题，交代写过了，自然没有什么批复之类的结果，就算过去了。此时，上海高层对钱君匋的看法，似乎印象还是好的。所以在1959年3月，钱君匋被作为上海市政协委员，参加上海市政协会议。不过，在以后的日子里，钱君匋仍然无所事事。据说1960年，钱君匋在出版社看到一部有关现代音乐史的书稿里，把"春蜂乐会"、丰子恺等都说成资产阶级以后，靠音乐出版起家的钱君匋对音乐的心彻底冷了，他决心告别音乐，不再弄音乐。好在，失去音乐追求的钱君匋还有其他的如收藏、篆刻等艺术爱好，钱君匋的日子依然过得充实。后来，钱君匋在重庆南路166弄10号进行装修，花甲之年的钱君匋在此新居里赏书作画，同年轻人一样，憧憬着以后的日子。

但是，曾经寄予深情的装帧设计，有机会，他依然满腔热情投

入，无法忘情。1963 年，钱君匋出版《君匋书籍装帧艺术选》之后，
又进入一个走出自己既定的成熟的模式，开始新的创新。经过三十多
年的书籍装帧实践，钱君匋取得了辉煌的成就，奠定了在出版界的地
位。但是艺术的发展，对出版家个人而言，也有两面性，就是在艺术
上容易犯经验主义的毛病，落入既定的程式化的模子里，出不来。所
从某种意义上说，风格的形成，也就是创作失去创新的开始。但是，
钱君匋对此艺术规律有清醒的认识。所以，1963 年出版《君匋书籍
装帧艺术选》以后，他继续探索和创新，对这本书，钱君匋自己非常
满意，因为是自己此前的封面设计的一个回顾和小结，包括这本书的
封面装帧，他在自撰年谱中写道："全部分色彩印，硬面精装，精美
绝伦，为中国装帧艺术界最先出版之结集，可说独一无二，行销极
广，人手一册。"也有人说，这本书的出版，是中国书籍装帧艺术史
上"是开天辟地的一件大事"。可见其在中国书籍装帧中的地位。在
钱君匋的封面书籍装帧这个领域里，虽然作品不是很多，但是体现钱
君匋的创新思想和创新意识的作品不少。钱君匋曾经尝试用音乐的
创作手法去书籍装帧，尝试用诗的境界去设计封面，还有用数字形
态来设计封面，他自己在八十年代初回忆说：比如《献给孩子们》这
本钢琴曲集，"我在大部分印黑色的封面的顶端画了一系列钢琴的键
盘，而键盘的画法，又是似而不似，这样就表达了这本书是钢琴曲
集。"60 年代初，这本书在上海的书籍装帧展览上得过一等奖。还有
得到广泛好评的唐弢的《晦庵书话》的封面设计，就是钱君匋的一种
探索，他自己认为，这本书的封面设计，"同样也有这种诗的境界"。
至于用数字形态的变化来设计封面的，钱君匋也作了新尝试，如《文
学评论》等。甚至在钱君匋的耄耋之年，还在不断创新，《钱君匋论

艺》的封面设计，一方大印章占了三分之二的封面位置，"钱君匋论
艺"五个字，大大方方端端正正地设计在顶端，整个封面，让人感觉
大气磅礴，这样的设计，只有像钱君匋这样的出版装帧家，才能落
笔。八十岁那年，钱君匋还设计并领刻了《茅盾印谱》，篆刻了其中
沈德鸿、沈雁冰、茅盾等本名、笔名 29 方，并且亲自设计印谱封面。
这帧封面同样是钱君匋晚年的精品之作，一方红"茅盾"的印章落在
三分之二的黑色上方，左边的白色空白处，钱君匋用手写的"茅盾印
谱"书名，从天到地，没有半点滞机，从天而降，一泻千里，让人百
看不厌。

因此，现在看，钱君匋在 60 年代以后的装帧设计，创新成为钱
君匋后来几十年的一个主旋律，从设计元素的选择到用色，从构图到
细节，处处体现着钱君匋勇于创新的精神。

但是，逃过 1957 年的钱君匋，后来的"文化大革命"，却再也无
法逃脱其厄运。1966 年 1 月，天寒地冻，钱君匋购得赵之谦篆书三尺
屏四条，字写得工整飞舞，为其力作，但条屏的附记中得知当年赵之
谦在气候反常的情况下书就。其中题记："光绪元年三月二十一日，北
风作寒，阴雨竟日，笔砚皆冻，前数日方挥汗如雨也，书成并记。"不
料此题记一语成谶，成为钱君匋厄运的开始。1966 年开始，钱君匋与
中国大多数知识、艺术界中人一样，风云突变，遭受厄运。

然而，1966 年 6 月，按 21 世纪人们的观念，该是大顺之时，但
当年这"大顺"之时，却是钱君匋蒙受"文化大革命"劫难开始。据
说，刚开始时，钱君匋因为不是党内走资派，还与青年人一起，用自
己的毛笔抄写大字报，但钱君匋抄写的大字报，贴出去不久，便不翼
而飞。有心人在收藏他的书法。他自己曾说"余最初尚处于革命阵营，

每日撰写大字报。"不料这样的日子没有几天，这位花甲老人便成为运动对象，而且批判钱君匋的大字报铺天盖地，罪名竟是从钱君匋的斋名说起，认为钱君匋的"无倦苦斋"就是"无权可抓"的谐音，认为钱君匋从副总编到编审，在发泄自己失去权力的仇恨。几天大字报的批判，很快将这位花甲老人列为上海出版系统的专政对象，连办公地方也收回，将钱君匋扫地出门，改在出版社院子内搭建的临时棚内办公，算是牛棚。当时钱君匋虽然在莫名其妙懵懵懂懂之时被赶入牛棚，但其场景颇有喜剧色彩。他曾说："第二天到社，有人正式通知，自原座位搬出，迁至园中临时搭建之草棚，人方坐定，转眼即见赵家璧，接踵而至，不一回（会），又见包文棣亦至，孙家晋第四人至，李济梁、马云等接续而来，一时牛棚中拥有二三十人之多，顿时空气活跃，声势浩大，但皆正襟危坐，互不相问，绝不交谈，近似五百尊罗汉，遇上满城风雨迎重阳之概。"

这运动初期的场景，深深地印在这位老人的脑海里。

但是随着"文化大革命"混乱升级，钱君匋开始担心自己收藏的书画及积蓄的黄金在混乱中丢失，所以，钱君匋思前想后，觉得在这抄家破四旧运动中，不如自己整理之后上交给出版社的组织——"文化大革命"办公室（笔者杜撰这个机构名称，当年的名称太多变化太快，故先称其为"文化大革命"办公室），于是钱君匋在家里悄悄地整理想上交的书画文物，老莲居士的、赵之谦的、齐白石的、吴昌硕、任伯年、石涛、文徵明、郑板桥、徐文长、张大千、新罗山人、金冬心以及黄牧甫的印章，吴昌硕的印章、赵之谦的印章等等，罗列清楚后打成几个包，放在家里。钱君匋先把自己几十年来办书店积蓄起来的 500 两黄金取出来，放进一个盒里。第二天，钱君匋把黄金放上三轮车，直奔上海文艺出版社，上交给出版社的"文革办"。然而出乎钱君匋意料的，上午这一革命举措，出版社的"文革办"竟然不接受！下午下班时，"文革办"通知他，让他自己保管，而且没有半句鼓励的话，这让钱君匋感到很惶恐，不知自己这个举动究竟是祸是福。从单位到家里，一路上钱君匋提着五百两黄金，心情和这黄金一样，十分沉重。他清楚地记得，这一天，是 1966 年 8 月 24 日。

一个星期后，钱君匋的担心变成现实。9 月 2 日晚上七点多，钱君匋记得："社中大批红卫兵开至余家，在客厅内画地为牢，中置一椅，囚余于内，不准随意走动，随后将妻及妻妹陈学蓁、保姆等三人驱至亭子间查问，真是风声鹤唳，不可终日。红卫兵在余家到处敲墙掘地，欲在黄金 500 两外，再得一批，但黄金尽于此矣，再敲再掘，不会再有。随将室中所有书画、印章、古玩全部抄没，绝无遗漏，至是，始将余释出画地之牢，可以随意走动矣。"这一天对钱君匋来说可谓刻骨铭心！岁月磨蚀，晚年作此回忆仿佛在说别人的故事，变得平静了。其实，9 月 2 日晚上这一幕，远比钱君匋自己回忆来得更加惨烈。当时乱哄哄抄家，让钱君匋痛苦不堪，眼见凝结着自己一生心血的这些朝夕相处研习的书画印章文物被人胡乱地堆在无遮无盖的卡车上，像运垃圾一样运走时，在上海生活了近三十年的钱君匋哪里承受得了？卡车在轰鸣声中挂挡起步，钱君匋不顾一切地追出门去，去追赶卡车，他想让自己与这些生命般的书画文物一起运走，钱君匋哪里追得上，一阵心绞痛，钱君匋倒在地上，那些站在卡车车斗里的红卫兵们，连看都不看一眼，带着胜利果实，扬长而去。幸亏从后面赶过来的夫人忙把钱君匋扶回家里，让他服了药，才算缓过来，他后来曾记述曰："余最爱者为书画、刻印、古玩，现将此项财富抄去，心中非常戚戚！临行追赶卡车，以心脏病发踣地，卡车不顾一切，疾驰而走矣。"

1966 年的 10 月 1 日，国庆节，外面红旗招展锣鼓喧天，越发增添了钱君匋郁闷的愁绪。一生的心血顷刻之间没有了，一生的追求变成两手空空，这种失败感，让钱君匋领略了造反派的威力。其实，更惨的境遇，还在等着钱君匋呢。1966 年 10 月，造反派突然闯进重庆南路 166 弄 4 号刚装修不久的家里，勒令钱君匋搬出，迁到重庆南路 154 弄 8 号，由原来的八间房变为一间房，住惯了宽敞房子的钱君匋夫妇突然逼仄成一间居室时，感觉到实在无法过日子了，当年许多辛辛苦苦积攒起来的家具等，无法摆放，只好忍痛变卖。这对器皿有特殊情感的钱君匋来说，十分残忍。

今天，我们在钱君匋自述的文字里，还可以看到当年钱君匋在单位遭受非人折磨的痕迹。有一次，出版社批斗蒯斯曛、钱君匋等 20 余人时，让这些年过半百乃至花甲之年的老专家文化人从集中的"后堂"爬到前面的会场。钱君匋因为排在队伍后面，目睹了前面的人在地上爬！爬到一半时，忽然又下令停止爬行，钱君匋才免了爬着去接受批斗的侮辱，但这一幕深深地刺激了钱君匋。

后来，钱君匋与出版界同人一起下放奉贤干校劳动。一个 64 岁的出版家，去田里插秧种田，与一些饱学之士共担大粪，在湿滑处，一桶大粪泼翻在地，两位文化大家身上全是污粪。不能担粪，头目就让钱君匋他们几位老人种菜，后来钱君匋清楚地记得，种菜"久亦腰坍背直，一行种毕，人已半瘫矣。""腰坍背直"是钱君匋家乡的一句土话，意思是累得直不起腰来了。

在干校劳动一直到 1972 年他 66 岁那年为止，钱君匋尝尽了人间羞辱。但一路过来，钱君匋没有自杀，也没有自暴自弃，因为经过一段时间磨难之后，钱君匋洞穿了社会发展规律，他明白了社会的历史总是向前的，一时倒退，一段曲折，终究要归入大海。显赫一时、风光无限的人物，总归要沉寂的。所以1971年9月13日那个特殊事件发生后，钱君匋在狭仄的居室里，又偷偷地开始收集鲁迅笔名，发愿要刻一部《鲁迅印谱》。1974年开始，悄悄刻成《鲁迅印谱》，共计168方印章。不料后来在批"回潮"的运动中，刻成的《鲁迅印谱》又被人搜走。后来，钱君匋在"地下"状态又悄悄地再刻一部《鲁迅印谱》。并秘不示人，到粉碎"四人帮"后才公开。

"文化大革命"中，艺术家们遭遇各不相同，重者家破人亡，轻者批斗挨骂，钱君匋处在这二者之间，家没有破，但不少价值不菲的书画文物被劫掠，有的甚至从此在世上消失；人也没有亡，但体罚批斗却一样没有少。本来，六十到七十岁的钱君匋是在出版艺术各个方面均已成熟并硕果累累的时候，却荒废在被批斗、写交代汇报、种菜插秧里，这让向来珍惜光阴的钱君匋来说，是无奈，是痛惜，也是不可再追忆的憾事。

钟声送尽流光。钱君匋在1957年逃过一劫，但"文化大革命"中在劫难逃。但是，后人感到欣慰的是，钱君匋终于度过了"文化大革命"十年这场浩劫。

二、情寄故里

钱君匋是胆小的，"文化大革命"后期，即1975年春节，因托乐秀镐送至程十发之处的素白画册内有丰子恺已画好的一开题为《卖花人去路还香》漫画，后被人告发，说丰子恺先生以此漫画诬蔑共产党，说卖花女郎为指丰自己，花是指他的著作言行等。空篮为他的著作已卖光，言行不胫而走，身后有小犬，乃指共产党，跟在丰后面走着，就是说丰可以领导党，完全反党反动。丰子恺为此又蒙不白之冤。丰子恺儿子丰华瞻以为此画是钱君匋检举，便仿父亲丰子恺笔迹给钱君匋写一信，将钱君匋痛骂并宣布绝交。对此，钱君匋一头雾水，面对恩师的来信，钱君匋百口莫辩，因为确实是自己不慎，让丰子恺先生蒙冤，以至这一年丰子恺先生去世，胆小的钱君匋也不敢去吊唁。事后，钱君匋又自责自己胆小。

幸亏后来"文化大革命"结束，真相大白，钱君匋的自责才告段落，后来他在一些文章中曾多次无限内疚和无奈地说起这件发生在"文化大革命"中的往事。

1976年10月，粉碎"四人帮"后，经历过历史风雨的钱君匋先生迎来了人生的满天晚霞。那时，他高兴，连忙篆刻一方"君匋高兴"的白文的印章，表达自己的心情。后来，政策不断落实，工资补发了，几年前抄走的《鲁迅印谱》发还了，第四次全国文代会也有了钱君匋先生的身影，西泠印社75周年时，又当选为西泠印社副社长。1980年，钱君匋苦苦等待三年的房产政策终于落实了，而且是终于彻底落实——被人"袭没"的自己的一栋四层小楼归还了。这一年的6月，钱君匋双手捧着发还的书画、文物，老泪纵横，十三年前卡车从他家里运走时的那个夜晚，自己倒在弄堂口的情形，仍在眼前，因为这些相睽十三年的艺术珍品在钱君匋眼里，与自己的亲生儿女一样。据说，发还第一批文物的这一天，七十四岁的钱君匋兴奋地喝了五斤花雕酒！当天晚上还刻了一方让人心酸又让人百感交集的印章。"与君一别十三年"！这样直白表达，可见钱君匋内心是何等激烈！刻完"与君一别十三年"，钱君匋意犹未尽，又刻一方"庚申君匋重得"印，边款上刻上一段发自肺腑之言："余少贫，攻篆刻、书法、花卉，苦无名迹可循，中岁渐裕，乃广收之，得明清书画印千数百件，以为他山之石。1966 年 9 月 2 日，尽失之浩劫。越十三年，1980 年 6 月 27 日重归于余，不及其半，我心痛绝！君匋时年七十有五。目眚记于抱华精舍。"钱君匋心头块垒如此，可以想见艺术已与其生命融于一体了。

当最后一批文物发还时，钱君匋先生已是近 80 岁的人了。其实，在第一批文物发还时，钱君匋先生就在脑海里开始思考酝酿，如何保护保存好这些文物？古往今来，大收藏家，大艺术家的身后，兄弟反目，手足对簿公堂，先人用一辈子心血搜集起来的文物不知所终的情况比比皆是。1980 年 6 月，广东的出版家苏晨先生出差途中去上海拜访钱君匋，钱君匋曾和苏先生谈到自己的想法，说："我在这些东西身上花了一生的心血，……我希望多些人知道这些东西在，以别再给那些见了洋钱就忘掉一切的人随便弄到国外去。十年动乱我国的文化遗产损失得太惨重了！我死的时候，我会把它捐献给国家。"[1] 此后，钱君匋先生对如何安排好这些一生累积起来的文物一直在脑海里盘旋！后来，钱君匋先生与邵洛羊、曹简楼、吴青霞等沪上书画名家一起，几次到生他养他的故乡桐乡讲学作画参观。桐乡这片故土，钱君匋先生太熟悉了，水乡平原，丰沃富裕，民风淳朴，崇尚文化，他

---

① 苏晨：《落霞》，司马陋夫、晓云编：《钱君匋的艺术世界》，上海书店 1992 年 7 月版，第 418 页。

的朋友老师如茅盾、丰子恺都是他的同乡，家乡人对文化的敬重，对先贤的敬爱，让钱君匋先生感动，茅盾先生去世以后，茅盾故居的保护和设立，丰子恺缘缘堂的重建，都让钱君匋先生动心，钱先生萌生了让自己一生的收藏"告老还乡"的念头。1985年初，经过几年的反复考虑和思考，钱君匋先生在夫人和三个儿子的支持下，作出了他晚年的一个壮举，决定将自己一生收藏的文物包括自己的作品悉数无偿捐献给国家，由故乡桐乡县作永久保存。钱君匋先生这个在"文化大革命"结束还不到十年的前无古人的决定，立刻震动了全国，震动了海内外的艺术界！

很快，钱先生的故乡桐乡县作出积极反应，1985年3月，桐乡县的县委、人大、县政府、政协、县纪委等五套班子召开联席会议，正式对外宣布接受钱君匋先生将自己一生的收藏捐献给故乡的决定，并建造君匋艺术院，永久保存钱君匋先生一生用心血收藏的文物。1985年6月10日，钱先生从上海赶到桐乡，他要亲自为自己的一生心血选一块宝地，他看了两个地方，最后选择了现在君匋艺术院的地方，当时这个地方还是农村的庄稼地，但是钱君匋先生觉得，桐乡的这个地方是能够承受得起这些国宝级文物的保存收藏的。选定君匋艺术院的地址之后，钱先生又马不停蹄地赶到宾馆，与桐乡县人民政府县长方士荣先生签约，并且由县公证处的同志到现场公证。至此，钱先生的壮举，终于有了法律意义上的认可和支持。其实，钱先生的无私捐献的壮举，此时已经得到国家文物局、浙江省、嘉兴市的赞誉支持。

钱君匋先生作出捐献所有文物的决定以后，他仿佛整个人一下子都轻松起来，在签约结束之后的第二天，钱君匋先生在笔者等桐乡的乡亲朋友的陪同下，回到他的屠甸老家，在自己七十多年前生活过的老屋里回忆自己的人生起点，想起小时候父亲的烹饪，想起小时候老师的教诲，大概也会想起小时候玩到镇上的酒坊里，醉倒在酒缸边的往事。总之，钱君匋先生感觉一身轻松。但是，轻松了的钱君匋先生，依然是个有情有义的人，乌镇的茅盾故居在落成之前，钱先生捐资万元，请著名的雕塑家张充仁先生为茅盾塑一尊铜像，这尊半身铜像 30 多年来一直安放在乌镇茅盾故居供人瞻仰。

在桐乡签约几个月之后，钱君匋先生又风尘仆仆地从上海回到故乡，参加 11 月 10 日在他自己选定的地址上举行"君匋艺术院"的奠基仪式。

1987 年 11 月，故乡的"君匋艺术院"竣工了。11 月 5 日，是这一年秋天里的一个很平常的日子，但对钱君匋先生和共过患难的夫人陈学馨来说，是永远不会忘记的日子。这一天，与钱君匋先生相伴一生的文物——书画印章书籍等，真的要离开朝夕相伴的钱君匋先生，送往故乡的"君匋艺术院"了。据当时去办理移交接运的朋友告诉我，这一天，钱君匋夫妇一早就起来了，等候桐乡的同志去接运，钱君匋夫妇没有女儿，但是这一天就像他们嫁女儿，他们今天是要把相伴一生的女儿交给后人去抚养了，老先生钱君匋亲自上楼，捧着新罗山人的册页送到桐乡来接运的同志手里时，老人的手有些颤抖。是啊，人生苦短，刚刚有些幸福感成就感时，钱先生已经是 80 多岁的老人了！此时的钱君匋百感交集，半个世纪的搜求，每一件书画都有一个故事，每一方印章都有一段让人回味无穷的往事，他有过购买赝品的屈辱，也有过受文物贩子算计的无奈，有购到名作名印的喜悦，也有于右任、丰子恺等名人前辈馈赠的温暖，同样也有朋友之间相互切磋的快乐。

这一天，钱君匋先生将明代、清代以及现代的名家书画、印章、原拓印谱、陶器、石器等，自己的书画作品、印章、封面装帧以及书籍等等共计4083件文物亲手交给桐乡来接运的同志。当这些文物要真正离开相依相伴风风雨雨几十年的自己时，钱先生的眼睛有些湿润了。今天，我们知道，这些文物的珍贵，数量之多，在市场经济的今天是无法用金钱来衡量的。人生苦短，钱君匋先生能不感伤？

君匋艺术院的落成典礼是11月10日举行的，但是钱君匋却提前了三天，离自己移交这些文物只隔了一天，即11月7日，就立刻赶往桐乡，急于看看自己一手积集起来的4千余件文物在那里的状况，那天路上运输安全吗？摆放是否妥帖？有没有损坏？笔者估计，钱先生在5日、6日两个晚上是无法入睡、辗转难眠的。所以，离典礼还有三天，他就急匆匆地赶往桐乡君匋艺术院。

1987年11月10日，是君匋艺术院开院的日子，典礼在县委机关的新会议室举行，仪式隆重而又简朴，国家文物局、省政府副省长、嘉兴市市委书记、桐乡县委县政府的领导，以及上海杭州等地书画艺术界的朋友济济一堂，82岁的钱君匋先生神采奕奕，他以主人的身份，在众多领导、朋友的掌声里，发表了热情洋溢题为《感想和祝愿》的讲话，他那天深情地说：

今天，在朋友们和荣誉的面前，感慨很多，讷于言词，无法表达！我是个很平凡的人，有一点微小的成就，全应归功于民族文化的熏陶，师长前辈的教诲，特别怀念弘一大师和丰子恺老师，还有很不出名却同样诲人不倦的孙增禄和徐菊庵先生，没有他们的指点，我也是个与艺术无缘的人，一生将过得更加平庸。

我今天所有的一切，都是艺术的赐予。当然，用不着妄自菲薄，我也勤奋地笔耕过，我把一切还给艺术。生命有限，艺术无涯，第二母亲——艺术哺育了我，我也有义务，为艺术的发展尽一点人子的微力。这完全是应该的，根本不值得赞扬，任何称颂，只会使我汗流浃背。我虽无知，但早已失去了自视过高的勇气，未来的岁月，仍然是个普通的小学生，向古人，向长者、贤者，向后辈恭恭敬敬地学习，求得一点点进步，于愿足矣！记得在少年时代，初出茅庐的岁月，想观摩一件艺术品，认不得收藏家，店里有精品，也不昂贵，可怜衣食迫人，哪有收藏的可能？历史是反省旧我的明镜，又是创造新我的动力。我六十年间，一直希望为青少年们做点有益的小事，也就是不忘当初观摩名作之难吧。我希望君匋艺术院开门办院，既为专家服务，也为普通读者效劳，这样才能物尽其用，无愧前哲。如果把艺术院办成一把锁，一只保险箱，那就违背我们的初衷！收藏仅仅是为了研究，为了造就新人，这一点恳求领导和朋友们给我以支持。

万事开头难。对于艺术院的计划、设计、施工、布置、促成，许多人付出了时间。时间是生命的细胞。这种道义上的声援，没有衡器能称得出分量。尽管说一句谢谢太没有分量，我还是表示由衷的感谢！

中国的学术处于历史的新时期，生活本身逐渐教会我们清算封建意识和极"左"的民族虚无主义观点。新事物是不可战胜的，我们愿意为明天的文化事业跑一个龙套。回顾一下艰辛悠长的历程，才知道跑龙套的分量，龙套很渺小，但是有人接力，所以又是不朽的。

　　我快乐的是有朋友自远方来。真正的朋友不怕利害矛盾和看法分歧，也经得起道德、时间的考验。我衷心地欢迎大家来指教！

　　祝愿艺术院越办越踏实！朋友们越活越年轻！

　　钱君匋充满感情、并不流利的上海普通话，在我们听来，每一句都是肺腑之言。对钱君匋先生的这种思想境界，与会者报以热烈的掌声，经久不息！后来，钱君匋先生在另一篇文章里表达了同样的意思，他说："1985 年我正好 80 岁，人生走到了最后阶段，不得不考虑身后的事，对重得文物的处理，和家人说了我的想法，如果照平常的处理分给儿孙，我能监护的只不过三代而已，再延续下去，他们对这些文物所持态度如何不得而知，也许吃尽卖光，而我千辛万苦收集珍护下来的文物，聚则不易，散则极快，不如把这些文物一股脑儿如数捐献给生我养我的故乡，由故乡建立机构来永远珍护，可不致分散，这不是一件很放心的事吗？"①

　　君匋艺术院的建成开放，让钱君匋先生彻底放心和放松了，在此后的岁月里，他去日本办书画篆刻展，去香港冯平山的博物馆举办"钱君匋书画艺术展"，去新加坡南洋美术专科学院举办"钱君匋书画展"，去美国，去菲律宾等等，80 多岁的钱君匋忙且快乐地奔走着，向世人传播着美和崇高的境界。此时，钱先生的书也一本接一本地出版，各种社会头衔也陆续戴在这位耄耋老人头上。92 岁那年，钱君

---

　　① 钱君匋：《学画、买画、失画、还画、献画》，钟桂松、郭亦飞编：《钟声送尽流光》，地震出版社 2014 年 7 月版，第 51 页。

匋又捐献出 1000 余件书画文物给自己的祖籍地海宁市，海宁市建造了"钱君匋艺术研究馆"，保存这些珍贵文物。1998 年 5 月 9 日，海宁市钱君匋艺术研究馆在中外嘉宾的祝贺声中开馆，坐在轮椅上的钱君匋深情地望了望艺术研究馆边上的西山，一片春意盎然。

1998 年 7 月 4 日，已经一无所有的钱君匋先生住进了上海瑞金医院，他已经把自己整个的财富和精神都奉献给生他养他的故乡。情寄桑梓，艺归故里，一生一世献给了中华民族！ 8 月 2 日 10 时 23 分，一代艺术大师走完了他 92 岁的人生，但他九十多年的人生道路上积累起来的财富和精神，永远留在了生他养他的故乡。

三、余言：小气与大气

认识一件事很难，认识一个人更难。

1984 年，78 岁的钱君匋在一篇《略论吴昌硕》的文章中，开篇有这样一段文字："每一位伟大人物，和我们在同一空间呼吸的时刻，未必能理解他的价值；等到他一朝谢世，时间造成了历史的距离，后辈才能看出他的精光异彩。伟大，不是指地位、财产、浮名，而是指人品和贡献。"① 同样的意思，我记得钱君匋讲这番话的上一年，即 1983 年春天的一次纪念茅盾的学术讨论会议上，周扬先生也说过类似的话，他说："我和茅盾长期在一起工作过，但是我深深感觉到，对他的认识还是不够的。不但对鲁迅的认识不够，对茅盾的认识也是

---

① 钱君匋：《略论吴昌硕》，刊《钱君匋散文》，花城出版社 1999 年 4 月版，第 142 页。

不够的。尽管天天在一起，有一段也住得很近，他住在前面，我住在后面，毗邻而居，但是我也不能很深地认识他。当然也许有人比我认识得更多，我觉得对茅盾同志，一直到他去世的时候，也不能说我完全认识了他。所以认识一个人，特别是认识一个伟大作家，也并不那么容易，这需要时间。"①周扬的话和钱君匋先生的文字道出一个相同的道理，即认识一个人需要时间和历史的积淀。这恐怕是一个认识人的规律。

钱君匋的一生，因为进步，因为勤奋，因为坚韧，也因为想在出版人生上办点可以流芳百世的大事而常常在生前招致误解。

钱君匋在上海出版界崭露头角之后生活并不贫困，相对比较富裕，不仅衣食无忧，而且还有余力去收藏名家书画文物。但在十里洋场，他从不花天酒地，从不挥霍浪费。因此，在钱君匋的一生中，待人接物上注意礼数而反对浪费，在场面应酬上讲究商来商去，礼来礼往。晚年的钱君匋对远道而来的朋友，依然热情而有礼数，客人来了，让座、沏茶，有时还亲自为客人剥糖果。中午用餐时，便让客人去弄堂外某餐馆吃饭，并说那一家饭菜价廉物美。当时大家都说好的好的。老先生送到门口止步，目送大家远去。所以在世俗的眼光里，钱君匋太精明了，到吃饭时却让客人自己去找饭店吃饭。隔了一层远远看去，似乎钱君匋先生把金钱看得太重了。似乎一个有钱人应该慷慨，在待人接物上不应该这么小气。对这些的世俗非议，钱君匋一笑之后，曾无奈地向一位友人告白："我姓钱，也爱钱。没有钱怎么办事？所以我对稿费一分不少拿。但我又不做守财奴，只要合适，

---

① 《茅盾研究》（第一辑），文化艺术出版社1984年6月版，第5页。

一分一分地挣，一万一万地花。"道理很简单，他自己说自己"是凡人，不是神"。但是，钱君匋即使一分一分地挣，也是有底线的，日伪时期上海有许多发财的机会，但钱君匋不为所动，保持自己的人格操守。抗战胜利后，钱君匋经营的万叶书店有国民党指定的中小学教科书的印行权，但钱君匋深知其中分量，有了教科书的印行权，就意味着白花花的银子滚滚而来，钱君匋权衡结果，没有去印行国民党的教科书而是走音乐出版的专业化路子，放弃了在世俗眼光里的发财机会，事后他说："你印行国民党的教科书，你就得听国民党的，你就得唯国民党之命是从。"他保持了一个正直出版家的气节。钱君匋认为，金钱既可以造孽，也可以造福，他是要把金钱作为造福来做的。他曾以艺术家的性情，以自嘲的口吻刻了二方印章："人间造孽""嫌其铜臭"。并在其中一方印章的边款上刻上"（我）其实是个没钱的人，无所谓铜臭。不过姓了钱，就不免带着一些了。"其内心况味可想而知。钱君匋是商来商往，礼来礼往的，你用他的智慧用他的艺术赚钱，为什么不收你的钱呢？但钱先生生前又为礼数而无偿送过多少人他自己的作品，包括书画印章，今天已无法估计。所以在世俗偏见面前，钱君匋也只有徒呼奈何。

但是，钱君匋先生晚年那大气磅礴的无偿捐献举措，让世俗让偏见者无言以对。四千余件珍贵文物，一辈子的心血，并不是用人民币所能衡量的，文物价值可以连城，但是一生"心血"则是无价的。这在官民齐收藏的今天，钱君匋的捐献举措，意义就更不一般。所以今天在钱先生诞辰百十年的历史节点上看钱君匋，他并不是小气之人，而是大气，大气到了无私的境界。

80 年代初，钱君匋思前想后决定将自己一生收藏的文物悉数捐献给国家，在文艺界、书画收藏界掀起一场轩然大波，不理解的，认为何苦这样呢？误解的认为钱君匋在作秀，在沽名钓誉！当然也有理解的，最理解的莫过于钱君匋的夫人和儿子们，正是他们的全力支持，才让钱君匋得以完成自己这个心愿。

钱君匋的一生，平心而论是颇顺利的一生，青年时代即进开明书店，用自己所爱好的封面装帧跻身上海出版界，又得到鲁迅、茅盾、郁达夫等前辈的肯定，之后又创办股份文化公司——万叶书店。新中国成立后又是与中共高层友善，1957年得贵人相助逃过一劫，晚年又与中共高层建起友谊。

钱君匋将自己一生苦苦用心血搜寻的宝物在人生的晚年双手捧给后人去保管，不再与自己朝夕相处，而是一别永远！这是需要何等的境界，何等的胸怀，何等的无私！后人见到钱君匋一生收藏并从中吸取艺术营养时，那时，那些书画出版学子对钱君匋先生的无私奉献会有怎么样的心情？我想，那时那些书画学子们吸取的不仅仅是艺术营养，还有钱君匋那种对民族对国家无私奉献的精神，那种一个成功的出版家对艺术不懈追求的精神。

我想，这样大气的钱君匋，流芳百世的出版家，在当今中国真是多多益善！

编辑出版大事年表

1907 年　2 岁

2 月 12 日（农历丙午年除夕），钱君匋出生在浙江省桐乡县屠甸镇。祖父钱半耕，业中医。父亲钱希林在镇上经商。母亲程雪珍，知书达礼，善理家。钱君匋为钱家长子。

1923 年　18 岁

春，由屠甸小学老师钱作民介绍，进丰子恺任教的上海私立艺术师范学校。随吴梦非学装帧，随刘质平学音乐，随丰子恺学绘画。与陶元庆同学并成为挚友。

1924 年　19 岁

是年，老师吕凤子引荐拜访吴昌硕先生。

8 月 25 日，第一次创作新诗《蝶》。

1925 年　20 岁

7 月，从上海艺术师范学校毕业。失业在家，通读《实用学生字典》，国文基础大长。

1926 年　21 岁

上半年，先后在海宁市和诸暨市的中小学任教。

8 月，第一次在《民国日报·觉悟》上发表《艺术的社会化和社会的艺术化》。

下半年，去台州省立六中任音乐教师。同事有陶元庆、章克标等。

1927 年　22 岁

春，任杭州私立浙江艺术专门学校图案教师。与沈秉廉、陈啸空、邱望湘等四人发起组织"春蜂乐会"，开始从事音乐创作，专写歌曲。此时钱君匋与上海的章锡琛先生联系，在《新女性》上发表歌曲作品，约定每月一首。

是年秋，钱君匋进开明书店。担任美术编辑和书籍装帧设计。

10 月 12 日，在开明书店第一次见到鲁迅先生。

11 月 4 日，与陶元庆一起拜访鲁迅先生。

1928 年　23 岁

是年，诗集《水晶座》出版。重新设计《新女性》杂志封面。得到新文学界的好评。此时开始为鲁迅、茅盾、巴金、陈望道、陈学昭、叶圣陶、周作人等新文学作家的作品设计封面。"钱封面"声名鹊起。

1929 年　24 岁

进开明书店之后，钱君匋在编辑之余，先后在复旦大学、同济大学、爱国女学、坤范女子中学等处兼任音乐和美术课，在光华书局、亚东图书馆担任书籍装帧。

3 月，新诗集《水晶座》由亚东图书馆出版。

1931 年　26 岁

因为兼职过多，钱君匋向开明书店章锡琛先生提出辞职。得到章先生同意，离开开明书店。

1932 年　27 岁

是年，兼任神州国光社美术编辑。

1933 年　28 岁

6 月，散文、诗集《素描》由神州国光社出版，这是钱君匋第二部作品集。

9 月 3 日，在上海大中华饭店大礼堂，与江阴姑娘陈学罄举行婚礼，证婚人为潘公展。

1935 年　30 岁

吴冷西夫妇、巴金等人创办文化生活出版社，邀请钱君匋担任美术编辑。

1938 年　33 岁

是年，在逃难中应邀去广州参加文化生活出版社广州分社的筹建工作。后来广州战火纷飞，钱君匋转道香港，回到上海，开始在澄衷中学教书，但是月薪 12 元。于是开始和同事李楚才、季雪云、顾晓初、陈恭则、陈学罄等五人创办万叶书店。钱君匋担任总编辑兼任总经理。出版儿童读物和小学补充读本。

10 月 16 日，文艺月刊《文艺新潮》创刊。钱君匋以"宇文节"的笔名负责杂志编辑事务。以上海野马文艺研究会名义发行。至 1940 年 5 月停刊，共出 21 期。停刊以后，出版"文艺新潮小丛书"，等等。

1939 年　34 岁

10 月，丰子恺的彩色版《子恺漫画》由万叶书店出版。这是丰子恺漫画第一次彩色印刷出版。此后，丰子恺的不少作品在万叶书店出版。

假借美商美灵登出版公司的名义，编辑出版抗日文集《第一年》。收入上海、广州、汉口等地出版的《烽火》、《光明》、《救亡日报》、《七月》、《文艺阵地》等刊物上的反映抗战的文章、通讯、报道、报告文学、短篇小说等等。大受欢迎。

钱君匋记录自己逃难经历的散文集《战地行脚》由桂林烽火社出版。

与新四军李仲融认识。

1940 年　35 岁

《文艺新潮》遭查封。钱君匋随后出版"文艺新潮小丛书"，后来陆续出版巴金的《旅途随笔》、丰子恺的《率真集》、凤子的《八年》、何为的《青弋江》、臧克家的《宝贝儿》、林珏的《鞭笞》，以及茅盾翻译的卡泰耶夫的《团的儿子》、适夷翻译的高尔基的《老板》、瞿秋白翻译的普希金的《茨冈》，等等。

此时万叶书店的教材教辅生意十分火爆，如《小学音乐教学法》、《中小学图画教学法》等，因为正派、健康、实用、价廉，受到青少年读者的欢迎。

1941 年　36 岁

是年，钱君匋继续编辑反映抗日状况的《第二年》。收录全国各地反映抗战状况的通讯、报告文学、散文、小说等，甚至还收入了反映抗日根据地的生活的文章，如林林的《八百勇士赞》、沙汀的《贺龙将军印象记》、艾思奇的《抗敌文艺的动向》等等。

1942 年　37 岁

是年初，万叶书店多次被日本宪兵队搜查，钱君匋也多次被宪兵司令部传唤。

夏，《钱君匋篆刻选》由万叶书店出版。

1943 年　38 岁

春，钱君匋利用自己在教育界广泛的人脉资源，组织教育专家编写暑假读物，其中有：《暑期国语读本》（八册）、《暑期算术读本》（八册）、《暑期常识读本》（八册）。受到读者的欢迎。

1945 年　40 岁

是年，在上海文化生活出版社兼任美术编辑。

8 月，抗日战争胜利，汪伪政府编辑的教材废止。国民政府的教材还没有编写。所以，钱君匋组织编写的万叶书店出版的《国语副课本》、《算术副课本》、《常识副课本》成为上海各中小学的教材，所以这套教材，印数在十万套以上。

1946 年　41 岁

是年，万叶书店改制为股份有限公司，从此成为编辑印刷发行一体化的出版企业。

9 月，丰子恺从重庆回到上海、杭州，钱君匋在万叶书店为丰子恺出版三部漫画集：《又生画集》、《劫余画集》、《幼幼画集》。

1947 年　42 岁

面临激烈的出版竞争，钱君匋开始重新定位万叶书店的出版方向，决定走音乐出版的专业路子。以出版音乐书籍为主。

是时，万叶书店接到国民政府编译局的通知，允许万叶书店拥有国民政府审定教科书印行权。钱君匋权衡再三，毅然决然放弃这个印行权。

1948 年　43 岁

转向音乐出版以后，万叶书店在原来的基础上，出版大量音乐书籍，如《中国音乐史纲》、《音乐技术学习丛刊》、《曲式学》、《曲调作法》、《二胡演奏法》、《手风琴演奏法》以及钱君匋主编的《万叶歌曲选》1—3 册等音乐书籍。

1949 年　44 岁

5 月，上海解放。陈毅约见钱君匋。

7 月，应邀去北平参加全国第一次文学艺术工作者代表大会。

11 月，上海出版界组织钱君匋、吉少甫、赵家璧等二十多人去北京、东北参加学习考察。

1950 年　45 岁

是年，钱君匋组织出版了一批歌颂新中国的音乐作品集，如《毛泽东颂歌》、《东方红协奏曲》、《抗美援朝歌曲集》、《亲爱的军队亲爱的人》、《和平青年进行曲》等。

3 月，为了走音乐出版的专业之路，钱君匋到北京拜访文化部、出版总署、中国音协领导。

是时，钱君匋在北海公园内举办"钱君匋书籍装帧作品展"，展出 200余件封面设计作品，在当时的出版界影响很大。

4 月，万叶书店出版了丰子恺创作的《鲁迅绘画小说》。

1951 年　46 岁

是年，继续出版大量歌颂新中国的音乐书籍和作品。如《中国革命民歌选》、《十日礼赞》、《婚姻法歌曲集》、《少年儿童歌曲选》、《苏联歌曲集》、《钢琴小曲集》、《秋收舞曲》等等。

是时，钱君匋专程去国家出版总署了解公私合营的政策。

1952 年　47 岁

"三反五反"运动开始，万叶书店被评为基本守法户。

1953 年　48 岁

6 月 15 日，万叶书店与教育书店、上海音乐出版社合并，正式成立新音乐出版社。钱君匋担任总经理，郭沫若为新音乐出版社题写社名。此为私私合作，是公私合营的前奏。

1954 年　49 岁

是年，开始与出版总署和中国音协商量研究新音乐出版社的公私合营事项。

9 月 2 日，钱君匋父亲钱希林逝世，享年 83 岁。钱君匋正在北京出差。

10 月，公私合营的音乐出版社在北京诞生，钱君匋作为私方代表，担任音乐出版社的副总编辑。此后，钱君匋在北京工作，而夫人则因为不习惯北方生活而留在上海。

1956 年　51 岁

8 月，贺绿汀在上海倡议筹建上海音乐出版社。邀请钱君匋回上海参加筹备。钱君匋向音乐出版社提出辞职，音乐出版社不同意，后经文化部长沈雁冰同意，改为借调。

10 月，钱君匋回到上海，就任上海音乐出版社副总编辑并主持出版社工作。同时任副总编辑的还有钱仁康，丁善德为总编辑。社址为上海淮海中路 1049 号。钱君匋立刻着手编辑出版《独唱歌曲 200 首》，一炮打响，紧接着又出版黄自的《长恨歌》、贺绿汀的《合唱歌曲选》、贝多芬的《三十二首钢琴曲》、巴哈的《英国组歌》、《法国组歌》等。到年底，出版社的利润，仅次于上海人民美术出版社。

1957年　52岁

3月，回到北京联系调动事宜，同时拜访章锡琛、顾均正、叶圣陶等老朋友。齐燕铭知道钱君匋到北京了，便邀请钱君匋一起去中南海怀仁堂观看京剧晚会，在怀仁堂意外见到了毛主席，在齐燕铭的引荐下，毛主席对钱君匋说了一些关心和鼓励的话。

6月，反右运动开始，虽然钱君匋在言行上没有"硬伤"，但是因为他是私方代表，便成为反右矛头的集中点，大字报也铺天盖地。可是经过一年多的运动，上海出版界的不少人被打成右派，唯独钱君匋没有被划为右派。几十年后才知道，这和毛主席在怀仁堂和钱君匋说过话有关。

1958年　53岁

在反右运动中，出版社调整，刚刚成立的上海音乐出版社合并入上海文艺出版社，钱君匋的副总编辑被免去。虽然没有被划为右派，也没有给钱君匋安排具体工作，成为第五编辑室的一个编辑。没有了办公室就让钱君匋在钢琴间写检查，交代问题。

6月，结束钢琴间的交代检查，调到总编室，仍没有具体工作任务，担任美术顾问。"仍终日闲坐，无可事事耳。"

1959年　54岁

是年，钱君匋重新开始设计封面，先后为《文艺月报》、《新港》、《人民音乐》、《人民文学》、《收获》等杂志设计封面；为马可的《陕北组曲》、金帆、马思聪的《淮河大合唱》，周立波的《禾场上》等书籍设计封面。

是年，钱君匋担任上海市政协委员，出席上海市政协会议。

1960 年　55 岁

偶然读到上海音乐学院中国音乐史组编写的《中国近代音乐史》，发现书中对李叔同、丰子恺音乐贡献横加指责，对钱君匋年轻时组织的"春蜂乐会"的朋友，全部冠以"资产阶级音乐家"，让钱君匋不寒而栗。从此，钱君匋决心不再做音乐梦，远离音乐。

1961 年　56 岁

是年，经过近半年的努力，《长征印谱》篆刻竣工。

1962 年　57 岁

3 月开始，与叶潞渊合作，写有关金石篆刻的深入浅出的小散文，发表在香港《大公报》副刊《艺林》上，共 70 余篇，后来以《中国玺印源流》为书名，由香港的上海书局出版单行本。

7 月，由茅盾题写书名的《长征印谱》由上海人民美术出版社出版。

1963 年　58 岁

是年，《中国玺印源流》在日本翻译出版。

8 月，《君匋书籍装帧艺术选》由人民美术出版社出版。钱君匋非常满意，认为："全部分色彩印，硬面精装，精美绝伦，为中国装帧艺术界最先出版之结集，可说独一无二，行销极广，人手一册。"

1964 年　59 岁

是年 3—6 月，钱君匋被安排进郊区的社会主义学院学习。编入第三班。

1966 年　61 岁

6 月，上海文艺出版社开始"文化大革命"运动，开始几天，钱君匋因为书法好，还在帮助抄写大字报。紧接着，造反派发现钱君匋的室名"无倦苦斋"是钱君匋副总编辑被撤销，怀恨在心，是"无权可抓"的谐音。这个室名，是钱君匋收藏赵之谦、黄士陵、吴昌硕三人作品颇丰，各取一字，作为室名。现在面对造反派，钱君匋百口莫辩，被关进牛棚。

9 月 2 日，晚上，造反派到钱君匋家里抄家，用卡车运走钱君匋一生的文物收藏。

11 月，钱君匋工资停发，全家被"扫地出门"。此后，钱君匋常常被批斗。

1968 年　63 岁

10 月，母亲逝世。

同月，开始下放到农村和干校，劳动改造，交代问题。

1972 年　67 岁

年初，驻出版社的军宣队向钱君匋宣布，钱君匋犯一般性政治错误，属人民内部矛盾。恢复工资级别。

4 月，回到上海，办理退休手续。

1976 年　71 岁

粉碎"四人帮"，"文化大革命"结束。

1979 年 74 岁

1 月，《鲁迅印谱》在广东人民出版社出版。

是年，钱君匋参加全国第四次文代会。

12 月，当选为西泠印社副社长。

1980 年　75 岁

是年，钱君匋"彻底平反"。陆续归还房产和文物。

1981 年　76 岁

是年，《君匋印选》由香港书画屋图书公司出版。

1982 年　77 岁

是年，《钱君匋作品集》由湖南美术出版社出版。

1983 年　78 岁

是年，钱君匋作为上海市第六届市政协委员，出席市第六届政协第一次会议。

11 月，《战地行脚》由福建人民出版社出版。

1984 年　79 岁

是年，钱君匋正式向故乡桐乡县人民政府表达将毕生收藏的书画等文物无偿捐献给故乡的意愿。

1985 年　80 岁

3 月，桐乡县同意接受钱君匋先生的捐献。并启动相关工作。

11 月 10 日，去桐乡参加"君匋艺术院"奠基仪式。

是年，《深巷中》由人民音乐出版社出版。

1986 年　81 岁

7 月，赴美国探亲、访问和讲学。

7 月，《书衣集》由山西人民出版社出版。

1987 年　82 岁

11 月 10 日，桐乡的君匋艺术院落成。协议文物书画等悉数移交至桐乡县君匋艺术院永久宝藏。

是年，《钱君匋篆刻选》、《钱君匋篆刻书画家印谱》、《冰壶韵墨》出版。

1989 年　84 岁

是年，《君匋篆刻》在香港出版；《钱君匋书画选》在新加坡出版。

1990 年　85 岁

5 月，《钱君匋论艺》由西泠印社出版社出版。

是年，《钱君匋印存》由上海书店出版社出版。

1991 年　86 岁

是年，钱君匋再次赴美国探亲访问。

1992 年　87 岁

1 月，钱君匋年轻时创作的《恋歌 37 首》由上海音乐出版社出版。

7 月，反映钱君匋 70 年艺术生活的《钱君匋艺术世界》由上海书店出版。

9 月，《春梦痕》由上海书店出版。

1993 年　88 岁

是年　，《钱君匋篆书千字文》由北京和平出版社出版。

7 月，赴日本举办书画篆刻展。

1994 年　89 岁

4 月，《钱刻文艺家印谱》由上海人民美术出版社出版。

11 月，赴新加坡参加上海文史馆馆员书法展。

1996 年　91 岁

3 月，《游黄山记》行书字帖，由上海画报出版社出版。

9 月 15 日，在海宁参加"钱君匋艺术研究馆"奠基仪式。

11 月，去澳门参加钱君匋书画篆刻展。

1997 年　92 岁

2 月，去新加坡参加"钱君匋书画展"。

10 月 24 日，去海宁市参加钱君匋艺术研究馆落成仪式。

1998 年　93 岁

5 月 9 日，参加海宁钱君匋艺术研究馆开馆仪式。

8 月 2 日，一代出版家钱君匋在瑞金医院逝世。享年 93 虚岁。

参考文献

马新正主编：《桐乡县志》，上海书店出版社 1996 年版。

桐乡政协文史资料委员会编：《桐乡文史资料》（内部资料）第六辑，1987 年印行。

《中华人民共和国出版史料》第一至第十三卷，中国书籍出版社出版。

上海鲁迅纪念馆编：《钱君匋纪念文集》，中国福利出版社 2007 年版。

莫永强主编：《西山抱华——钱君匋艺术研究馆建馆 15 周年文集》，现代出版社 2014 年版。

吴光华著：《钱君匋传》，北京美术摄影出版社 2001 年版。

桐乡君匋艺术院编：《君匋艺术》（内刊），2012 年创刊号。

钱君匋著：《书衣集》，山西人民出版社 1986 年版。

《钱君匋论艺》，西泠印社 1990 年版。

《追溯历史，缅怀先人——纪念人民音乐出版社创始人之一，著名音乐出版家钱君匋百年诞辰》，人民音乐出版社 2007 年版。

程天良著：《钱君匋及其师友别传》，湖南文艺出版社 1998 年版。

韦君琳编著：《钱君匋艺谭》，安徽文艺出版社 1997 年版。

司马陌夫、晓云编：《钱君匋的艺术世界》，上海书店 1992 年版。

晓云、司马陌夫编：《钱君匋艺术论》，线装书局 1999 年版。

君匋艺术院编：《君匋艺术院 20 年》，珠江文艺出版社 2007 年版。

《西山别馆——钱君匋艺术研究馆建馆十周年文献集》（内部资料）。

钱君匋著：《春梦痕》，上海书店 1992 年版。

陈子善编：《钱君匋散文》，花城出版社 1999 年版。

陈子善编：《钱君匋艺术随笔》，上海文艺出版社 2015 年版。

钟桂松、郭亦飞编：《钟声送尽流光》，地震出版社 2014 年版。

钟桂松著：《钱君匋画传》，浙江大学出版社 2012 年版。

钟桂松著：《钱君匋：钟声送尽流光》，大象出版社 2006 年版。

前　言

曹辛之（1917—1995）江苏省宜兴市人。

早年在家乡投身革命，后来投奔延安，进陕北公学、鲁迅艺术学院学习。不久随李公朴的抗战建国教学团赴晋察冀边区工作，教学团的工作结束以后，24 岁的曹辛之进入生活书店总管理处工作，在《全民抗战》杂志周刊做编辑，开始涉足装帧设计工作。由于曹辛之勤奋好学和他的美术方面的知识技能，很快就进入书籍装帧设计的良好工作状态，为邹韬奋、徐伯昕等生活书店前辈所赏识。"皖南事变"以后，生活书店的装帧人手缺少，曹辛之在香港生活书店开始专门从事书籍的装帧设计工作。

曹辛之在书籍装帧设计方面的起点很高。他在开始为出版物做装帧设计时，就在邹韬奋、徐伯昕等人的指点和要求下进行，他曾经说过："我刚进入出版岗位，亲聆的便是韬奋同志的亲切教诲，受到的是'生活精神'的直接熏陶，使我养成了从事进步和革命的文化，出版事业所必须具备的工作作风和工作态度。"所以，在得天独厚的出版环境里，曹辛之耳濡目染，感受到出版大家们对出版事业的情怀，从而在装帧设计方面追求传统和现代的结合，形式与内容的统一，书卷气和艺术味统一，力求在装帧设计方面走出自己的路子。所以曹辛之在装帧设计实践中，首先在继承鲁迅、陶元庆、钱君匋的装帧设计传统的基础上，注重装帧设计的思想性；其次，曹辛之在装帧设计的实践中，对每一件作品主从关系的把握十分准确，他强调装帧设计对书的内容的从属性，不能片面追求封面设计的华丽和花哨，所以曹辛之的封面设计，不少作品能够做到内容与形式的完美结合；再次，曹辛之在装帧设计中，创新是贯穿他一生的追求。他所装帧设计的每一件作品，都在继承传统的同时努力创新。所以即使在他经验丰富设计炉火纯青的时候，还自创美术字体，力求在装帧设计的各个元素之间做到和谐统一，给读者一种耳目一新的感觉。

他在为生活书店书籍做装帧设计的同时，业余时间还写诗，写诗论。因此，曹辛之在抗战时期的装帧设计书籍日渐增多的同时，他的诗歌创作、诗歌研究同样取得不小的成绩。1944年，曹辛之写的《臧克家论》发表在《时与潮文艺》上。第二年，曹辛之的个人诗集《春之露》以曹吾的笔名在草叶书舍出版。

抗战胜利以后，生活书店在上海恢复出版业务，曹辛之奉命从重庆到上海，继续在生活书店从事图书的装帧设计。此时，国内一些年轻诗人与曹辛之商量，决定集资在上海创办一个出版诗集的出版社，专门出版新诗作品。于是，1946年7月，曹辛之等人创办的星群出版社在上海诞生，这是新诗史上、出版史上值得回忆的一个日子。此后的岁月里，曹辛之夜以继日地工作，投入到出版事业和自己的诗歌创作中。

在曹辛之的出版生涯里，存在时间不长的星群出版社是他在出版事业上的一个贡献，四十年代在以臧克家为首的新诗人中，不少人都在星群出版社出版过诗集。不少诗歌翻译家，也在星群出版社出版过国外翻译过来的作品集。1947 年 7 月，星群出版社成立一周年之际，曹辛之又和臧克家、林宏、沈明、郝天航等人集资创办《诗创造》新诗杂志，曹辛之包揽了大量具体的编辑事务。后来又编辑出版《中国新诗》杂志，曹辛之又是其中的骨干，一方面负责星群出版社的出版编辑业务，又要具体编辑先后创办的两个诗刊杂志，还要自己创作新诗。所以这段时间，是他一生中工作最为紧张的一个阶段。1946 年12 月 1 日，他以"杭约赫"的笔名创作的新诗《世界上有多少人在呼唤我的名字》横空出世，影响了一代新诗人，成为新诗史绕不过去的存在。

在星群出版社期间，曹辛之的出版思想十分进步，出版视野十分开阔。他一方面关注年轻人的成果，推出唐湜、方平、莫洛、田地、陈敬容等年轻诗人的作品集，另一方面关注引进国外的诗歌，供中国诗坛的新人借鉴参考。另外，曹辛之的出版理念也是进步的，由于他是从延安回来的，对国民党政府的腐败和倒行逆施，他在星群出版社出版的作品集里都有揭露和批判，所以在当年，星群出版社的结果是可想而知的。

曹辛之无论办星群出版社，还是办新诗杂志，都是生不逢时。在国民党的特务政策和高压手段下，1948 年 11 月，星群出版社和《诗创造》、《中国新诗》两个杂志，被国民党政府查禁。曹辛之及时潜往香港，躲过了国民党特务的追捕和迫害。到香港以后，正好赶上生活书店等合并，不久，曹辛之就进入三联书店工作，继续担任书籍装帧和美术方面的工作。1949 年 8 月，曹辛之从香港调北平三联书店总管理处，担任美术科长兼出版部副主任。从此时开始，曹辛之和他曾经热烈拥抱过的新诗创作告别，专心致志于书籍的装帧设计。

不久，曹辛之进人民美术出版社工作，先后担任宣传科长、版权科长、设计组长，图片画册编辑室编审。曹辛之放弃曾经的诗歌创作，全身心地投入新中国的书籍装帧设计工作，并且有意识地注意培养出版界的装帧出版人才，写了十多万字的《书籍的装帧设计》一稿，结合自己的装帧经验，全面系统地介绍书籍装帧的历史、经验和技术。可惜因为 1957 年的原因，这部书没有能够出版。1957 年 3 月，曹辛之与李苦禅等 26 人一起被中国美术家协会吸收为中国美术家协会会员。曹辛之被错划为"右派"以后，他主持创作的《印度尼西亚共和国总统苏加诺工学士、博士藏画集》在 1959 年荣获德国莱比锡书籍艺术博览会整体设计金质奖章。这是新中国成立以后出版界获得的第一块国际金牌。1960 年，曹辛之从北大荒回到北京以后，又开始从事书籍的装帧设计工作，但是真正让他放开手脚继续从事书籍的装帧出版工作，是粉碎"四人帮"以后，亲自设计了《郭沫若全集》、《茅盾全集》、《田汉文集》等国家级书籍，成为曹辛之晚年装帧设计的又一个黄金时间。离休以后，曹辛之又全身心地投入到培养年轻的出版装帧设计人才当中，成立了装帧艺术研究会，为中国的出版事业作出了巨大贡献。

本书共有四章。第一章主要介绍曹辛之在故乡投身革命，初步接触出版事业的状况。作为起步的地方，曹辛之在家乡夯实了装帧设计的美术基本功，为他以后的装帧设计事业发展奠定了基础。第二章主要介绍曹辛之投身出版事业以及新诗创作的成就。在出版方面，曹辛之在生活书店的同时，创办了星群出版社，出版了新诗杂志，在中国出版史上留下了一笔宝贵的财富。在新诗创作上，曹辛之成为新诗创作的骨干，并且创作了一批有质量的新诗，"杭约赫"的诗人笔名，在中国新诗坛成为抹不去的记忆。第三章主要介绍曹辛之在新中国成立前后的书籍装帧生涯，介绍曹辛之的装帧设计高度以及他因此而带来的磨难。第四章介绍曹辛之在晚年依然怀着装帧设计大国的梦想，用自己的心血，致力于装帧设计人才的培养，为发展壮大我国出版界装帧设计队伍而贡献自己的余热。同时介绍曹辛之晚年编辑出版九个诗人的作品集《九叶集》，为中国的新诗史做个阶段性小结，为年轻时代的新诗创作划一个完美的句号。

　　曹辛之多才多艺的一生中，主要的贡献在出版。他从年轻时投身出版事业，一直到晚年，心心念念的是出版事业，是他一生钟爱的书籍装帧设计艺术。但是，曹辛之坎坷而追求的一生，还没有留下一部传记，这本算是第一部，正因如此，错误和遗漏肯定不少。作为抛砖引玉，期待更多的曹辛之研究成果问世。

第一章

从宜兴来

一、宜兴，一个文化底蕴深厚的地方

现代著名的装帧出版家曹辛之1917年10月30日（农历9月14日）出生在江苏省宜兴县宜城镇一个姓曹的家庭里。原名曹新民，笔名杭约赫、曹吾、曹辛、孔休、江天漠、辛白宇、曲公、柴父等。曹家原本是宜城镇上不算贫穷的人家，但是到曹辛之出生时，曹家已经破落，开始走向贫困。曹辛之4岁那年，弟弟曹惠民出生了，本来拮据的家庭又添了人口，日子就更加艰难。曹辛之7岁那年，父亲去世。曹家的一根顶梁柱倒了，一大家子顿时失去了依靠。年轻的母亲担起了抚养两个男孩的重任。此后，寡母幼儿，生活过得十分艰难。所以，曹辛之的幼年是在贫困和屈辱中度过的。

宜兴是一个历史非常悠久，文化底蕴非常深厚的地方。它位于太湖西岸、江苏省西南端。全县县域面积为 2038.7 平方公里。宜兴在春秋时期称荆邑，秦时设县。晋、南北朝、唐、宋、元时曾置郡、州、军府。清雍正四年（1726 年）宜兴县分为宜兴、荆溪两县。后来，民国元年（1912 年），两县合并，仍称宜兴县。1988 年，宜兴县经国务院同意，撤县设市，改为宜兴市。这是后话。宜兴是个山水交融，四季分明，温暖湿润，土地肥沃，植被茂盛，资源丰富的地方，是典型的江南鱼米之乡。

宜兴风光秀丽，自然资源也非常丰富。山区有着丰富的石灰石、大理石、陶土、煤等，其中陶土是宜兴的优势矿产资源。陶土按颜色和用途，可以分为白泥、甲泥和嫩泥，其中甲泥的紫砂泥因为仅仅在宜兴地区发现，所以又叫宜兴紫砂泥。我国有名的紫砂壶就是用这种紫砂泥来制作的。因为陶土丰富，宜兴就成为中国著名的陶都，据说，宜兴制陶的历史有 7000 多年，在岁月的历史长河中，陶艺薪火相传，一代又一代的陶艺艺术家，用自己的双手创造了灿烂的宜兴陶艺文化，用自己的勤劳和智慧创造了宜兴无数的陶艺精品，如"古朴典雅的紫砂、苍翠如玉的青瓷、端庄凝重的均陶、美观耐用的精陶、风姿绰约的美彩陶，被誉为宜兴的五朵金花"①。并且在陶艺传承过程中，宜兴出现了一大批陶艺制作的艺术大师，从古至今，绵延不绝。明代的供春是宜兴最早出名的陶艺工艺大师，所制作的紫砂壶器，款式不一，极

---

① 《宜兴市志》(1988—2005)，方志出版社 2012 年 12 月版，第 33 页。

为精巧，时人有"宜兴妙手数供春"的说法。后来，供春在宜兴被尊称为"紫砂壶鼻祖"，[①] 其作品为中国历史博物馆收藏。明代时大彬、徐友泉、李仲芳师徒三人的紫砂壶作品已经达到国内一流的水平，而明末清初的陈鸣远在宜兴紫砂史上与供春、时大彬一起，在宜兴陶艺史上被称为"三大名匠"[②]。清代的宜兴杨家兄妹制作的紫砂壶，当时就名扬四海，做到"字以壶传，壶以字贵"，为收藏家所追捧。清代还有价格昂贵但"一壶难求"的邵大亨，有被日本常滑市奉为陶业祖师的金士恒，等等。清末民初，尤其是进入民国以后，宜兴的陶艺技术薪火相传，依然是国内陶艺技术的领跑者。当时，江苏省在宜兴县还开办了省立宜兴陶瓷初级职业学校，为宜兴培养了大批陶艺人才。

所以，宜兴这个普通的江南一县，在现当代出现了一大批文化艺术界的名人。现代宜兴籍的书画大师，如中国现代美术事业的奠基者徐悲鸿是宜兴人，中国油画艺术开拓者吴大羽、山水画大家钱松嵒，以及吴冠中、尹瘦石、蒋仁、徐焕如、黄玄之等，都是在国内外有着崇高威望的名家大师；在书法方面，同样也是人才济济，名人辈出，据说，进入新世纪以后，在外面的宜兴籍中国美术家协会、中国书法家协会会员有近70人。在宜兴市生活工作的各级书法家协会、美术家协会会员有120多人，业余书画作者有近1万人。可见宜兴的艺术之风之盛。

宜兴文化的繁荣，与宜兴历史上尊师重教的传统和风气不无关系。据《宜兴市志》介绍，古代宜兴，耕读入仕的文化现象十分突出，读书成风，举业兴盛，"累出进士385人，举人920人，其中状元4人、

---

① 《宜兴市志》（1988—2005），方志出版社2012年12月版，第40页。
② 《宜兴市志》（1988—2005），方志出版社2012年12月版，第41页。

榜眼5人、探花1人①"。在当代，宜兴也是人才辈出，至2010年，从宜兴走出来的两院院士有24位。还有，从宜兴走出来分布在全国各地高等院校的校长、副校长和党委主要领导有100多位。所以，宜兴也是一个名副其实的教授之乡。如周培源是宜兴芳桥镇人，潘菽是宜兴新街镇人，唐敖庆是宜兴和桥人，当过中原大学校长的潘梓年是宜兴新街镇人，当过中央美术学院院长的徐悲鸿是宜兴屺亭镇人，当过清华大学校长和教育部长的蒋南翔是宜兴高塍镇人，当了43年立信会计专科学校校长的潘序伦是宜兴丁蜀镇人，等等。这些耳熟能详的人物，都是从宜兴走出来的。宜兴在全国文学艺术界响当当的人物也有不少。二胡演奏家闵惠芬是宜兴万石镇人，戏剧家史行是宜兴人，作家葛琴是宜兴丁蜀镇人，电影剧作家、评论家于伶是宜兴西渚镇人，徐凌霄、徐铸成、储安平、程秀山、王金凤、鲍雨都是宜兴宜城人，真可谓人才辈出。至于政界人物，如曾任外交部副部长的朱启桢、曾任湖北省省委书记的蒋祝平、外交家沙祖康、朱邦造、银行家周小川等也都是宜兴人。

1917年，曹辛之就出生在人文资源这样丰富的地方，不过，曹辛之出生时，正是国家民族的动荡时期和社会转型时期，此时，俄国十月革命爆发。所以，后来曹辛之对自己的出生时间的记忆非常深刻，他曾经很正式地说："我出生在1917年，是十月革命同龄人。"②所以，对"革命"二字非常敏感的曹辛之，注定他是革命的一生，是追求的一生，也是坎坷的一生。

曹辛之的童年生活，因为父亲在他7岁那年去世而过得非常艰

---

① 《宜兴市志》(1988—2005)，方志出版社2012年版，第81页。

② 曹辛之：《最初的蜜》，文化艺术出版社1985年10月版，第251页。

难。父亲去世时，他的弟弟还很小，母亲坚强地担起家庭这副沉重的担子。她先把曹辛之送进附近的宜兴县履善小学上学，——这也是宜兴这个地方的习惯，再穷，也要让孩子上学读书，因为当地人知道，穷而不读书，将会更穷！上了小学的曹辛之，很快喜欢上学读书这样的生活，喜欢书里面散发的书香。所以，曹辛之从小就对书有一种天然的亲近感。从小学时期就爱惜书，成为曹辛之对童年的一种深刻记忆。他曾和好友方平多次说起童年爱书的事，方平先生回忆说："'要爱书。'装帧设计既是一门'书的艺术'，就应该培养一种对书的深厚感情，和书交朋友。曹辛之很强调这一点，曾几次谈起他自幼爱书，每逢得一本他心爱的书，总要自己动手替它们另外打扮一番，加个封面、加个书套什么的，乐此不疲，俨然是一位小小装帧家。"[1] 曹辛之自己也说过，他说："从小，我便爱好书。从小，我便喜欢写写画画。自从我的习作被排成铅字，被制成铜锌版出现在报纸杂志上，我便梦想能成为一个作家，或一个画家。"[2]

1930 年，曹辛之小学毕业以后，顺利考入宜兴中学，这一年，他虚岁 14 岁。

1931 年秋，宜兴中学改为农林学院，曹辛之和母亲商量，下一步怎么办？在农林学院读书呢？还是去另外学校读书？母亲和儿子商量之后，决定是去另外一个镇——丁蜀镇上的一个陶瓷职业学校继续读书，这样既可以继续读书，又可以学一门养家糊口的手艺。这个陶

---

[1] 方平：《如饮芳铭，余香满口》，见《艺术之子曹辛之》，天津教育出版社 1998 年 5 月版，第 24 页。

[2] 孙锦常：《甘为他人做嫁衣》，见《艺术之子曹辛之》，天津教育出版社 1998 年 5 月版，第 151 页。

瓷职业学校，是江苏省为了提高丁蜀镇的紫砂工艺艺术水平而创办
的。这个学校的正式名称是"省立宜兴陶瓷初级职业学校"，简称"省
陶校"。但是，曹辛之在陶瓷职业学校只学习了一年，1932年又转入
位于无锡的江苏教育学院工艺班学习。

在那里，曹辛之又学习了三年，1934年在江苏教育学院工艺班毕业。

曹辛之在宜兴家乡的史料很少，笔者请《宜兴日报》程伟先生帮
助查找，找到一份曹辛之夫人赵友兰女士为宜兴市政协写的一份介绍
曹辛之的档案材料，但是对曹辛之在宜兴家乡的记述也是一笔带过，
只是说："曹辛之（1917—1995），宜兴市宜城镇人，曾入江苏省立陶
瓷职业学校和教育学院读书，做过小学教师。"[①] 有没有在其他学校念
过书？在什么小学教书？没有详细回忆介绍。估计赵女士当时主要是
介绍曹辛之的艺术贡献和成就，在故乡的史料介绍就一笔带过了。《宜
兴市志》中介绍曹辛之的文字，也主要介绍他的书法篆刻装帧等方面
的贡献和成就，同样没有介绍曹辛之在宜兴的家史和成长环境。曹辛
之在自己的回忆文章中，对故乡生活的回忆同样很少提及，但他专门
写过一首名为《我的家史》的诗，可以隐隐约约看到曹辛之故家的情
况，其中写道：

太公留下一绺白头发，

祖父留下两撇黑胡子，

父亲留下六岁和三岁的孩子。

太公置了一块地，

---

① 据手稿抄件（原件现存宜兴市档案馆）。

种了一棵树，

祖父守着那块地，

吃着树上的果子；

父亲吃尽了果子，

变卖了那块地。

……①

可见到曹辛之出生时，曹家已经从富裕到破落，从有产阶级变为无产阶级。曹辛之在1945年写的《寄给北方的弟弟》一首诗里，也有"我们生长在一家破落的门庭里，一个寡妇用眼泪和汗水将你我抚养"的诗句，②可见当时其家庭生活的艰辛。无锡教育学院工艺班毕业以后，曹辛之没有去从事工艺如陶瓷艺术的工作，也没有去进一步深造——大概这是家庭经济拮据的缘故。而是去漕桥小学教书，当一个小学老师。据当地史志介绍，1934年前后宜兴的小学教师的月薪是20元，应该说工资并不低。但是，漕桥离曹辛之的家很远，有几十里路，位于与武进县交界的地方，今天属于宜兴市万石镇。漕桥以前是一个草镇，相当于一个村的村部所在地。现在已经取消漕桥的村建制。

二、编辑刊物的尝试

1935年冬天，宜兴的革命气氛也如寒冬，宜兴的地下党组织遭

---

① 曹辛之:《最初的蜜》，文化艺术出版社1985年10月版，第59页。

② 曹辛之:《最初的蜜》，文化艺术出版社1985年10月版，第71页。

到破坏，一些共产党员被捕，宜兴的革命暂时处于沉寂状态。1936年初，吴伯文，吴简之（原无锡中心县委书记）和陈采田等从国民党的监狱里被释放以后，当地的共产党员才又有了革命的主心骨。据吴伯文等人回忆，吴简之释放后，立刻就到上海去找党组织，走之前专门布置吴伯文在宜兴就地开展抗日救亡工作。因此，宜兴的一些年轻人，在共产党的秘密领导下，又开始活跃起来，他们利用文艺等形式宣传抗日救亡，并且与地方上的国民党顽固派进行斗争。所以，曹辛之在漕桥小学教书教了一年以后，他就辞去教职，回到宜城镇。此时，19岁的曹辛之知识分子气息很重，一副金丝边眼镜，一袭竹布长衫，风度翩翩。从当年留下来的照片看，年轻的曹辛之有时是长衫，有时是西装革履，十分帅气。当时，吴伯文在宜兴与李旸谷等几个进步青年朋友一起商量，决定先独立办个刊物，"作为开展抗日救亡活动的阵地"①。于是，已经从漕桥回到宜兴县城的曹辛之，正好和吴伯文他们一起创办宜兴抗日救亡周刊——《平话》。这是一张四开四版的小报，但是，就是这样一张小报，却是曹辛之接触出版的开始。

据曹辛之回忆，自己是从参与这一张小报的创办，才开始接触出版工作的。《平话》是他一生从事文化出版事业的起点。他说："我开始和出版工作接触，是在1936年。那年我19岁，在家乡江苏宜兴，我宣传抗日救亡，在中共地下党员吴启璋（吴伯文）同志领导下，与沈毅（孔厥）等同志办了个文艺刊物——《平话》，但只出版了两三期，便遭到了查禁。期间虽只有几个月，但这是我学习编辑业务和

---

① 《宜兴文史资料》（内部刊物）第七辑，政协江苏省宜兴县委员会文史资料研究委员会编，1984年9月版，第1页。

印刷技术知识的开始，是我从事文化出版事业的起点。"① 他在《最初的蜜》后记中，也说过：我"从小对美术和文学有兴趣，1936 年，我19 岁，在中共地下党领导下，为宣传抗日救亡，与吴启璋（吴伯文）、沈毅（孔厥）等同志创办《平话》文艺周刊，我写诗、写小说、刻木刻、做编辑工作。"② 另外，当事人吴伯文等人在 20 世纪 80 年代回忆说，"1936 年上半年，他（吴伯文）和蒋有林（蒋凤家）、曹新民（曹辛之）、史啸龙和汪猷安（汪锡培）等一起创办《平话》周刊。《平话》是一张四开四版'语丝式'的刊物，由派报处和各中学代销。出了两期，被国民党县党部查禁而停刊。这是我们做的第一件工作。③"由此可见，《平话》的主要人员有：吴伯文、蒋有林、曹辛之、史啸龙、汪猷安等，《平话》这份周报的发行，主要靠派报处发行和各个中学代销。

小报《平话》虽然遭到国民党宜兴县党部的查禁，但是这些年轻人的思想，在共产党的影响和组织下，依然十分活跃，以地下党员吴伯文为首的宜兴的文化人，继续利用文艺的形式与国民党斗争。尤其是 1936 年 8 月，查禁《平话》后不久，吴伯文就通过吴简之等地下党员与地下党党组织接上关系，他们在宜兴联合谈敏、高祖荣、路广恩、杜漫萍等人，创办宜兴抗日救亡书店——"大公书报社"，吴伯文还从自己叔父那里借来 200 元，作为书店的周转资金，投入到书店的事业发展中去。吴伯文他们这些年轻人利用这个抗日救亡的书店，发行

① 曹辛之：《曹辛之装帧艺术》后记，岭南美术出版社 1985 年 10 月版，第 155 页。
② 曹辛之：《最初的蜜》，文化艺术出版社 1985 年 10 月版，第 251 页。
③ 《宜兴文史资料》（内部刊物）第七辑，政协江苏省宜兴县委员会文史资料研究委员会编，1984 年 9 月版，第 1 页。

销售进步书刊，比如《大众生活》、《生活星期刊》等，在宜兴的学校和青年知识分子中间大受欢迎。

当时，《大众生活》是生活书店在 1935 年 11 月 16 日在上海创刊的一份进步杂志，由邹韬奋主编，但是这份进步杂志出版以后不久，即 1936 年 2 月就被国民党当局查封。所以，在宜兴能够查封半年之后，还能见到这样一份进步杂志，自然为当地的进步青年所喜爱和欢迎了。而《生活星期刊》是生活书店 1936 年 6 月 7 日在香港创刊不久的一份杂志，邹韬奋主编，最初名为《生活日报星期增刊》，8 月 23 日改名为《生活星期刊》，从香港迁到上海，继续出版，1936 年 12 月 13 日，《生活星期刊》被查封，共出版 28 期。所以，当时宜兴的这个抗日救亡书店——大公书报社，实际上是共产党地下党的外围组织。据说，正因为有这样的进步书报刊，大公书报社才成为宜兴县城的一些进步青年"听讯息，发议论，找启示，寻出路"的地方。当时，曹辛之与吴伯文他们常常在一起，积极参加他们组织的抗日救亡活动。

1937 年 7 月 7 日，卢沟桥事变爆发，日本军国主义全面发动侵华战争，紧接着，上海八一三淞沪抗战爆发，中华民族进入全面抗战。宜兴县在吴伯文、李旸谷等人领导和组织下，"宜兴县各界抗敌后援会"、"青年服务团"、"战地服务团"等先后成立，抗日救亡运动轰轰烈烈地在宜兴开展起来，原先的"大公书报社"成为宜兴联络和谋划抗日救亡运动的重要场所。在大时代到来之时，曹辛之他们非常兴奋！作家张天翼、葛琴到宜兴，鼓舞宜兴的青年投入抗日救亡运动。赵丹等人率"蚂蚁剧团"专门到宜兴宜城街头演出《放下你的鞭子》，鼓舞年轻人走上抗日救亡的道路。这些从上海等地来到宜兴鼓舞人们抗战的文艺团体，都是吴伯文、曹辛之他们出面接待和安排的。1937 年 11 月 16 日，宜兴县城第一次遭受敌人飞机轰炸，吴伯文他们立刻将"后援会"、"青年服务团"等改为"战地服务团"，他们把家乡宜兴当作抗日前线。后来，随着抗战形势的发展，这支有 30 多人的宜兴"战地服务团"，在吴伯文的带领下，开始向西转移，"一面创造开展工作的条件，一面找上级党求得新的指示"。在这 30 多人的"战地服务团"里，曹辛之和他弟弟曹惠民都在里面。

在向西转移的同时，也让曹辛之兄弟俩开始离开宜兴，离开故乡，走向更宽广的社会舞台。

第二章

在出版和诗人之间奔波

一、跟邹韬奋走进出版界

当时，"战地服务团"30多人在吴伯文的带领下向西转移，从太湖之滨一直向西，经溧阳、高淳、宣城、芜湖到达大通，从大通坐船溯江而上，到达武汉。第三天，战地服务团与在武汉的中共党组织接上关系，吴伯文请示上级党组织关于"战地服务团"的下一步工作，武汉党组织及时安排吴伯文向长江局李克农、潘梓年汇报。对这一段历史和经历，吴伯文等人晚年回忆说：

那时，江苏省委外县工作委员会负

责人张爱萍和吴仲超已先来武汉。我们到达的第三天，就接上了党的关系，他们说"宜兴战地服务团"的今后行动由长江局决定。

长江局（对外为"八路军办事处"）李克农和潘梓年在听取吴启璋（即吴伯文——引者）的汇报后表示：各地到达武汉的救亡团体，除有全国影响的组织，如"平津救亡宣传团"等少数几个外，一般不必单独存在。现在各方面都需要人，能工作的分配工作；要求学习的，可介绍到各抗日干部学校培训；自己有合适去处的，也可自己联系。经过传达讨论，大家一致赞同。1937 年 10 月下旬，"宜兴战地服务团"宣告解散，各自走向新的征途。①

曹辛之是满怀抗日救亡的激情走上革命道路的。但是，他的诗人情怀，他的文学梦想在残酷的抗日战争面前，只能先收敛在心底。所以，宜兴战地服务团解散以后，在新的抉择面前，曹辛之和弟弟曹惠民、同乡吴骥怀、周欢等人商量，决定报考在山西临汾的民族革命大学，继续读书，充实自己的革命知识。不久，曹辛之他们考取了山西民族革命大学，并去临汾报到。然而，刚刚开始的学校生活，立刻又被太原、大同的失守而打破，民族革命大学被日寇冲击得七零八落，曹辛之他们只能在山西的山沟沟里来回奔波，直到 1938 年 5 月间，才到延安，进了陕北公学。在途中，同乡周欢得了重病，幸亏曹辛之兄弟俩的照顾，才捡回一条命。所以周欢直到晚年，她依然深情感念曹辛之兄弟俩的照顾：

---

① 吴伯文等：《宜兴青年抗日救亡运动的前前后后》，刊《宜兴文史资料》第七辑，政协江苏省宜兴县委员会文史资料研究委员会编，1984 年 9 月版，第 4 页。

1938 年 2 月中旬，日寇向晋南发动进攻，同时轰炸临汾，"民大"决定向晋西乡宁、吉县方向疏散。这时我正感冒发烧，临出发时，指导员把我安排在一辆大车上，指定令吾（曹辛之的弟弟——引者）同志照顾我。到乡宁后再往前走，将进入吕梁山区，大车不能行走，又换给我一头毛驴。到乡宁后，碰见了也从临汾撤出的辛之同志。他见我发高烧，不仅步行困难，就是骑毛驴也骑不稳，便主动要求留下来，和令吾同志一道照顾我。由乡宁往西走，一路上搀扶着我走上了十分艰难的旅程。沿途食宿困难，无医无药，我们走得很慢，终于掉队了。我的病越发重了。实际上是伤寒，高烧不退，不吃不喝。可是毛驴还要吃，经过的村庄连老乡都看不见，哪里去找牲口吃的草料呢？有时甚至水也找不到。为照顾我，给他俩增加了极大的困难。有时他们只能把自己的干粮（饼子）也分给毛驴吃。尽管这样，他们仍不顾自己的安危，冒着敌人的轰炸和掉队后的困难，依然像亲人一样，精心地照顾和护理着我。一路上全靠辛之兄弟俩的照顾，使我度过了一生中最艰难的历程。我内心深处非常感激他们，是他们救了我的命，是我名副其实的救命恩人。[①]

1938 年 5 月，曹辛之他们到达延安，但是，此时的延安学校不少，曹辛之他们本来想进抗大，但是抗大此时不招生，而其他学校的招生，也需要熟人介绍。曹辛之找到何敬之和徐懋庸两位先生，请他们帮助介绍。于是曹辛之兄弟俩和周欢等三个人进入陕北公学

---

① 周欢：《深切悼念曹辛之同志》，刊《艺术之子曹辛之》，天津教育出版社 1998 年 5 月版，第 357 页。

学习。

陕北公学是中共中央 1937 年 7 月创办的，学员来源比较杂，有共产党员，有国民党员、有工人有农民、有少数民族、有汉族、有红军也有国民党统治区的干部，有十几岁的年轻人，也有年过半百的中年人，因为相对来说，陕北公学的入学门槛比较低。1939 年暑假以后，中共中央决定陕北公学和鲁迅艺术学院等合并，所以曹惠民去马列学院工作，周欢去了抗大继续学习，而曹辛之则去了鲁迅艺术学院美术系进一步深造。鲁迅艺术学院是 1938 年 2 月由毛泽东等人倡议，4 月开办的一所为培养抗战文艺干部和文艺工作者的文学艺术学校。1939 年底，恢复陕北公学。但是，此时的曹辛之已经在鲁迅艺术学院美术系学习。当时，艾青正在这个鲁迅艺术学院教书，曹辛之很快和艾青建立了深厚的友谊。但是，多才多艺的曹辛之到鲁迅艺术学院不久，立刻又被学院选派到李公朴率领的抗战建国教学团，随团奔赴晋察冀边区抗战前线工作。

此时，22 岁的曹辛之在抗战救国教学团，完全以一个文艺战士的姿态出现在延安，出现在抗日前线，他曾经说：当时"在敌人的炮声火光中，为动员民众，鼓舞士气，演剧、歌咏、在墙上画漫画、刷大标语、办墙报、写诗：什么枪杆诗、传单诗、朗诵诗、顺口溜、四行六行的短诗、数百行的长诗，还给一位喜爱谱曲的古塞同志写过歌词，只要工作需要，我都积极地写。在这段紧张的战斗生活里，几乎天天都写，就是在行军途中，还在寻诗觅句，……"① 所以，充满革命激情的曹辛之，深得李公朴先生的喜欢。1940 年夏天，抗战建国教

---

① 曹辛之：《最初的蜜》，文化艺术出版社 1985 年 10 月版，第 252 页。

学团结束，教学团的三十多名人员，大多数留在晋察冀边区工作，而曹辛之则随李公朴到了抗战时期的陪都重庆，本来，李公朴想把曹辛之留在自己的出版社——读书出版社工作。但是此时的曹辛之已经是组织的人，自己的想法还是要服从组织的安排。而邹韬奋的生活书店需要曹辛之这样的美术编辑，所以，曹辛之欣然走进邹韬奋的生活书店，成为一个真正的出版人。他在不同场合说过："1940 年夏，教学团结束，大部分团员留在边区工作，我则随李公朴先生回重庆。公朴先生是读书出版社的创始人，他原想留我在读书出版社工作，后因生活书店更需要美术干部，我便被调到当时在国统区广大读者中有巨大影响的生活书店。在这之前，我便是生活书店出版物和其他进步书刊的忠实读者。我参加党所领导的抗日救亡运动并走上革命道路，是这些进步书刊给了我很大的启发和教育。由于我爱书，又爱写写、画画，早就向往着能够参加文化出版工作，使自己的爱好和专长得到培育和发挥。当得知我将要到生活书店工作，夙愿得偿，我感到无比的喜悦和兴奋。书店负责人徐伯昕同志第一次和我谈话时，我便表示：不管工作条件怎样困难，书店的生活如何艰苦，我都要好好学习，努力工作，愿意终生为出版事业服务。"①

从此，曹辛之正式投身于出版事业。这一年，曹辛之 23 岁。

曹辛之进入出版界的起点很高，因为此时的生活书店正在遭受国民党政府的严重压迫，到 1940 年 6 月，生活书店在全国已经有 40 个分支店被封，生活书店有 40 人被捕，生活书店出品的许多书籍被国民党中央宣传部列为"禁书"，据说当时邹韬奋"曾经愤然对中宣

---

① 《曹辛之装帧艺术》，岭南出版社 1985 年 10 月版，第 156 页。

部提出抗议，说我是本店总负责人（全体同事选举出来的理事会主席），如本店有犯罪证据，应该捕我，绝不卸责，何必摧残许多无辜青年呢？"①邹韬奋还和其他同事一起，"不断地奔走呼吁商洽，营救无辜被捕的同事。"②而且，生活书店编辑出版的杂志上的文章，常常被国民党的检查官改得一塌糊涂，邹韬奋先生也为此奔波，据理力争。就在曹辛之进生活书店前后，书店的《全民抗战》第129期准备发表一篇《论法国战败速降，变更国体》的文章，送审后被检查官删得一塌糊涂，特别是删去了最精彩的一段文字，让邹韬奋先生无法忍受。于是，邹韬奋先生邀请另外一位同事，一起爬真武山，直接去找审查官，据理力争，最后审查官理屈词穷，不得不让邹韬奋先生在杂志上完整发表这篇文章。当时审查过稿子，还常常让邹韬奋先生感到莫名其妙，如作家欧阳山写了一篇小说，题目叫《农民的智慧》，里面写到一个伪军司令，说他是地主出身，有500亩地，40多岁。结果，审查官就把"地主"二字删去，并且告诉杂志编辑，这个必须删去。甚至连"40多岁"几个字也要删掉，让生活书店的进步文化工作者感到十分愤怒。所以，在当时的文化环境里，生活书店出版的刊物送审的稿子中，常常连"前进"、"光明"、"救国"、"解放"等词语也被审查官删掉，让生活书店的编辑哭笑不得。可见，当时曹辛之进生活书店时的文化环境，就是这样恶劣的环境，让新进生活书店《全民抗战》编辑部的曹辛之立刻得到锻炼和见识，尤其是对邹韬奋先生的出版工作精神和为人，生活书店的那种敬业氛围，让曹辛之感受很深。他晚年在回顾自己从事出版事业时说：

---

① 《邹韬奋年谱》，复旦大学出版社1982年4月版，第126—127页。
② 《邹韬奋年谱》，复旦大学出版社1982年4月版，第126—127页。

我进生活书店的初期，是在邹韬奋同志直接主持下的《全民抗战》编辑部工作。《全民抗战》是十六开本，土纸铅印的周刊，每期的封面上都有一幅结合当时形势的漫画，漫画大部分由特伟同志创作。由于当时制版条件差，周期长，而周刊的排印时间紧迫，封面图版往往不能适应出刊的要求，因此，我那时的主要工作，是将画稿复制成木刻，用木刻版直接上机印刷。此外的工作，是协助处理读者来信来稿、绘制题花、设计封面、计算稿酬……

我刚进入出版岗位，亲聆韬奋同志的殷切教诲，受到的是"生活精神"的直接熏陶，使我养成了从事进步和革命的文化、出版事业所必须具备的工作作风和工作态度。另外，在具体的编辑业务上，当时还得到《全民抗战》的主要编辑、为韬奋同志处理日常业务的程浩飞同志的指导和传授。他帮助我懂得各种印刷字体、字号及其应用，懂得版式安排，使我认识到版面设计在出版工作中的重要性，培养起对书籍装帧的兴趣。①

曹辛之对出版业务的规范意识，是从进生活书店开始的。

此时，《全民抗战》已经创刊两年多了，这个刊物是随着全面深入抗战而诞生的。1938 年 7 月 7 日在汉口创刊，也就是在"七七事变"一周年的时候创刊的，由邹韬奋、柳湜主编，三日刊，第 1 号至 29 号在汉口出版，从 1938 年 10 月 15 日第 30 号开始迁到重庆出版，同时，三日刊改为五日刊；1939 年 5 月 13 日第 70 号开始改为周刊。

---

① 曹辛之：《曹辛之装帧艺术》，岭南出版社 1985 年 10 月版，第 157 页。

"皖南事变"以后，政治形势严峻，《全民抗战》于1941年2月22日出版第157号以后被迫停刊。前后共出版157期。但是，正当曹辛之满怀信心地投入生活书店工作的时候，发生了震惊全国的"皖南事变"：1941年1月4日，新四军军部以及一个支队九千余人由安徽云岭出发北移，6日部队行至泾县茂林地区，遭到国民党八万余人的伏击。新四军奋战七天七夜，除一小部分突围外，大部分壮烈牺牲，军长叶挺谈判被扣，副军长项英在突围中牺牲。消息传来，全国朝野一片哗然，纷纷谴责国民党的行径，周恩来写了"千古奇冤，江南一叶，同室操戈，相煎何急？"以及"向江南为国殉难者致哀"，发表在《新华日报》上，成为中国报刊史上向独裁者抗议的最强音！消息也传到了生活书店，邹韬奋先生忧心如焚，连夜赶写一篇文章，准备在2月8日的《全民抗战》上作为社论发表，结果，国民党的审查官没有同意发表，连邹韬奋的原稿都被审查官扣下没有发还。所以156期的《全民抗战》的社论开了一个天窗！强烈抗议国民党的行径！此时，邹韬奋先生的生活书店在昆明、成都、桂林、贵阳的分店也被国民党查封，职工被逮捕，这种黑云压城的形势，让邹韬奋先生感到非常失望和愤慨。

然而，3月1日国民党政府要召开第二届国民参政会，在开会前一个星期，邹韬奋接到国民政府发给他的一个通知，说他已经荣任第二届参政员并且要求他第二天去报到。所以他一边去报到，一边去曾家岩50号周公馆，听取中共的考虑和安排。邹韬奋在2月24日报到国民参政会的同时，给参政会发去辞掉国民参政员的电文。于25日清晨潜离重庆，经衡阳到桂林，3月5日下午到达香港。邹韬奋先生的出走，给国民政府的国民参政会掀起了轩然大波，惊动朝野，国民

曹辛之（1917—1995）

1935 年的曹辛之　　　　　　　1937 年，在延安鲁迅艺术学院

曹辛之与前国家出版事业
管理局副局长王子野合影

1965年曹辛之全家合影

1989年，曹辛之在"任意、张守义、陈新书籍装帧插图艺术展览"开幕上的讲话

曹辛之封面设计图

曹辛之封面设计图

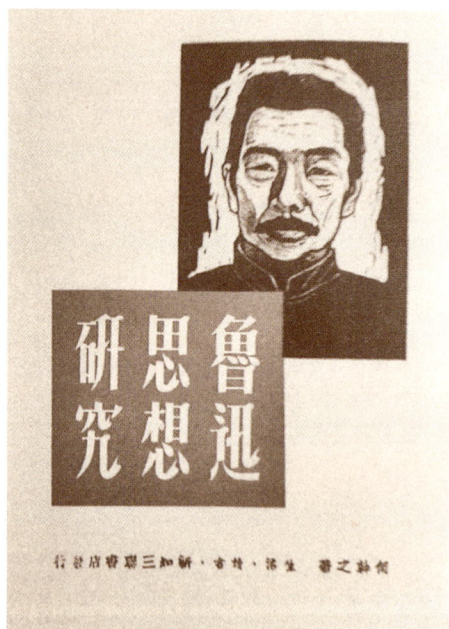

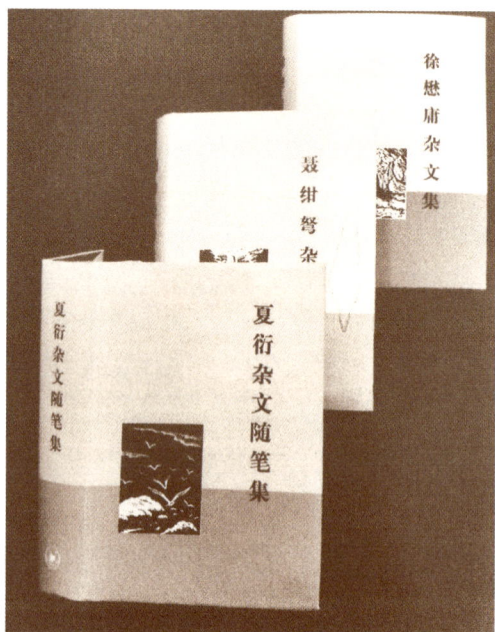

曹辛之封面设计图

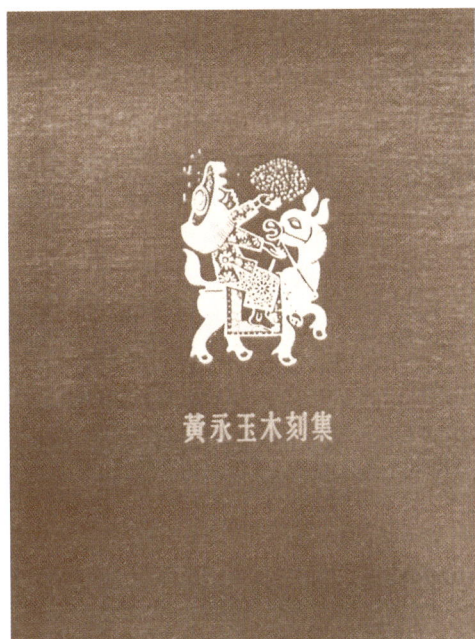

曹辛之封面设计图

曹辛之封面设计图

党去电桂林，希望途中"挽留"邹韬奋先生。其实，电报到桂林时，邹韬奋先生已经飞离桂林。所以此时的曹辛之亲身经历和目睹了国民党政府的腐败和人心的失去，也目睹了邹韬奋先生的铮铮铁骨和对民主追求的满腔热忱。邹韬奋的秘密出走，在重庆的邹韬奋先生的夫人沈粹缜和孩子的住所"衡舍"，却不断遭到国民党特务的盘问和纠缠。于是，在生活书店的安排下，书店决定将邹韬奋的夫人孩子送到香港，以免遭到不测。护送韬奋同志的夫人及子女去香港这个光荣的任务，就由年轻的曹辛之来完成。

曹辛之回忆说："1941 年 1 月，国民党反动派制造了震惊中外的'皖南事变'，国统区的进步文化事业遭到摧残，生活书店设在全国的五十余处分支店除重庆之外都被查封，一些工作人员还被逮捕。韬奋同志对国民党反动政府的这种法西斯暴行提出了强烈抗议，愤然辞去'国民参政员'职务，并秘密离开重庆，出走香港。生活书店员工也不得不精简、疏散，书店总管理处被迫迁移香港。我的任务是护送韬奋同志的夫人及子女去香港。"3 月初，邹韬奋先生的夫人和孩子，在曹辛之等人的护送下，秘密离开重庆，先去桂林，后又经柳州、玉林，到达广州，然后坐船秘密到达香港，与邹韬奋先生团聚。

因为原来在生活书店负责装帧设计的莫志恒被疏散到了大后方桂林，所以曹辛之到香港以后，就接替莫志恒，在香港从事生活书店书籍的封面设计和装帧工作。所以此时，曹辛之又遇到了一个出版伯乐——一个资深的出版家、生活书店总经理徐伯昕先生。徐先生手把手地教曹辛之出版业务，所以曹辛之在装帧出版方面的业务水平提高很快。曹辛之记得，"通过这些实践，使我较全面地熟悉了编辑出版业务——从书稿到成书的全过程。"① 但是，兵荒马乱的年代，这种能够学点真本事的好日子也不长。

1941 年 12 月 8 日，太平洋战争爆发，香港危在旦夕，曹辛之在东江游击队的安排和护送下，随生活书店一起秘密离开香港，长途奔波到桂林。不久，曹辛之又回到重庆，继续为生活书店做装帧设计，1943 年张友渔等著的《从防御到反攻》、1944 年茅盾的《多角关系》、邹韬奋的《事业管理与职业修养》，张友渔著生生出版社出版的《中国宪政论》、沈志远著读书出版社出版的《太平洋现势手册》以及《东京日记》（托里舍斯著，张翼生译，五十年代出版社出版），《沙漠前线》（霍德逊著，李成一译，五十年代出版社出版），《论第二战场》（M.威尔纳著，于环译，生生出版社出版），这些著作的装帧设计，都是当时曹辛之装帧设计的代表作。

曹辛之在重庆时期的这些封面设计，有一个共同的特点，就是敢于将自己的审美理想以规整的形态出现。所以这些封面设计，端庄中有活泼，大气中有个性。因为此时正值抗战反攻阶段，抗战局势已经明朗，民族解放战争的正义性已经体现在社会的方方面面。所以，曹辛之在这一段时期的封面设计中都比较端正，洋溢着一种浩然正气。而且，还有一个有趣的现象，当时在曹辛之的封面设计中，不少封面都有一个小方块图案，表达方方正正的设计理念。《沙漠前线》中有一块长方形的沙漠图案，《东京日记》有一块富士山的正方形图案，《从防御到反攻》中有一幅斗士的图案等，这种设计除了体现方正端庄的设计理念之外，还有具象化的设计思想的体现，如《太平洋现势手册》

① 曹辛之：《曹辛之装帧艺术》，岭南出版社 1985 年 10 月版，第 158 页。

中，设计了十分大胆的一个手托地球的图案。《中国宪政论》设计了一个变形的小树苗的图案，很具象，寓意也很清楚，一目了然。

1945 年，曹辛之除了出版自己的诗集之外，因名声在外，不再仅仅局限于生活书店的书籍装帧，也为其他出版社出版的书籍作封面设计。如为诗人臧克家设计《生命的秋天》（建国书店出版），为林疑今译的《丽贝珈》（五十年代出版社出版）等设计封面，这些封面设计，曹辛之同样注重在封面设计中装饰图案的应用，如为臧克家诗集的封面设计中，他用"秋天"和"生命"作为主题，设计了似花如草的图案装饰，象征着花凋未谢的季节而又能体会到其中孕育的生命的力量。翻译作品《丽贝珈》的封面设计中，曹辛之同样没有忘记装饰图案的应用。这一点，曹辛之与钱君匋在装帧设计理念上和封面设计实践上，有许多相同之处，其中之一，就是运用装饰图案来烘托主题。尤其在万叶时期的封面设计中，大量的装饰图案的运用，成为当时钱君匋装帧设计的一个特色，让人们一看封面，不看署名就会感觉到这是钱君匋的封面设计。而曹辛之在抗战胜利前的封面设计中，也喜欢用各种各样图案作封面装饰，明显有钱君匋的影响。而从这一点看，曹辛之的装帧设计又与陶元庆、钱君匋等前辈在风格上是一脉相承的。

总之，曹辛之在重庆时期的封面设计给人这样一些印象：构图清秀、大方、明净。在方寸之间，使用线条和色块分割的空间，布局严密，讲究形式和内容的和谐统一；在用色上"惜墨如金"，颜色雅致；美术字端正、挺秀，讲究笔画间架，形神兼备；在一些文艺作品的封面设计中讲究内在美、含蓄美，让人回味无穷；装饰的艺术语言的运用，能够深入浅出，意在笔先，等等。所以在工作环境，生活环境异常艰苦的重庆时期，曹辛之的装帧作品里依然透露出一份纯美的意趣。因此，曹辛之在生活书店的磨练中，已经成为一个可以独当一面的装帧设计工作者了。

不过，生活与事业从来不是一帆风顺的，此时重庆的生活书店依然困难重重，正常业务无法开展，经济来源受到极大的影响，职工只好自找出路。曹辛之去了一家烟草公司谋生，但是，与生活书店的联系一直没有中断，一直到抗战胜利。所以，曹辛之在回忆中说："当时，生活书店仍处在国民党反动派的迫害下，书店业务无法正常开展，经济上也很困难。书店很多员工不得不暂时疏散隐蔽，我也只好到一家烟草公司工作，直到抗日战争胜利。在这段时间里，我一直与生活书店保持着密切的联系，并继续为书店担负装帧设计工作。"[1] 好在曹辛之不忘初心，装帧出版的情怀还在，装帧业务依然没有荒废，所以在他的人生之路上，人们还有更多的期待。

二、上海星群出版社的岁月

抗战胜利后，生活书店在上海恢复营业，1946 年春天，生活书店将曹辛之从重庆调到上海生活书店，继续在生活书店负责从事图书杂志的装帧设计工作。此时，由于勤奋，已经 30 岁的曹辛之不仅在封面装帧设计方面小有名气，而且在诗创作方面，也硕果累累。他为一些如邹韬奋、茅盾等名家作品设计封面，也出版了自己的《春之露》诗集。与诗人臧克家认识以后，还写了诗论《臧克家论》，一时，曹

---

① 曹辛之：《曹辛之装帧艺术》，岭南出版社 1985 年 10 月版，第 159 页。

辛之成为中国诗坛活跃的新诗人。

　　到上海以后的曹辛之，在臧克家等人的支持下，曹辛之在业余时间和一些朋友合资创办了一个出版社——星群出版社。当时，曹辛之已经成家，所以到上海以后，他就在上海西门路（今自忠路）60 弄34 号租下了房子，作为一家人的住所。与鲁风、沈明、辛笛等朋友经过一段时间的筹备，包括办理相关手续，星群出版社在 1946 年 7月就在自己家里正式挂牌成立。据当年一起办星群出版社的林宏、郝天航回忆，"经过一段时间的准备，曹辛之和他的夫人陈羽携带当时筹得的资金与几部稿子，于 1945 年冬从重庆来上海，到处张罗，着手成立出版社，后在西门路（今为自忠路）60 弄 43 号租到房子，便是星群出版社社址。辛之夫妇带着孩子也住在这里。"[①] 这里的 1945 年冬，应该是 1946 春之误。因为曹辛之自己一直记得是 1946 年春，多篇回忆文章中也提到这个时间。

　　由于曹辛之对出版业务的熟悉和出版界人脉关系紧密，星群出版社成立之初，他也像钱君匋先生办万叶书店一样，利用这种人脉关系，借鸡生蛋，用先印书后付款，甚至卖了书以后再付款的办法，培育出版社的经济基础。据说，当时臧克家为了支持星群出版社，将自己的《罪恶的黑手》和《泥土的歌》两本诗集交给星群出版社出版，并且将版税作为出版社的股金入股。为什么叫星群出版社？据说是臧克家帮着选定的，因为臧克家喜欢星星，"在黑暗中他特别喜欢'星星'"。星群出版社第一年的出版业务，成果并不多，人手也不够，主要是曹辛之一个人在唱独角戏。因为"他精通编辑、出版工作，星

---

①　《新文学史料》1991 年第 3 期，第 135—136 页。

群出版社事无大小，从组稿、审稿、版样设计到印刷校对、跑印刷厂、购买纸张、结算账目，他样样都干，陈羽当然也帮他照料一些事务。这种情况一直延续到 1947 年，出版社业务才逐渐开展，忙不过来，才雇个小青年帮着送货、发信。"① 所以，出版社虽然有臧克家这样的名人支持，发展还是缓慢的。1946 年，出版社出版的书籍并不多，除了臧克家的两部诗集外，还有吴组缃的《山洪》、骆宾基的《北望园的春天》、吴祖光的剧本《牛郎织女》，等等。

当时由于政治环境恶劣，所以虽然名声出去了，但是麻烦也接踵而至，"当时的政治环境十分险恶，星群也未能躲开国民党反动派的监视，经常有一些可疑的人冒充'诗人'或'读者'来光顾，星群通过书业公会订的报纸被扣留，寄往外地的书刊邮件被没收。臧克家同志也受到牵连，他被特务追踪，要把他列入黑名单，'罪状是：写讽刺诗，办左倾刊物，第三条是星群出版社是共产党出钱办的，你参与其事。'"② 同时，星群出版社的出现，也是生不逢时，当时，国统区的经济形势同样非常恶劣，物价飞涨，纸张、印刷、排字工等等费用，一个月要涨好几倍。到 1947 年时，星群出版社的一本刊物的售价，已经从每期千元涨到万元。而且每个月还在涨！到 1948 年，物价的上涨更是疯狂，让星群出版社的日子更加艰难，出版社不得不在这一年的 7 月 16 日发表一个声明："从上月初掀起的物价大涨风，如火如荼地疯狂上升，主要日用品数度停市，在这短短的三十天里，竟涨了四倍以上，甚至有达十余倍的。作为出版物的最主要的纸张，月初只六百余万一令，月底便涨为二千数百万元；排印工，上

---

① 《新文学史料》1991 年第 3 期，第 135—136 页。

② 曹辛之：《最初的蜜》，文化艺术出版社 1985 年 10 月版，第 235 页。

月内也调整了两次，上涨百分之二百左右，本社刊行的图书售价在 5 月 15 日起为基本定价的三万倍，6 月份本拟依旧维持原价，但因成本激增，陆续增至八万倍。本月份物价依然直线上升，白报纸竟达三千八百万一令，书价倍数不得不自即日起改为十二万倍，读者邮购，概以款到日之倍数为准，不足之款，敬请补寄。"①

就是在这样艰难的环境里，曹辛之还是满腔热情任劳任怨地为出版事业奋斗。曹辛之的努力，也感动了一些进步诗人，进步作家，他们或在他们自己的报刊上免费为曹辛之的出版物做广告；邮件的寄送碰到困难时，得到在邮局工作的唐弢的帮助；当时的一些地下党工作者，也以不同的方式给星群出版社以支持和帮助，如蒋天佐、许洁泯、袁水拍、戈宝权，等等。所以在不到三年的时间里，曹辛之主持的星群出版社出版了戴望舒的《灾难的岁月》、臧克家的《泥土的歌》、《罪恶的黑手》、辛笛的《手掌集》、任钧的《发光的年代》、苏金伞的《地层下》、青勃的《号角在哭泣》、莫洛的《渡运河》、盛澄华的《纪德研究》、袁水拍的《诗与诗论》，以及"创造诗丛"、"森林诗丛"等共出版了 30 多种书籍。其中，星群出版公司（星群出版社）由臧克家主编、出版的"创造诗丛"影响不小，保存、传播了一批新诗作品，这些作品主要有：

沈明:《沙漠》

杭约赫:《噩梦录》

黎先耀:《夜路》

---

① 见 1948 年 7 月《中国新诗》第 2 期广告。

青勃：《号角在哭泣》

唐湜：《骚动的城》

田地：《告别》

苏金伞：《地层下》

吴越：《最后的星》

方平：《随风而去》

康定：《掘火者》

索开：《歌手乌卜兰》

李扪程：《婴儿的诞生》

共计出版 12 种诗集，在当时的出版生产条件下，应该说是很不容易的，其中，曹辛之功不可没。

半年以后，曹辛之他们又以森林（星群）出版社的名义，出版"森林诗丛"，有 8 种：

杭约赫的《火烧的城》；唐祈的《诗第一册》；莫洛的《渡运河》；唐湜的《英雄的草原》；辛劳的《捧血者》；田地的《风景》；陈敬容的《交响集》；方敬的《受难者的短曲》。

在当时的上海，能够出版如此之多的诗集，主要因素是因为曹辛之自己本身是诗人，对诗的传播有一种特殊的情怀，他曾说："我们办星群，只是对文艺事业的热爱，原来就不是为了营利。星群的成员大多爱好新诗，因此，我们便把这点有限的资金和力量转移到诗歌的出版方面。"可见他们的新诗情怀。

　　在办出版社的同时，曹辛之没有放弃封面设计，封面设计依然是曹辛之孜孜以求的专业。当时，作家茅盾牵头为大同书店编一套文艺丛书。为此，茅盾还和大同书店张老板在 1946 年 7 月 9 日专门宴请郭沫若、田汉、郑振铎等人，商量丛书的出版事宜。丛书由孔另境具体负责编辑，请曹辛之帮助设计丛书封面。所以，茅盾在 1946 年 8 月 18 日给曹辛之写信，询问封面设计的进展。信中说：

　　　　"曹吾兄：前托代绘丛书封面，不知已绘就否？现在丛书即待出版，专候封面，请见示后掷下为荷。种种费神，感谢感谢，即颂，日祺。雁冰　八月十八日。"

　　曹吾，是曹辛之的笔名。茅盾与曹辛之在重庆时就认识，1944 年，茅盾写于三十年代的小说《多角关系》在重庆生活书店出版时，就是曹辛之设计封面的。当时《多角关系》的封面设计得非常大气干净，左边用一枝花作图案，由下而上，花叶交叉纠缠，象征作品中错综复杂的内容，而书名《多角关系》四个字集中在右上角的方块内，"茅盾作"三个字排在下方，在淡黄底色的衬托下，整个封面庄重中有活泼，既切题又醒目。28 岁的曹辛之为《多角关系》设计的这个封面，给茅盾留下了深刻印象。

　　1946 年，曹辛之的封面设计，比较有影响的有骆宾基的《北望园的春天》（星群出版公司出版）、吴祖光的《牛郎织女》（星群出版公司出版）、臧克家的《感情的野马》（建国书店出版）、胡双歌翻译的王尔德的《沙乐美》等，这些书籍的装帧设计，都是在星群出版社开张之初，曹辛之日夜忙碌的时候创作的。从封面设计看，他还是保持他一贯的装帧风格，如注重图案装饰。骆宾基的《北望园的春天》用三分之一的封面空间，设计了充满春天气息的吉祥图案——亭亭玉立的和平鸽和生机勃勃的鲜花，充满春天的气息。而吴祖光的《牛郎织女》是一个剧本，在封面设计中，他别出心裁地将整个封面设计成一个斜角，从右上角到左下角，一边是书名，一边是岩画一般的古代戏剧人物造型，仿佛幕布撩起一角，露出戏剧人物婀娜多姿的形象，这样的封面设计很有新意，在曹辛之的封面设计生涯中也是不多见的。《感情的野马》和《沙乐美》在封面设计上则沿用他一贯的设计方法，用简单和复杂的两种图案装饰配合主题，整个封面显得清新典雅。

星群出版社在中国出版史上，在中国社会最黑暗的时候，像一颗流星在中国新诗界划出一道亮光，给人们以力量和希望！

三、诗人本色："杭约赫"——从《诗创造》到《中国新诗》

20世纪四十年代，星群出版社在曹辛之等人的努力下，虽然生存和发展都非常艰难，常常遭到国民党政府的压迫和挤压，生存空间非常小，有时甚至被压迫得喘不过气来。但是，星群出版社除了出版诗人的著作外，在艰难环境下还曾经出版过诗刊《诗创造》和《中国新诗》，成为星群出版社在万马齐暗的日子里的一个亮点。

我们先看曹辛之办诗刊的前因后果。

在星群出版社创办前后，编辑事务繁忙的曹辛之依然勤奋地创作、写诗，与国内的诗人朋友依然保持着密切的联系，他在1946年

11 月以"杭约赫"的笔名在《文艺春秋》杂志上发表《还乡记》，以诗人回到故乡宜兴的敏感，喊出了国仇家恨，其中写道：

忙碌的蜜蜂 / 有它的窝 / 会唱歌的鸟 / 有它的巢 / 太阳和月亮 / 也有它安息的地方。

你拄着手杖 / 来到了这里 / 他携着妻子 / 来到了这里 / 我们像吹落在水里的草叶 / 大家漂聚在这个死水沟里。

你想念着 / 被烽烟毁灭的家 / 他想念着 / 异邦人奴役下的家 / 我们都患着深沉的思乡病。

……

啊，我回来了 / 我回来了 / 流浪的孩子也有这一天 / 回到了自己的家。

……

母亲诉说这八年的苦难 / 身受的冤屈 / 如 / 脱落的发丝一样多 / 毁损的家业等着重建 / 海深的耻辱 / 要活着的子孙去洗雪。

老人的希望是副沉重的担子 / 而我 / 空着双手儿回来 / 只带回来一身尘土 / 我渴望着爱抚和调养。

杀我兄弟的 / 拆我房屋的 / 那些换了装的"英雄"们 / 依然威风凛凛地从我底家门前踏过 / 我摸摸空洞洞的口袋 / 把愤怒和着唾沫咽下去 / 天大的仇恨也只有忍着 / 在茫茫的黑夜还没有尽头…

我回来了 / 我回来了 / 现在 / 我得悄悄地离开 / 我知道亲人会因此而哭泣 / 但在这昏暗的日子里 / 谁的眼睛有着干的时候？

1946 年秋天　宜兴

　　这首《还乡记》的长诗，在当时并不出名。但是，在这首诗里，反映出曹辛之浓浓的家国情怀，对那些饱受战争苦难的亲人以及那些在战争中失去的和得到的人，曹辛之爱憎分明。所以，我们在这一首诗里，能够听到诗人曹辛之发自内心的悲愤与呼唤。

　　而"杭约赫"的笔名，让诗歌爱好者在另外一首《世界上有多少人在呼唤我的名字》中记住了。"杭约赫"成为曹辛之影响最大的笔名。在这首诗里，曹辛之用"我走到江边"、"我走到山上"、"我走到街头"、"我走到野外"，到处听到杭约赫、杭约赫的呼唤声，然而诗人联想到"呵，世界上有多少人在呼唤我的名字"，"'杭约赫，杭约赫，杭约赫……'这吃力的呼声是那样亲切，又是那样沉重。"于是"我多么渴望，渴望着有一天——他们能为自己的生活、自己的幸福而劳动：这些麦粉会搬运给饿肚子的人们，这些木材会送给没有屋子住的人们，这些竖立起来的巍峨的石像，会一个个都是为祖国和人民舍身的英雄。"紧接着，诗人又以慷慨激昂的语言，诅咒社会的不公平，相信旧世界一定要砸烂，新社会一定会来到！诗人"相信这一天很快就会到来，那时，我——杭约赫，将和大家一起，为建设我们合理的幸福生活——欢快、响亮、高昂地唱起劳动号子：杭约赫！杭约赫！杭约赫！……"

　　曹辛之的这种同情底层劳动人民的情怀，在他的其他诗歌中也比比皆是。所以《还乡记》和这首《世界上有多少人在呼唤我的名字》，得到诗人艾青的肯定。愤怒出诗人。在风雨如磐的40年代里，曹辛之的诗情在压迫和困难中喷薄而出，成为他写诗写得最多最好的一个时期。其中最能反映出曹辛之诗歌创作水平的是他的政治抒情长诗《复活的土地》，这是一部600余行的长诗，在1948年7月10日脱稿。

对这首诗，诗人艾青后来给予了充分肯定。他在为曹辛之《最初的蜜》诗集写的序中，用相当的篇幅分析肯定这首诗，认为曹辛之"1948年，他在创作上更得到了丰收：《严肃的游戏》、《感谢》、《最后的演出》、《跨出门去的》、《最初的蜜》……都是这一年的作品。""而最重要的是这一年他完成了 600 余行题为《复活的土地》的长诗。这是个巨大的结构。全诗分三章：《舵手》、《饕餮的海》、《醒来的时候》。第一章写第二次世界大战反法西斯的最后的胜利，第二章写抗日战争胜利后解放前的上海，第三章写国统区人民的苦难和觉醒。七月动笔，十月脱稿，诗人从容不迫地叙述了历史，发出了理性的呐喊。""在第一章里，通过反法西斯战争，提出了'人'的价值，最后宣布：'今天是人民的世纪！／这世界的舵，执掌于／人民，面前的路／由我们依据理性来挑选。／人类不仅要生活，还需要生活的合理。'……""紧接着第一章的是《饕餮的海》，这是全诗的中心命题，主要的篇章，创作上的一个高峰。事隔 35 年了，今天读起来依然感到亲切。虽然已经成了历史，但重温历史将会得到教益。'天天／我们／摊开这臃肿着谎言的报纸，／埋伏在伤疤下的感情的潜流，／一次又一次的汹涌，汹涌又／静止，让你深深地咀嚼／现实所给予人们的痛苦和喜悦……'"艾青在序言中详细分析了这首诗之后，他说："完全符合辩证法的规律。没有结束，哪来的开始？一边是以失败告终，一边是以胜利开始。这也符合历史的真实。没有谎言，没有迷信，没有宗教的气味，是铁的事实，如同黑夜去了，必然迎来黎明一样的真实。"① 这首诗在当时的影响很大，在中国新诗史上有一定的地位。所以，艾青

---

① 艾青：《曹辛之的诗》，见《最初的蜜》，文化艺术出版社 1985 年 10 月版。

在晚年依然能够高度评价这首诗。诗评家蓝棣之教授称这首诗是"构思宏伟、气势磅礴而又有相当深度的长诗"。①

《火烧的城》也是曹辛之创作的一部 600 余行的长篇抒情诗，是和《复活的土地》同一个时期创作的。它通过一个地处江南的中小城市几十年间的变迁，从一个侧面展示了中国社会的历史演变。所以，同样在中国的新诗史上有一席之地。其实，读曹辛之的诗，感觉诗里诗外，有着臧克家先生的诗韵句味，有战士诗人感觉的同时又有历史的韵味，他在记录着一个时代，记录着这个时代的心声。但是，这不等于说曹辛之的诗，只有革命年代的革命情怀、家国情怀，他也同样创作充满人间真性情的爱情诗，这些爱情诗，同样可以成为新诗的经典。如他写于 1943 年的《春之露》（又名《撷星草》）不仅有诗意，而且充满哲理，如"因为爱上帝，你爱了我，／因为爱你，我爱了上帝。／你送我一架银十字，／钉在我心里的却是你。""你生活在我的梦里。／我生活在你的心里。／等到梦破了，心碎了，／再分不清是我、是你。""你在太平洋上游荡，／我在昆仑山里彷徨。／各人在寻求自己的梦，／各人在自己的梦里埋葬。"这样的诗句，在曹辛之的诗歌里，同样值得人们玩味，既有哲理又有情味，所以为许多诗评家所喜欢。

曹辛之的诗歌创作和诗歌成就，是他作为诗人常常为人们所称道的地方。实事求是地讲，在曹辛之一生的艺术成就中，新诗歌的成就最大，文字也是最漂亮，是他同时代新诗人中的佼佼者。他走上办出版的道路，与他的诗歌创作有很大的渊源关系。如果曹辛之不进行诗歌创作，他就不可能于四十年代在上海从事出版事业。所以，今天我

---

① 蓝棣之：《有追求、有欢乐、有苦涩的诗》，刊《艺术之子曹辛之》，天津教育出版社 1998 年 5 月版，第 91 页。

们讲述曹辛之的出版历程，无法绕开曹辛之的诗歌创作，或者说离开了曹辛之的诗歌创作，就无法理解曹辛之在装帧出版方面的贡献。

所以，曹辛之创办星群出版社以后，创作颇丰的他就和一批诗人朋友开始策划创办诗歌杂志，力求在中国新诗界创造出一个新的天地来。据当年和曹辛之一起创办诗刊的林宏、郝天航回忆：

> 1947 年春，林宏由南京到上海星群出版社看望曹辛之，谈起筹办《呼唤》没有成功的情况，辛之提出新的设想。他认为办杂志是个好主意，可以团结大批作者、读者，扩大进步文艺力量，造成较大的社会影响；南京办不成，不妨移到上海来办。星群出版社已经获得营业执照，能够出版书籍，可以采用出丛刊的形式，每月定期出一辑，既有丛刊名称又有辑名，实际上还是月刊，岂不解决了难题。他又提出办综合性大型文艺杂志不容易，我们的人力、物力、资金都不够，更不用说声望了；不如改出诗刊，这样精力比较容易集中，我们认识写诗的朋友较多，稿源无问题，朋友们也不会计较有无稿费与稿费多少，更有利的是可以得到臧克家的直接支持，完全有可能把诗刊办好。林宏十分赞同辛之的意见，决定将原先筹集的资金转到上海来办诗刊。臧先生对此表示大力支持，叮嘱我们要认真办好。郝天航、沈明、康定、方平、蒋燧伯等新老诗友也纷纷赞成。经过反复酝酿，最后决定由星群出版社出版一种诗刊，刊名即为《诗创造》。1947 年 7 月，《诗创造》丛刊第一辑《带路的人》就在上海诞生了。①

---

① 林宏、郝天航：《关于星群出版社与〈诗创造〉的始末》，刊《新文学史料》1991 年第 3 期，第 136 页。

从这个回忆可以看出，在《诗创造》出版之前，林宏他们曾经在南京计划出版一个刊物，也筹集了一点资金，但是没有合适的机会，所以一直没有创刊。经过林宏和曹辛之商量之后，决定在星群出版社出版一个专门刊登诗歌的刊物，并把已经筹集的资金，转移到星群出版社，作为出版资金。这就是《诗创造》创刊的前世今生。

曹辛之回忆说：

　　《诗创造》由臧克家、林宏、沈明、郝天航等同志和我共同集资发起，由我主持具体的编辑业务。第一辑《带路的人》在1947年7月出版，没有用发刊词，只是在《编余小记》里把这个丛刊的动机告诉读者："我们并不存有任何奢望——一个号召，一个标榜，或一次轰轰烈烈的运动。我们只是在解决了个人的衣食问题之外，还有这样一份精力，这样一份热忱，来辟这块小园地，供给自己也供给诗友们发表作品和相互对诗艺术的研求。"①

曹辛之还说：

　　在《编余小记》里，我们提出了在大方向一致下兼容并蓄的编辑方针。当时国内形势十分紧张，国共和谈破裂，反动逆流达到顶点。在这光明与黑暗大决战的时刻，我们在一些党员同志的鼓励、帮助、影响下，开拓和坚持了这个诗歌阵地，广泛团结国统区的诗人，在争取和平民主、反对美蒋反动派的斗争中，发挥

---

　　① 曹辛之：《面对严肃的时辰》，刊《最初的蜜》，文化艺术出版社1985年10月版，第235页。

了积极作用。在《诗创造》发表作品的作家和诗人有一百多人，发表的作品，风格多种多样，有十四行诗，也有山歌民谣；有政治讽刺诗，也有抒情小唱。绝大部分是反映国统区人民的生活、斗争，思想性强，写作风格明快的作品，如《迎接自己的队伍》、《请看这世界》、《生死的站口》、《最末的时辰》、《雷雨颂》等。同时也翻译了不少国外古典的现代派的诗歌。

在诗论方面，有强调作品的政治性的，有强调作品的艺术性的。有提倡诗的粗犷美，要求自然朴素，要有"高亢的旋律"的；也有提倡新诗的戏剧化，认为"诗只是激情的流露的迷信必须击破"的等等。只要言之成理，我们一般都提供给大家作为一种参考。[①]

1947 年 7 月，《诗创造》月刊在上海正式面世。从当年的杂志看，这本 32 开、文字竖排的诗刊，由星群出版公司出版。"诗创造"三字，集选了鲁迅的手迹。编辑为诗创造社，编者为杭约赫（曹辛之）、林宏等。第一年出版十二辑。1948 年 7 月，第二年的第一辑，改为"诗创造社编委会"编辑，编委有林宏、康定、沈明、田地、方平、燧伯等。1948 年 10 月出版第四辑以后被查禁。所以，《诗创造》前后出版了 16 辑。在中国新诗史上留下雪泥鸿爪的印痕。

从当年的杂志看，曹辛之他们在《诗创造》的编辑出版中，确实做到了兼容并蓄，实现了当时办诗刊的初衷。因为所刊发的作品中，既有反映战时社会人生，表达民主进步要求的诗作，也有"抒写一己的爱恋、忧郁"的作品。值得注意的还有，这本新诗杂志相当于今天

---

① 曹辛之：《面对严肃的时辰》，刊《最初的蜜》，文化艺术出版社 1985 年 10 月版，第 237 页。

出版社的"以书代刊"形式与世人见面的。而且在每一期杂志都以一首诗的名字为期名。这在现在，已经没有新意可言，但是在当时，恰恰是非常有创意的举措。如第一期是《带路的人》，用江天漠（曹辛之）自己的诗《带路的人》作为这一期杂志的名称；第二期的名称是《丑角的世界》，是用了吴双城（曹辛之）的一首诗的诗名；第三期的名称是《骷髅舞》，用的是常枫的一首诗的诗名；第四期是《饥饿的银河》，用的是李白凤的一首诗的诗名；第五期是《箭在弦上》，是野曼的一首诗的诗名；第六期是《岁暮的祝福》，是署名林棘丝（曹辛之）的一首诗的诗名；第七期的《黎明的企望》是用了署名叶金的一首诗的名称；第八期是《祝寿歌》，是江风的一首诗的诗名；第九期是《丰饶的平原》，是用于曦一首诗的诗名；第十期是翻译专号，但是刊物还是用其中的作品的名字作为这一期的名称，所以这一期翻译专号为《美丽的敦河呵》，是何克万翻译的一个作品的名称；第十一期《灯市》，是用了陈侣白一首诗的名称；第十二期《严肃的星辰们》，是用了唐湜的一首诗的诗名。第二年的第一辑是《第一声雷》，用了梦启的一首诗的名称；第二辑名称是《土地篇》，是苏蓬庐的一首诗的名称；第三辑《做个勇敢的人》是戈宝权翻译的一首诗的名称；第四辑《愤怒的匕首》是马丹边的一首诗的诗名。所以这 16 期《诗创造》，每一期都用其中一首诗的诗名作为这一期《诗创造》的名称，这样的方式，在当时来说，不能不说是一种创新。据笔者不完全统计，《诗创造》出版了 16 辑，一共发表 460 人次的作品，内容除诗歌之外，有诗论 21 篇，其中有方敬的《新诗话》、许洁泯的《勇于面对现实》、吴越的《论感情》、成辉的《和唐祈论诗》、唐湜的《诗的新生代》、张君川的《谈诗》以及在诗论专号上的那些洋洋洒洒的论文，在《诗创造》

上形成一个有理论有创作的新诗人群体。

在《诗创造》上，还有一个有意思的现象，就是曹辛之他们这些吃过延安小米饭，真正经历过战斗的革命诗人，在上海创办的《诗创造》时，却十分重视翻译，几乎每一期的《诗创造》上，都有翻译作品的发表，如海涅、伊丽莎白、莱蒙托夫、普希金的诗歌以及勃朗宁、拜伦、惠特曼、莎士比亚、泰戈尔、裴多菲等世界著名诗人的作品。特别让人刮目相看的是，在1948年4月出版的第10期（辑）《诗创造》上，曹辛之他们专门安排一期诗歌的翻译专号，发表了20多首各国诗人的诗歌。参与翻译的有袁水拍、屠岸、陈敬容、唐湜、王统照、方平等，在翻译国外的诗歌过程中，这些年轻的诗人从世界知名诗人作品中得到了艺术营养，提高了自己的鉴赏和创作水平。所以在《诗创造》上发表诗歌的一些诗人，眼界非常开阔。包括后来被称为"九叶诗人"的视野确实非同一般。他们在中国新诗坛上能够成为一个流派，也是顺理成章的事。笔者统计了《诗创造》上翻译的诗歌作品或者诗论文章，1947年7月至1948年10月出版的16期（辑）《诗创造》共刊发68首（篇）翻译诗歌、诗论文章，包括一期翻译专号。同时，曹辛之在编辑《诗创造》时，每一期（其中第三、四期以"诗人与书"替代）都以编者的名义，写一个《编余小记》，介绍这一期内容的编辑思想，表明编辑的立场观点，很受读者欢迎，也是读者很想了解诗刊的文章。

但是，曹辛之他们对世界、对生活的感知和激情，他们的创作风格，他们的思考和表达方式，并不是所有的诗歌爱好者都能接受，尤其是北平的大学里的一些诗歌评论者，对曹辛之他们《诗创造》的出版和影响，不屑一顾，甚至谩骂攻击。其情形有点像五四运动以后创造社和文学研究会之间的论争，只不过没有当年旗鼓相当的争论色彩。当时对《诗创造》的攻击谩骂，曹辛之在《诗创造》第五期的《编余小记》里，有过披露，也表明过态度和立场：

在今天的文坛上（诗坛也是一样），有某些"进步"得很的论客，对于一些不属于自己这一小集团的朋友，常常会捏住你文字里的一句半句泼妇骂街似的来施以"打击"。编者之所以把编余小记搁置起来，也就是为了想避免和他们作这种浪费的周旋。

哪里知道，我们第一辑的《编余小记》便使这些论客们觉得不顺眼了。一个北平出版的"评论"文章占去了一半篇幅的"文艺"刊物上，从"评论""文艺骗子沈从文和他的集团"（这里包括诗人穆旦、袁可嘉、郑敏等这些"乐意在大粪坑里做哼哼唧唧的蚊子和苍蝇"），"评论""毒蛇、骚狐、癞皮狗"的姚雪垠，"评论""在生活里面得不到性欲的满足，便晕痴痴地跑到作品中去、舞台上去、让观众或读者一道在他所'创造'的人物里面狂嫖一通去求得满足"的"一头性欲勃发的动物"的"升官图"底作者陈白尘（这里牵涉到"市侩李健吾们"和"使人愤懑"的"郭沫若先生"），"评论""一个穿厌了都市底、舶来底各种浓装艳服的小市民，自感到在这个色情横溢的市场上再不足以逗引行人注目，而换上乡村底土头土脑的装束然后沾沾自喜引别人喝彩，也自己喝彩：'这才新鲜呀！'""为了追求新鲜而写他底'山歌'"的马凡陀。最后便"评论"到"公然打着'只要大的目标一致'的旗帜，行进其市侩主义的'真实感情'……这正是我们的敌人该打击之"的我们这个小小的诗丛刊了。①

曹辛之这段写于 1947 年 11 月的文字，引用了北平某些评论家的攻击言论，虽然有不畏惧的气派，但面对强势攻击，这些年轻的诗人只有招架而没有还架。紧接着，曹辛之只能用说理的方式进一步表明自己办这个诗刊的原则和初衷。他说：

> 对于一个作家的批判，一篇作品的评论，我们都应当尊重，尤其在今天这样一个逆流汹涌之中，但像这一种不辨是非，不分敌友，疯狗式的乱咬乱叫，这对于面前这个斗争，对于整个文艺运动的进步和团结上不会有些微好的效果的。批评决不是谩骂，批评一个作家到从他本身底发展过程和他所给予他底群众的影响上去比较他底优劣的；应该顾及到他所处的环境，他的生活情形和他底所属的阶层，给他以善意的诚恳的推动和鼓励。像那种扮着一付尊严到近于狰狞的革命的进步的姿态的论客们，对于真正的敌人却视若无睹，对于那些严肃地不息地写作着的朋友们却求全责备、吹毛求疵，抓住一点似是而非的缺陷，随便给人戴上一顶帽子，喊打喊杀，给以比对付死敌还要恶毒数倍的打击。只是想在这些人头上竖起自己这一宗这一派的旗子，叫天底下所有写小说的、写剧本的、写诗的和搞理论的向他看齐，都变成他所规定的那一个模样。这种恶劣的风气，倒是大家应该来克服的。假使我们大家的血液里或多或少地还存在着这一种细菌，让我们赶

---

① 《曹辛之集》，上海人民出版社 2011 年 5 月版，第 228 页。

快把它清除掉了；这样，自己的阵营才会扩大和巩固，对友人的团结始能无间。①

这段文字说明曹辛之是一位充满激情而又心地善良的人。评论家蓝棣之教授曾经说过：曹辛之先生"他的才华、成就和人品，举世公认"。还说："有才华的人不见得会有成就，有成就的人不见得有好的人品。然而，辛之先生做到了集此三者于一身。"② 相信读过曹辛之先生的文章的人和曹辛之有过交往的人，深有同感。

自然，曹辛之的诚恳和与人为善的态度，没有平息来自评论界的攻击，不仅没有平息外界的批判攻击，在新诗界内部，也出现不同意见，《诗创造》编辑过程中，一些新诗人对曹辛之的编辑方针采取不以为然的态度，首先对曹辛之提出的大方向一致的前提下兼容并蓄的方针，被讥讽为"市侩主义"；他在编辑稿子中强调思想倾向的同时，还要求提高艺术质量，因而被戴上"唯美主义"的帽子；还有，《诗创造》刊发国外的经典诗歌，被人说成不要现实主义，是提倡现代派诗歌作品，等等。而曹辛之自己的作品，也常常被人误解，他的《严肃的游戏》，被人指斥为"根本不了解这个战争的本质"。而他的《世界上有多少人在呼唤我的名字》当时被奚落为"广告术"，是一种"市侩主义的思想"。《诗创造》得到过臧克家先生的支持，一些人攻击《诗创造》时，也让臧克家先生受到牵连。所以此时的曹辛之有点内外交困的味道。他决定将《诗创造》交给其他朋友去编辑，而自己则和方

---

① 《曹辛之集》，上海人民出版社 2011 年 5 月版，第 228—229 页。

② 蓝棣之：《辛之先生：不只是才子与名士》，刊《艺术之子曹辛之》，天津教育出版社 1998 年 5 月版，第 319 页。

敏、辛笛、陈敬容、唐祈、唐湜等另起炉灶，另外创办一份诗刊——
《中国新诗》。曹辛之回忆说，"1948 年 6 月，为了开拓新诗的道路，
想在诗创作上做些探索和尝试，我和辛笛、陈敬容、唐祈、唐湜五人
创办了《中国新诗》。"① 当然，编辑部仍在星群出版社，对外称"森林
出版社"。1948 年 6 月，一份名称为《中国新诗》的刊物与世人见面了。
这份杂志与《诗创造》的开本大小一样，编辑处：中国新诗社。特约
经售处：星群出版社。而此时，曹辛之不光要负责《中国新诗》的全
部编辑业务，还要帮助《诗创造》处理出版中的技术问题。所以此时
的曹辛之的忙碌是可想而知的。

　　《中国新诗》第一集的内容有"诗选"、"诗论"、"译诗"三部分。
第一集有一个名为《我们呼唤》的"代序"，序中说："我们面对着的
是一个严肃的时辰"，"而我们面对着的也是一份严肃的工作"，"我们
首先要求在历史的河流里形成自己的人的风度，也即在艺术的创造里
形成诗的风格"。所以，曹辛之他们尽管是因为碰到矛盾和困难而分
开出版这份诗刊的，但他们的精神和态度却是非常严肃和认真。这是
非常难能可贵的。

　　《中国新诗》存在的短短的五个月时间内，出版了五期，有 62 人
次在《中国新诗》上发表作品，其中诗论有 8 篇（人次），翻译的诗
作 10 篇（人次），发表创作的有 40 人次。另外还有在 1948 年 9 月这
一期上，有 4 篇纪念朱自清先生逝世的诗文，有方敬的《挽诗》，迪
文的《手》，雪峰的《损失和更重要的损失》，陈洛的《佩弦先生的〈新
诗杂话〉》等。据说，冯雪峰的纪念文章，是蒋天佐先生替曹辛之约

---

① 　曹辛之：《最初的蜜》，文化艺术出版社 1985 年 10 月版，第 265 页。

的稿子。

在《中国新诗》上，曹辛之同样一方面包揽了大部分工作，包括写每一期的"编辑室"文章，另一方面，他自己又勤奋地创作，在《中国新诗》第一集里，曹辛之以"杭约赫"的笔名，发表了《严肃的游戏》、《感谢》、《最后的演出》。第三集里，曹辛之也用"杭约赫"的笔名，发表《跨出门去的》，这是曹辛之纪念李公朴先生牺牲两周年的诗作。在第五集里，曹辛之发表了《最初的蜜——写给在狱中的 M》，曹辛之的这些作品，都是在中国新诗史上常常被人提起的诗作。《中国新诗》是中国四十年代进步诗坛上的一朵奇葩，在中国社会一片黑暗中，明确提出："更强烈拥抱住今天中国最有斗争意义的现实，纵使我们还有着各种各样的缺陷，但广大的人民道路已指出了一切最复杂的斗争的路，我们既属于人民，就有强烈的人民政治意识，怎样通过我们的艺术形式而诉诸表现，在这一点上：我们既非夸张的宣传主义，或市侩式的投机的'农民派'，也更非畏首畏尾中国式的'唯美派'的空喊斗争。我们愿意首先是一个真正的人，在最复杂的现实生活里，我们从各方面来参与这艰苦而光辉的斗争，接受历史阶段的真理的号召，来试验我们对于新诗的写作。今日的诗坛，早有论者指出充满着堕落的气氛与迷雾，我们要在实践中冲出一条可走的道路。愿热诚团结众多的诗工作者作共同的博求与努力！"① 这是曹辛之他们在第二集《中国新诗》的"编辑室"里的主张和立场。由此看来，即使在暗黑的时代里，曹辛之他们这些诗人还是意气风发的。这里，不妨看一下1948 年 6 月出版的《中国新诗》第一集的目录：

---

① 《曹辛之集》第一卷，上海人民出版社 2011 年 5 月版，第 235—236 页。

第一集　时间与旗

我们的呼唤（代序）　　本社

诗选

最后的晚祷　外二章　　郑敏

世界　外二章　　穆旦

时间与旗　长诗　　唐祈

闪电　外二章　　杜运燮

歌　外二章　　方敬

春　外一章　　马逢华

春的告诫　外二章　　李瑛

严肃的游戏　外二章　　杭约赫

个体的完全　外三章　　陈敬容

诗论

诗与现实　　蒋天佐

论风格　　唐湜

译诗

自由列车　美国.休士　　袁水拍

诗六章　苏联.伊萨柯夫斯基　　戈宝权

诗七章　希腊.梭罗摩斯　　蓝冰

编辑室　　约.祈

从这个简单的目录可以看出，曹辛之他们这些年轻的诗人，诗情喷薄欲出，创作的欲望十分旺盛。而且，《中国新诗》和《诗创造》一样，都是没有稿费的，可见即使这样，诗人们的创作热情依然十分高涨。

但是，《中国新诗》的出版，和曹辛之办出版社一样，生不逢时，此时，随着国民党政府的日薄西山，对进步文艺的压迫日益严重。曹辛之他们的星群出版社连同《诗创造》、《中国新诗》一起，被国民党政府查禁，终于在 1948 年 11 月被迫停业。林宏回忆，"1948 年 11 月下旬，一个夜晚特务突袭了西门路 60 弄 43 号来逮人，没抓着曹辛之，就查封了出版社，勒令《诗创造》停刊，并追查臧克家、曹辛之和我的下落。在地下党的帮助下，臧克家、曹辛之远走香港，我和一些朋友去了游击区，星群出版社和《诗创造》就此停止了活动。"① 方平回忆说："到了 1948 年，贪污腐败的国民党已是日暮途穷，在垂死挣扎了，它加强了思想文化的统治；那年 11 月，风声最紧的时期，'星群'受到国民党的查禁、查抄、传讯，终于被迫停业。辛之已无法存身，只得远走香港。"② 据臧克家先生回忆，当时他东躲西藏回到家里时，"喘息未定，辛之的爱人陈羽突然闯进来，神色仓皇，发急地说：'臧先生，您还在家！昨夜一群特务搜查了出版社，幸而辛之回老家去了。特务还逼问蒋天佐和您的住处。臧先生，赶快走！'"可见当时白色恐怖十分严重。所以曹辛之在上海无法立足的情况下，秘密去了香港。但是，曹辛之在上海虽然短短的几年，却为中国出版史、中国新诗史留下了一笔宝贵的财富。

---

① 林宏：《诗人·主编·出版家》，刊《艺术之子曹辛之》，天津教育出版社 1998 年 5 月版，第 297 页。

② 方平：《生死无悔的执着》，刊《艺术之子曹辛之》，天津教育出版社 1998 年 5 月版，第 269 页。

第三章

专心致志于装帧设计

一、从三联书店到人民美术出版社

　　曹辛之 1948 年 11 月到达香港时，三联书店已经在香港成立，于是，曹辛之进入三联书店从事装帧设计工作。

　　三联书店是 1948 年 10 月 18 日在香港成立的。1948 年是中国革命决胜的关键之年，根据中共中央的部署和周恩来同志的指示，经过紧张的筹备，在 10 月 18 日召开生活、读书、新知三店的股东代表大会，选举临时管理委员会，临时管理委员会推选黄洛峰为主席。徐伯昕为总经理，沈静芷为副总经理。万国均、薛迪畅为协理。10 月 26 日，三联书店在香港召开成立大会，宣布三联书店成立。三联书店的成立，为新中国出版事业的健康发展起到了积极的引领作用，也为即将来临的新中国出版事业准备了一大批出版干部。曹辛之到了香港以后，进入三联书店，从事书籍装帧设计的老本行，因为在生活书店工作的时候，曹辛之的装帧设计就已经为广大读者和书店的管理者所认可，加上这几年在上海办星群出版社、办杂志时，除了编辑之外，装帧设计工作一直没有荒废。据韦泱先生考证，当时《诗创造》上的"全部装帧均由 WT 先生设计"，而"WT"，就是曹辛之先生。① 所以，曹辛之现在到香港的三联书店，从事装帧设计工作，自然驾轻就熟。曹辛之在《曹辛之装帧设计》"后记"中说："1948 年 10 月，生活书店、读书出版社和新知书店在香港正式合并成立了三联书店。我参加了三联书店的书籍装帧和美术方面的工作。这期间我设计了《战后欧游录》、《太阳照在桑乾河上》等书籍的封面。还为迎接广州解放，画了一幅 3 米多宽的宣传画。"②《战后欧游录》是爱伦堡等人的作品，由吴楚、仲麟翻译。是香港新中国书局出版的一本书。而丁玲的《太阳照在桑乾河上》也是由香港的新中国书局出版的。当时曹辛之还为三联书店的《大音乐家及其名曲》以及高尔基的《给初学写作者》等书设计封面。

但是，随着国内形势的发展变化，解放战争随着国民党的溃败和共产党的节节胜利而曙光在望，具有远见卓识的共产党领导开始为新中国的建立而运筹帷幄。所以，曹辛之在香港的三联书店的日子并不长，1949 年 8 月，曹辛之由香港三联书店调到北京的三联书店总管理处，担任美术科科长和出版部副主任。此时，曹辛之放弃新诗创作

---

① 韦泱：《从〈诗创造〉到〈九叶诗人〉》，刊《新文学史料》2006 年第 4 期，第 190 页。

② 《曹辛之装帧艺术》，岭南美术出版社 1985 年 10 月版，第 160—161 页。

而专注于书籍的装帧设计。同时，新中国刚刚成立时那种热火朝天的生活，让32岁的曹辛之激情澎湃，他专心致志于书籍装帧，似乎在封面设计和书籍装帧里面，有着无穷无尽的乐趣，本来多才多艺的曹辛之，仿佛此时才找到自己施展才华的地方。

据不完全的统计，曹辛之调到北京的三联书店以后，进人民美术出版社之前，为三联书店装帧封面设计的书目如下：

《科学历史观教程》 吴黎平、艾思奇著

《读书偶译》 韬奋编译

《马克思主义与现代艺术》 克林兼德著、未知译

《鲁迅思想研究》 何干之著

《平原烈火》 徐光耀著

《奥莱叔华》 高尔基著、适夷译

《保卫察里津》 A.托尔斯泰著、曹靖华译

《边区自卫军》 柯仲平著

《老桑树底下的故事》 方纪著

《列宁在一九一八年》 卡普勒著、林淡秋译

《苏联电影介绍》 陈陇编

《戏剧艺术引论》 张庚著

《哲学选辑》 艾思奇编辑

《对口相声》 老舍著

《马凡陀的山歌》 袁水拍著

《小河唱歌》 金近著

《从头学起》 艾思奇著

《人征服自然》 伊林著、诸琦真译

《怎样办好人民文化馆》 工农教育丛刊编委会编

《办理机关业余学校的经验》 金默生、丁羽著

《怎样发动妇女参加识字学习》 中华全国民主妇女联合会编

《标点符号怎样使用》 锡金著

《黑石坡煤窑演义》 康濯著

《克里·萨木金的一生》 高尔基著、罗稷南译

《在克里米亚地下》 依万·柯兹洛夫著、罗楚译

《狱中十八年》 张铭三译

《巴甫洛夫传》 巴巴娃著、周砚译

《这就是"美国的生活方式"》 洪深著

《东北蹦蹦音乐》 寄明编著

　　这一时期曹辛之的装帧艺术特点，与他的人生经历有一定关系。此时新中国刚刚成立，曹辛之见证了新中国的成立，也见证了出版事业发展面临的新机遇。所以，这个时期曹辛之的装帧设计的艺术特点，主要体现在三个方面：

　　一是整体中突出重点。曹辛之历来注重封面设计的整体性，从整体设计中体现它的整体美。所以他设计封面，不是只顾封面的好看与否，而是与书的开本、版式、扉页、环衬、字号、用纸以及插图、题花、尾花等一起考量设计。因此他在《曹辛之装帧艺术》一书中所选用的封面图片，在注解中专门标明开本大小。可见曹辛之在封面设计中非常注意书籍开本的整体效果，整体设计中突出封面这个重点，封面中突出内容这个重点。如邹韬奋的《读书偶译》一书的封面，看

似并不复杂，淡黄的底色上，一盏那个时代读书用的煤油灯，"读书偶译"四个手写字书法和作者韬奋的署名，把这本书的内容整体地表达出来，把邹韬奋勤奋苦读偶译的场景在封面的意境里传达出来，取得很好的艺术设计效果；《人类征服自然》是一部翻译著作，曹辛之在封面设计中，设计了一幅劳动的历史场景，中间是醒目的书名，昭示着历史证明：靠劳动才能征服自然。体现着那个年代人定胜天的意境；再如《标点符号怎样使用》的封面，更是用一个特大的问号作为图案设计，一举多得，既是提出问题，又是说明问题，中心问题、重点问题，尽在一个问号上。

二是追求装饰美中体现时代特色。20 世纪 50 年代初，中国虽然贫穷，但人们的精神风貌却意气风发，带着对旧时代的告别和新社会的憧憬，每个人都在努力改变社会改变自己的命运。所以，出现一大批文化普及的出版物，曹辛之适逢其时，有机会为这些出版物设计封面，如《怎样办好人民文化馆》、《怎样发动妇女参加识字学习》、《办理机关业余学校的经验》等书籍的封面设计，曹辛之非常用心地为这些普通老百姓的学习用书设计封面，他尽量用通俗易懂的设计语言来构思封面设计，如《怎样发动妇女参加识字学习》的封面设计，曹辛之用了一幅妇女上课的大照片，占了半个封面，突出妇女识字的主题，让初识字的妇女一目了然。而《办理机关业余学校的经验》的封面，突出补习文化的主题，用一幅机关公职人员上课的图画，而书名的设计也有特色，"办理机关业"几个字横书，"余"字往下竖书，再加出版单位名称，形成一个半包围的图案，让人有一种业余学校的感觉和氛围。如《对口相声》、《东北蹦蹦音乐》等同样突出面向基层的普及性，在装帧设计上曹辛之没有半点懈怠，让普及老百姓的读物，同样洋溢着装饰美，洋溢着时代特色。

三是装帧中体现出一种书卷气。在新中国成立之初，一些出版社还保持进步出版社的传统，出版进步书籍，弘扬先进文化。曹辛之在为这些进步书籍设计封面的时候，同样紧扣时代和内容主题，突出内容散发出来的书卷气。在何干之《鲁迅思想研究》的封面设计中，一个木刻鲁迅头像，红底白字的书名设计，端庄中有深度，充分体现了鲁迅研究的书卷气，十分切合这部鲁迅研究著作的内容实际，即使 60 多年以后的今天来看，曹辛之对这部鲁迅研究著作的装帧设计，仍是鲁迅研究著作中的佼佼者，装帧设计中的上乘之作。而《马克思主义与现代艺术》的封面设计，浓浓的书卷气，一望而知，是给有一定文化层次的读者看的。包括高尔基作品之一《克里·萨木金的一生》的封面设计，也是主题鲜明、层次分明，让人产生阅读的欲望。另外，曹辛之这个时期设计的封面，也紧跟形势，如《在克里米亚地下》、《狱中十八年》等封面设计，将其革命的内容提炼在封面设计中，将革命的残酷性和不屈不挠的坚强意志，体现在装帧设计之中。总之，在 1950 年这样的年份里，曹辛之的封面设计与他的装帧设计理念已经完美结合，在装帧艺术上，已经十分成熟而且富有时代性和个性，这与他对装帧艺术的多年实践和深刻思考是分不开的。

此时，曹辛之还为团中央 1950 年的《中国青年》杂志设计封面。

此时的中国出版界，正在经历新中国成立以后的适应期和调整期。新中国成立以后的出版总署，在胡愈之等领导的带领下，从调查研究入手，清理、梳理旧中国留下来的出版机构，重新确立新中国的出版框架，定位新中国的出版发展方向，走分工合作和专业化的新路子。1950 年 9 月 15 日，第一届全国出版会议在北京召开，毛泽东为新中国的出版事业题词："认真作好出版工作"。所以，以第一届全国出版工作会议为标志，新中国的出版事业开始走上公私合营和专业化改革的发展之路。在这样的大背景下，1950 年 12 月，新中国的人民出版社在北京成立，它是由"新华书店的出版、印刷、发行一揽子的经营方式分成三个独立的专业单位：（一）将原有新华书店总管理处的出版部与我署编审局的一部分合组成人民出版社，编辑出版全国性的政治理论、政策文件及政治时事读物"①。不久，出版机构进一步调整，三联书店归并到人民出版社。1951 年 9 月，成立人民美术出版社，并且由周恩来题写社名。据有关史料介绍，人民美术出版社原定于 9 月 1 日正式成立，后来因为全国出版行政会议的召开而"延宕"，所以"决定在 9 月 15 日正式成立"。为此，新闻摄影局在 9 月 10 日有专门报告送出版总署，包括组织机构和人民美术出版社的组织条例草案等。其中草案规定，"人民美术出版社为国营的企业机关，受中央人民政府文化部、出版总署共同领导。""人民美术出版社设社长 1人，副社长 1 人，由中央人民政府文化部、出版总署提请政务院批准任命。""人民美术出版社社务委员会，委员若干人，由中央人民政府文化部、出版总署聘任。社长副社长兼任主委副主委。""社长副社长下设编审委员会，委员若干人，由社长副社长提请中央人民政府文化部、出版总署聘任。"② 社长、副社长下面设办公室，编审部设总编辑1 人、副总编辑 1 人或 2 人，下设期刊编辑室、图书编辑室、通联室、

---

① 《中华人民共和国出版史料》第三辑，中国书籍出版社 1996 年 7 月版，第 17 页。
② 《中华人民共和国出版史料》第三辑，中国书籍出版社 1996 年 7 月版，第 323—324 页。

美术工作室、资料室，等等。当时人民美术出版社的机构设置，还是十分完备。因为在新中国成立最初，能够有这样的机构设置，说明决策者的考虑还是周密的。

这时候，专注于书籍装帧设计的曹辛之，选择去人民美术出版社工作。因为，多才多艺的曹辛之对书籍的装帧设计已经深入进去，既有实践又有理论，而人民美术出版社正好让他有用武之地。因为之前为三联书店设计的书籍如《苏联学校的地理教学》（陈原编译）、《辩证法唯物论辞典》、《平均利润与生产价格》、（奥斯特罗维强夫著、何匡译）、《家庭与学校》（捷尔任斯基等著，王家骧、杨永等译）、《学习日记》等已经由三联书店出版了。所以进了人民美术出版社的曹辛之很快就成为这个新成立的美术出版社的业务骨干。他先后担任人民美术出版社的宣传科、版权科科长，设计组组长和编审级美术编辑。

此时，经历过一次失败婚姻的曹辛之和年轻漂亮贤惠的赵友兰结婚了。两人在此后的岁月里，相濡以沫，共同走过44年的岁月。赵友兰曾经回忆他们刚结婚时的生活，由于新中国成立不久，"各项工作都处于上升时期，辛之更是为迎来了革命的胜利而兴奋不已，他全身心地投入工作，施展自己的才干，工作热情十分高涨。"[1]曹辛之和当时所有的年轻人一样，夜以继日，豪情满怀。

他在书籍的装帧设计中，一边创作一边总结实践，在1956年至1957年之间还悄悄地写了一本10万字的《书籍的装帧设计》书稿，有绪论、装帧设计的基本原则、封面设计等三章，如第一章的绪论

---

① 赵友兰：《深深的怀念》，刊《艺术之子曹辛之》，天津教育出版社1998年5月版，第406页。

里，曹辛之认真地梳理了书籍装帧的历史源流，从秦汉开始叙述，到
唐、五代、宋元、明清以及近代的书籍装帧的衍变，一直叙述到现代
的书籍装帧，包括五四运动以来以鲁迅为代表的进步文化的书籍装帧
艺术，曹辛之都一一道来，认为"'五四运动'以后，外国进步的作
家、艺术家和出版家冲破了重重压迫，给广大的群众提供尽可能健康
的精神食粮，斗争是十分激烈而艰难的。站在这条战线前面的是伟大
的思想家和革命作家鲁迅，尽管在使人窒息的政治气氛下，物质条件
也十分恶劣，他们仍注意到书籍艺术的提高，并亲自设计和监印了一
些书籍。除了具有革命内容外，本身就具有很高的艺术价值。鲁迅先
生冲破了那种停滞不前的情况，为书籍的装帧设计工作开辟了新的道
路。"① 他把许多书籍装帧设计的进步变化与鲁迅先生的大力推动联系
起来，这是很有思想见地的。他还说："在鲁迅为装帧设计开辟了新
的道路之后，未名社、创造社、太阳社、文学研究会和光华书局等的
封面设计也逐渐冲破像商务、中华那样平板的设计。当时开明书店的
书籍设计也很重视，采用漫画形式图案装饰的设计较多，颇受读者的
欢迎。之后，生活、光明、万叶等书店对书籍装帧都有专人设计，当
时以新颖大方著称。"② 同时，曹辛之在这部书稿中，还对解放区的设
计装帧工作给以介绍和评论，这在今天看来也还是很有见识的一笔。
而当时离新中国成立还没有几年，曹辛之依然关注新中国成立之后的
书籍装帧设计工作的发展变化，他说："书籍装帧设计是一门独特的
艺术创作，因此在社会主义制度下它和其他美术创作一样受到党和人
民的重视和关怀，我们党为了培养这方面的专业人才，特地在中央工

---

① 见《曹辛之集》第一卷，上海人民出版社 2011 年 5 月版，第 237—242 页。
② 见《曹辛之集》第一卷，上海人民出版社 2011 年 5 月版，第 237—242 页。

艺美术学院设立了一个书籍装帧专业，有计划地培养设计人才。[①]"他还说："1956年中央文化部出版事业局为装帧设计工作给各出版社发出了加强对装帧设计的组织领导和改善工作条件的通知，充分说明了党对装帧设计这门专业的重视。"曹辛之在回顾新中国的装帧设计工作时，还记得"1954年，在出版总署的领导下，北京举办了中央一级出版社书籍装帧设计展览会，这是我国第一次举办书籍艺术的展览会。[②]"但是，曹辛之毕竟是在做学术研究，而且也是有艺术情怀的人，所以他在这部稿子中，也直言不讳地指出当下在书籍装帧中存在的问题，认为"市面上也还存在着不少质量较差的装帧设计。特别在上海，是新中国成立前全国出版业的中心，因而形式主义和洋化的影响还很深，也有一些私营出版社为了表示进步，把一些五角星、麦穗等图案不适当地乱用在书的封面上[③]"，等等，曹辛之当时的政治思想水平，对书籍的装帧设计的看法，还是非常主流和正统的。此时的曹辛之四十岁不到，虽然在生活中经历过波折，但却风华正茂。

二、装帧设计的高度

决定装帧设计的高度，是装帧设计者对装帧设计的认识和他的装帧设计的理论水平决定的。曹辛之对装帧设计的实践和理论思考，在

---

① 见《曹辛之集》第一卷，上海人民出版社 2011 年 5 月版，第 237—242 页。
② 见《曹辛之集》第一卷，上海人民出版社 2011 年 5 月版，第 237—242 页。
③ 见《曹辛之集》第一卷，上海人民出版社 2011 年 5 月版，第 237—242 页。

同时代的装帧出版家中胜人一筹，这与他的生活经历和学习经历有关。因为曹辛之装帧设计的起点很高，他出生在艺术创新氛围很浓的宜兴，在学校中学习的艺术技能，锻炼了曹辛之的动手能力，所以他走上书籍的装帧设计道路以后，很快为读者和出版行业所认可。在出版装帧理论建设方面，曹辛之的建树，我们还没有完全发掘出来，我们对他在这方面的贡献，认识还不够。曹辛之在新中国成立以后，曾经写过《书籍的装帧设计》（生前未刊印）、《从出版角度看插图艺术》、《装帧设计》、《谈〈毛主席诗词〉的出版工艺》、《书籍的装帧》、《设计的封面》、《团结起来，发展壮大》（中国出版工作者协会装帧艺术研究会成立大会上的筹备工作报告）、《贵在一片恳挚的心——记装帧艺术家陈世五》等著作和文章，有过系统的思考，而且无论在数量上还是理论深度上，都是装帧出版界的佼佼者。他在《书籍的装帧设计》中认为："装帧设计是一门艺术，是一件具有高度思想性的创造性劳动。"[1] 这是对装帧设计非常高的一种认知，这样的认知高度，决定了曹辛之对装帧设计的态度。他进一步阐述说："装帧设计不能像其他艺术一样，可以根据对社会生活的认识和自己的感受，来选择主题进行独立的创作。它不能脱离了书籍而独立存在，它是为书籍服务的，因此它是从属于书籍的一种艺术，它必须通过艺术形象来反映书籍的内容。但它从属于设计，也并不排斥它独立的意义，书籍的优秀而丰富的内容，提供了装帧书籍广阔的思路和形式的多样化。一个成功的装帧书籍，可以单独成为一件很好的艺术作品，也可以和书成为一个统一的艺术品。"因此曹辛之认为，从事装帧书籍工作的人，"必须具

---

① 《曹辛之集》第一卷，上海人民出版社 2011 年 5 月版，第 244—246 页。

有高度的政治修养和业务能力。"①

在具体的装帧设计的技术方面,曹辛之也能把握得精准到位,层次清楚。比如他对书籍设计的范围,提出了8个方面,即封面、扉页、书脊、环衬、护封、勒口、书盒(书套)、白页等等。他认为这些应该属于书籍正文之外设计的范围之内的任务。而书的正文方面,曹辛之认为主要是设计版面、字体、题饰等三个方面,并且分别提出要求。所以他还对装帧设计提出"五个必须"的原则,认为"装帧设计必须密切结合书籍的内容"、"装帧设计必须具有民族风格"、"装帧设计必须为工农兵服务"、"装帧设计必须贯彻适用、经济、美观原则"、"装帧设计必须适应物质技术条件",这些原则,除了语言上有时代影响如为"工农兵服务"等词外,至今仍然适用。如果将"工农兵"改为"读者",为读者服务,范围更宽泛些也就更准确。所以在一些朋友的眼里,曹辛之的装帧设计是有追求的,是追求意境美和韵律美的统一。正如吴道弘先生所说,"他强调书籍的整体设计,追求书籍装帧的意境美和韵律美,他讲求书籍的书卷气既是着眼于民族传统文化,又是吸收现代西方的艺术技巧,是民族性与时代性的结合,继承与创新的统一。"② 钱君匋先生说曹辛之的书籍装帧"非常清新静穆","一点也不哗众取宠,一条线一块色都经过他的构思、安排极其妥帖,而且有生气,他的书籍装帧整个儿是一件珍珠宝贝,说他恬静又不恬静,说他鼓噪又不鼓噪,真是恰到好处,表现的东西都被搞得服服帖帖,一眼看去,仿佛都是他的思想感情的流露,彻头

① 《曹辛之集》第一卷,上海人民出版社2011年5月版,第244—246页。
② 吴道弘:《艺术的儿子》,刊《艺术之子曹辛之》,天津教育出版社1998年5月版,第377页。

彻尾的流露。^①"装帧在艺术上达到钱君匋先生所说的状态高度，谈何容易？不是每一个人都能够做到的。王子野在评论曹辛之的装帧艺术特点时也说，曹辛之的装帧设计"非常注意整体设计"。而且他"很懂得装帧艺术不同于一般的艺术"，所以，曹辛之的"装帧艺术刻意追求意境美、装饰美和韵律美"，同时他"在构图上讲究简练，色彩讲究淡雅"。^② 因此，我们在欣赏曹辛之的装帧艺术时，发现曹辛之在装帧设计理论的高度，都体现在他的装帧设计的作品里。

在曹辛之的装帧设计作品中，所谓的高度，主要是两个方面，一是他装帧设计的书籍作品的层次高。如《郭沫若全集》、《茅盾全集》、《田汉文集》、《中国历代绘画》以及《红旗》杂志、《文学评论》杂志、《诗刊》杂志等，还有他在五十年代装帧设计的《印度尼西亚共和国总统苏加诺工学士、博士藏画集》等，这些都是代表当代中国文学高度的书籍和杂志。而苏加诺的藏画集，其内容更是具有国际高度水准的画集。所以，为这些书籍杂志做封面装帧设计，是需要有很高的装帧艺术造诣和丰富的封面设计创作经验，才能够胜任担当这样高度的书籍杂志的封面设计和装帧任务。在中国这样一个大国，书籍装帧设计界强手如云，曹辛之能够担当这样高度的书籍杂志的装帧设计，就不是一般的装帧出版家了。只是我们对曹辛之先生在这方面的成就和贡献研究和发掘得不够。另一个方面的高度，就是曹辛之在装帧和封面设计成果得奖的高度。他在 1956 年主持设计的《印度尼西亚共和国总统苏加诺工学士、博士藏画集》由人民美术出版社出版以后，1959

---

① 钱君匋：《想起了曹辛之》，刊《艺术之子曹辛之》，天津教育出版社 1998 年 5 月版，第 243 页。

② 见王子野：《〈曹辛之装帧艺术〉序》，岭南出版社 1985 年 10 月版。

年在德国莱比锡书籍艺术博览会上，荣获整体设计金质奖章，是新中国成立以后出版界在国际大赛上获得的第一块金奖。此时的曹辛之还是被戴了右派帽子的人，自然不可能去德国领奖，但是他的作品获得国际大奖，为新中国的出版界赢得荣誉，是我们不能忘记的。在曹辛之的右派问题改正以后，他又屡得全国性的大奖，如《新波版画集》在 1979 年全国书籍装帧艺术展览中获得整体设计奖，《寥寥集》获二等奖；《曹雪芹》获 1980 年度全国书籍装帧优秀作品奖封面设计奖；1982 年，他设计的《日记三抄》被评为整体设计优秀奖，《书叶集》获封面设计优秀奖，同年，他的《九叶集》获 1981 年度全国书籍装帧优秀作品奖整体设计奖；1985 年，他设计的《新波版画集》获得人民美术出版社 5 个年度的装帧设计荣誉奖；1986 年在第三届全国书籍装帧艺术展览上，曹辛之设计的《郭沫若全集》获封面设计荣誉奖。所以在 1989 年，曹辛之获国家新闻出版署和中国出版工作者协会颁发的突出贡献荣誉证书；《曹辛之装帧艺术》获得编辑出版特别奖。

所有这些荣誉和奖励说明，曹辛之的装帧设计高度得到了国内外业界的高度肯定。

三、装帧设计的情怀和苦难

曹辛之从 1940 年到 1989 年，前前后后将近半个世纪的时间从事装帧设计工作，所装帧设计的作品，数以千计，涉及的内容古今中外，为上至国外总统，下至普通作者的著作做封面设计，做装帧；既为重要的作品做封面设计，也为一般的出版物做装帧。所有的装帧设计工作，在曹辛之手里，每一件都是倾注了自己的全部心血。如果中间他没有遭受右派的苦难，肯定能为我国的书籍装帧设计作出更大更多的贡献。

今天我们来看曹辛之先生的装帧设计，除了一些高大上的作品集的装帧设计外，主要是面广量大的普通作者的书籍。曹辛之是在邹韬奋的生活书店培养出来的装帧出版家，所以他无论在顺境还是逆境，不仅没有放下手中从事装帧设计的笔，总是尽可能地去做好每一件作品。因此，除了在北大荒劳动的岁月和"文化大革命"的日子外，曹辛之的装帧设计的作品，几乎每年都有出版。从他简单的生平年表看，在被打成右派之前的1955年，他设计封面的作品有：

《和平的前哨》，刘岚山著。

《政治经济学讲话》，于光远、王惠德著。

《六号战役》，哈利塔维奇、米哈伊洛夫著，丁世昌译。

1956年的作品有：

《工商业者要掌握自己的命运》，高力群编。

《和美术爱好者谈美术》，北京群众艺术馆编。

《母亲手记》，克留恰列娃著，姚冰琴译。

《医生》，侯宝林著。

《印度尼西亚共和国总统苏加诺工学士、博士藏画集》。

《雪舟》，傅抱石编。

《伦勃朗》，（画册）。

这一年，曹辛之还利用业余时间写了几万字的《书籍的装帧设计》，但是因为时机不好，这部书稿只完成了初稿，在他生前一直没有出版。

1957 年在中国各个方面都是风起云涌的一年，是知识分子大起大落的年份。这一年的 3 月，莺飞草长，中国美术家协会召开第八次常务理事会，通过发展中国美术家协会会员 26 人，其中有马公愚、何磊、李苦禅等，曹辛之也在这一次中国美术家协会常务理事会会议上被吸收为中国美术家协会会员。在宽松的政治环境下，曹辛之的书籍装帧数量虽然不多，但无论内容还是形式上，已臻完美，是他十多年的装帧设计生涯经验积累的集中体现，如他领衔的《印度尼西亚共和国总统苏加诺工学士、博士藏画集》的装帧设计，既华丽典雅，又明净大气，书脊上的深红金色花纹，给人富丽堂皇又符合印度尼西亚总统这样的身份，封面设计上，中外文书名，在颜色的搭配下更显得庄重，而开本与封面设计的整体感上，体现出一种富而不俗的大气。正如邱陵教授所说："书籍装帧艺术是传递信息，传授知识的必要通道和工具，它对于书不是伴奏而是合奏。"曹辛之为《印度尼西亚共和国总统苏加诺工学士、博士藏画集》这部书的装帧设计，就是一曲优雅的合奏。1955 年出版的《和平的前哨》的封面设计，明显地体现出当时的时代背景，封面上象征和平的"和平鸽"衔着橄榄枝，乘风飞翔，其寓意十分明了。1958 年出版的《黄永玉木刻集》的封面设计也很有特色，在整个封面中心，设计了一个图案和书名，虽然占幅很小，但主题显得非常集中。在曹辛之被打成右派之前，除了《黄永玉木刻集》外，还有《阿诗玛插画》（黄永玉木刻）、《智利画家万徒勒里作品选集》、《齐白石遗作展览会纪念册》（中国美术家协会编）、《天安门》赵洛、史树清著等书籍，黄苗子先生曾经说过："曹辛之的风格不同于二十年代陈之佛那种以古图案为主的朴厚的作风，又不同于三十年代陶元庆那种富有神秘色彩的，以一幅装饰画为主体的设计，也不同于钱君匋雍容挺秀讲究匀称的风格。辛之的设计风格，把人带入一种明净华丽的境界。"这一时期的装帧，就是这样一种境界。黄先生的眼光很独到。

但是，如何让装帧设计工作的重要性被更多的出版界同志所了解和重视，是曹辛之从事装帧设计工作以来常常碰到的一个想法，而且，随着新中国出版事业的发展，装帧设计方面的矛盾和问题也越来越突出，一些部门和领导对装帧设计工作的重要性认识不足，觉得装帧设计在出版领域无足轻重，虽然此时曹辛之还在为《黄永玉木刻》，多·托哈契等著的《儿子和爸爸》做装帧设计，但是曹辛之感到拓展装帧设计的工作越来越难了。他觉得发展我们国家的出版事业，出版有中国特色的书籍，是离不开装帧设计的发展的。而同时他认为装帧设计工作的发展，离不开装帧设计的队伍建设，离不开装帧设计人才的培养。

1957 年的早春，出版界明显感受到百花齐放、百家争鸣的气氛渐渐浓起来了。2 月 27 日，毛泽东在最高国务会议第十一次扩大会议上作了《关于正确处理人民内部矛盾的问题》的长篇讲话，对两类不同性质的矛盾、肃反问题、农业合作化问题、工商业者问题、知识分子问题、少数民族问题以及统筹兼顾、适当安排，关于百花齐放、百家争鸣、长期共存、相互监督等十个问题，毛泽东讲得深入浅出，风趣幽默，并且以他高屋建瓴的战略胆识，赢得举国上下热血沸腾。

1957 年 4 月 27 日，中共中央下发了《关于整风运动的指示》，此时全国上下大鸣大放正在逐步推向高潮，作为新中国出版界的专业干部，曹辛之非常真诚地希望通过整风运动，改善党的领导作风，克服官僚主义，让社会主义的出版装帧事业沿着社会主义道路前进。这时，文化宣传出版系统的各类座谈会每天都在召开，大家都充满激情地反映问题、提出建议和意见。

出版界当时的这些肺腑之言，是以提意见的形式向上面反映。

5月28日到6月21日，美术家协会和出版局召开三次装帧工作座谈会，美术家协会指定曹辛之、张慈中主持这个座谈会。美术家协会的华君武、钟灵和出版局的金灿然参加了会议。

据当时的会议纪要是这样记载座谈会的：

> 到会的同志普遍责备出版局和美协不重视装帧工作，放弃领导。说装帧好像是被遗弃的孩子，一直向出版局和美协敲门，但得到的是冷淡、敷衍、拖拉、推出去。批评美协是衙门，看不起"白丁"，所以在北京的装帧工作者约有100人，被吸收为会员的只有1人。画展中也没有装帧画。《美术》月刊不登装帧的文章，借会场也不答允，等等。他们认为出版局对装帧没有领导方针，平时从不关心，只在出国展览时抓一把，批评批评。对他们的迫切要求，反映的问题，拖拉不管。例如他们最感苦痛的是封面审批问题，进修问题，其次是福利待遇问题等，出版局没有帮助他们解决。他们要求装帧工作者集中办公，建立联合办公室，出版局对此建议不支持，拖拉（注：曾将他们的建议抄送人民、美术、世知、财经、工人等出版社，大都不同意，已答复）。他们要求成立装帧工作者协会，认为只有这样的组织才能给他们撑腰，解决进修、交流经验等问题。批评送阿老和秦萍去民主德国访问，

认为是宗派主义，两个都是党员。张慈中说："出版局和美协好像瞎眼老长辈，合理的要求从来不听，有时发一些无知而专断的训斥，还要人尊敬。"①

第一次座谈会对出版社的领导和福利待遇等问题，还提出一些意见，《会议纪要》归纳整理如下：

（一）一个封面的审查批准要经过责任编辑、编辑室主任、总编辑、出版部等六七道关卡，婆婆很多，他们都不懂美术，但有否决权，并且时常提出一些无理的要求，清规戒律颇多。例如说蓝色是国民党的颜色，不准用；黄色是叛变的颜色，如黄色工会，也不准用，等等。他们认为领导人不懂装懂，不听装帧工作者的意见，用行政命令代替艺术上的讨论，结果以官职大小来决定。曹辛之说道："美术出版社的领导并不懂美术，是美术官；邵宇懂美术，但不懂装帧，好大喜功，追逐大开本。"

（二）有的出版社把装帧纯粹看作技术工作，不承认是艺术，像工业一样，按件包工，追逐数量。有的出版社一个人一年要画一百多幅封面，无法提高质量，没有构思的时间。构思，被认为闲空、偷懒。

（三）只使用，不培养，不给进修的时间。要求每周有一次外出写生，学习素描，有的出版社不同意，说他们去逛公园。请假去参观展览会，往往批不准，车费不报销，回来要写心得。他

---

① 参见《中华人民共和国出版史料》第9卷，中国书籍出版社2004年12月版，第182页。

们认为现在分散使用装帧干部，一人只画一类书的封面，提不高，所以要求集中装帧干部。

（四）政治待遇、物质待遇不及编辑。报告听不到，领导不重视，工作总结中提不到，提高知识分子待遇时轮不到，要买资料批不准，工资较低等等。[①]

......

在第二次座谈会上，"纪要"主要整理了张慈中提出的九点建议，说这九点建议得到了绝对多数的赞成，并要求出版局答复。这要求答复的九点建议，会议纪要的档案里是这样写的：

1. 出版局内成立美术工作委员会，由装帧、印刷、出版等专家参加，领导全国装帧工作；

2. 明确装帧干部的职责、工作性质、待遇等，制订使用与培养、进修、稿酬等办法；

3. 召开全国装帧工作会议，讨论和总结经验，明确装帧工作的方向；

4. 组织装帧工作者出国考察，选送出国实习；

5. 举办装帧展览会，评奖优秀作品；

6. 吸收装帧工作者参加美协，在美协内成立装帧组；

7. 由美协与出版局帮助他们成立装帧工作者协会；

8. 由出版局组织专门小组研究目前装帧干部分散使用的问

---

① 参见《中华人民共和国出版史料》第9卷，中国书籍出版社2004年12月版，第182—185页。

题，订出集中使用的办法；

9.出版局内设立研究纸张、油墨、精装材料的小组，研究如何提高质量，试验新品种。①

现在看这个讨论出来的九条，几乎都是工作性质的意见建议，并且十分中肯，提出的问题很具体，操作性也很强，理应得到重视。当时对这个建议，有没有报到出版局？现在没有证据证明说已经报上去。但是白纸黑字的"纪要"却把这个"建议"保存在文化部出版局档案里。而这个建议还没有下文时，出版局和美术家协会又召开第三次座谈会，从第三次的会议纪要来看，当时的气氛同样十分热烈，有点摩拳擦掌的味道，当时工业出版社的孙聚华提出，要求马上选出装帧协会的筹备委员，认为要自己先搞起来。财经出版社的卫水山、民委的莫志恒（以前在生活书店作装帧工作）"都主张赶快组织起来"。但是也有人认为，没有出版局、美协的领导，"自己组织起来的困难"。当时在场的党员、人民文学出版社的秦萍、叶然"企图说服大家不要立即推举筹备人员，但不敢正面反对"。经过一番争论，有人提议暂时不推举筹备人员，推举一些人作为研究小组，整理和研究这几次座谈会上大家提出的意见，并且和出版局、美协联系。据当时的会议纪要档案记录：当时由曹辛之提出一个名单，大家补充后同意确定。

出版社：人民、美术、世知、财经、文学、科学、外文、青

---

① 参见《中华人民共和国出版史料》第9卷，中国书籍出版社2004年12月版，第182—185页。

年、机械工业、电力工业、民族、工人等 12 家；

　　杂志社：《人民画报》1 家；

　　其他方面：邱陵（工艺美术学院）、刘邦琛（印刷技术研究所）、莫志恒（现在民委、老装帧工作者）、钟灵（美协）、王仿子（出版局）。

　　可见当时的几次听取意见建议的座谈会的气氛非常热烈，似乎这些装帧出版家有很多的话要说，有许多想法要表达，有许多牢骚要发泄，但是看得出，这些有着强烈的事业心的装帧艺术家是真心为我国的出版事业着想的，他们不仅有丰富的装帧设计的经验，而且都有着强烈的装帧出版情怀。

　　提意见、大鸣大放的座谈会，一下子成为反右派斗争座谈会，从7 月 15 日到 9 月 25 日，首都出版界的反右派斗争座谈会，共开了 20次！其实在 8 月中旬，出版界的反右派斗争已经在社会上公布，一大批在大鸣大放中反映问题的，在组织召开的座谈会上提出意见和建议的专家学者文化人艺术家，打成右派，万劫不复。装帧出版家曹辛之也同样不能幸免。因为曹辛之在座谈会上向领导部门建议成立装帧协会，还批评了出版社领导的工作作风和能力问题。因此，曹辛之首当其冲成为出版界的右派。

　　曹辛之的夫人赵友兰回忆说："从 1957 年开始，厄运突然降临在他的头上，在整风鸣放中，为了提高工作质量，辛之和一些装帧界的同行们向领导建议，成立一个装帧设计方向的研究机构（也就是在 30 年后的今天，经有关部门领导研究，决定成立的装帧艺术委员会，并由辛之担任了首届会长）。不料，为了这个建议，竟在当时的

《光明日报》头版头条，用特大字标题，刊登了'大右派曹辛之，要成立装帧研究会，是搞独立王国，是向党夺权……'的批判文章；于是被戴上了'右派'帽子，工资连降五级，发往北大荒劳动改造，开荒种地，上山伐木……自此他在风风雨雨中，度过了长达20余年的岁月。"①

曹辛之情何以堪？赵友兰情何以堪？因为曹辛之的建议，因为曹辛之对装帧事业情有独钟，因为希望出版界的领导能够重视图书装帧设计工作，曹辛之被打成出版界的右派。而且在《人民日报》、《光明日报》被点名批判。

虽然没有在《光明日报》上头版头条批判，但是在新华社1957年8月13日的通稿中，曹辛之和一大批人被点名。"比如，美术出版社设计组组长曹辛之，曾污蔑美术出版社是'官僚主义加小商人的领导'，公开要求党员领导干部下台下轿，他还和人民出版社的张慈中、世界知识出版社的孙正、财经出版社的卫水山、人民文学编辑部的唐祈和吕剑等相勾结，活动另外组织'书籍装帧协会'和'书籍装帧设计联合办公室'，实行资本主义经营，企图垄断书籍的美术装帧设计事业。"② 就这一段报道文字，说明已经把曹辛之打入苦难的深渊。

在1958年春节之前，曹辛之一家人本应准备欢欢喜喜过春节，但是，在这个万家欢喜的期待中，曹辛之却被遣送黑龙江853农场劳动改造，而家里抚养孩子的重担全由妻子赵友兰来承担，其生活的艰苦和心灵的煎熬可想而知。曹辛之的儿子曹吉冈回忆："1958年

---

① 赵友兰：《深深的怀念》，刊《艺术之子曹辛之》，天津教育出版社1998年5月版，第404—405页。

② 新华社1957年8月13日通稿，见同年8月14日的《人民日报》、《光明日报》等报刊。

他被送往北大荒的一个农场劳动改造，我们家平静安宁的生活结束了，……那时我 3 岁，两个姐姐一个 4 岁，一个 5 岁。母亲一人带着我们，生活自然是很艰难的。但这个时期照片上的我们一点儿看不出倒霉相。姐姐们穿着连衣裙，扎着蝴蝶结，我也是背带裤小分头，一副挺讲究的样子。母亲也收拾得端庄大方。后来我们长大了，母亲曾说过，那个时候其实是很苦的，父亲是右派，我们就是右派家属，自然要遭人歧视。但我们必须坚强，不能自暴自弃，所以我要把你们收拾得干净、整齐、漂亮，我们要有尊严地活着，让那些歧视我们的人看看我们活得很好。"曹辛之在北大荒的三年时间，虽然他的装帧作品在 1959 年得到了国际大奖，但是装帧出版家曹辛之却经历了生与死，他得了水肿病，差一点死在北大荒的农场里回不来，后来在医院治疗后保住了一条命，于 1960 年年底回到北京的人民美术出版社，当清洁工，打扫卫生，继续接受改造。1961 年年底，摘掉右派帽子，在人民美术出版社编辑室当一名普通编辑。然而，即使这样的日子，又因为"文化大革命"的开始而结束。

第四章

晚年的梦想

一、《九叶集》出版前后

"文化大革命"开始以后，曹辛之随单位去了湖北咸宁的文化部五七干校。在五七干校的劳动空隙，本来就多才多艺的曹辛之虽然年过半百，依然闲不住自己的双手，开始学习竹刻——其实曹辛之在宜兴老家的时候，早已受到篆刻竹刻艺术的熏陶，所以在咸宁五七干校里就弄起竹刻来。曹辛之的夫人赵友兰曾经回忆说：

"文化大革命"后期，辛之随单位下放湖北咸宁的文化部五七干校。开始时，他和大家一起下地劳动，后来安排他值夜班，这样一来，白天除睡觉外，就有了些空闲时间，他是个从不浪费时间的人，有空一定要找些事情做。干校所在地属于丘陵地带，各处小山包上，生长着大片的竹林，竹林中经常有些被丢弃的竹片、竹根等，辛之见有些竹根行状怪异，就捡些回来，刮一刮，磨一磨，随意刻了些臂搁、笔筒等，刻好后效果不错，他就开始认真地钻研起竹刻来。他认为他能刻石，刻竹与刻石应有相通之处，然而石头有其天然的花纹与色彩，而竹子只有一种颜色，必须要经过加工才行，他找了块碎玻璃片，便把竹子的表皮刮去，然后又用砂纸打磨光滑，弄得满屋粉尘飞扬，他的手上，甚至头发眉毛上，都沾了许多粉尘，他却乐在其中。我问他为什么不直接刻上去，这样打磨又麻烦又脏，对呼吸也不好，他说竹子的表皮叫做"竹青"，必须刮去"竹青"才好着色，否则，颜色不易渗入竹子里面。他把刮好的竹片、竹筒，放在脸盆里，加上所需的颜色，煮上一刻钟，取出阴干，凡所需的各种颜色，如紫檀色、青铜色、黑陶色等等，都是用这种方式上色的。上色后即可雕刻了，这一道道工序，使辛之忙得不亦乐乎，就像有什么力量在推动着他。果然，经过他的精雕细刻，一件件精美的竹刻艺术品，展现在眼前，有仿宋瓷、仿青铜器，有中国传统形式，也有洋味十足的作品。

为了保持光泽，不致干裂，他经常用核桃仁涂抹在竹筒上，然后再用干布使劲地摩擦，这样擦拭出来的竹筒竹片，光泽自然、润滑，真花了不少工夫。他把刻好的这些作品，一件件地摆在桌上、窗台上，干校这间宿舍很小，几乎摆满了，引得大家都跑来参观。辛之的竹刻艺术在干校颇有些影响，曾带动过不少人搞起了竹刻，其中已故前国家出版局老局长王子野同志，和已故木刻家邹雅同志，都曾以极大的兴趣，投入到这一活动中去，用现在的一句时髦话，他们当时是竹刻艺术的"发烧友"。①

"文革"结束以后，曹辛之也已过了花甲之年，浓浓的装帧出版情结，让他毅然决然放下如痴如迷的竹刻艺术。从1977年开始，他就又重操旧业，开始为书籍做封面设计，先后设计了《学大庆印集》、《彩色摄影配方集》，他过去设计的书籍，现在又重新出版了，他设计的一些作品，又获得大奖了。一些杂志社又来找到曹辛之，希望他出来为这些杂志设计封面，1980年，曹辛之为《战地》、《红旗》、《文献》、《安徽文学》、《环球》、《鲁迅研究》、《诗刊》、《百科知识》等杂志做装帧封面设计。曹辛之为《百科知识》设计封面，他把自己对美术字的研究和理解与整个封面设计有机结合起来，"百科知识"四个黑体字稍加变化，占了整个封面的三分之一，抢人眼球，主要目录和年份、期数等杂志元素，分主次设计在封面上，让人感觉到有年份但年份不重要，重要的是期数，所以曹辛之在年份和期数上，设计的主次十分清晰。其他如设计《当代文艺思潮》、《作家》、《文学评论》、《昆仑》、《时代的报告》时，他充分考虑读者的方便，站在读者的角度来设计封面，因此，这一时期，曹辛之在杂志的封面设计在炉火纯青中回归装帧设计的本原，让人感到朴素自然。

---

① 赵友兰:《风雨同舟四十年》，刊2011年7月27日《中华读书报》。

　　1979 年，老朋友、翻译家方平要出版《莎士比亚喜剧五种》，包括《仲夏夜之梦》、《威尼斯商人》、《捕风捉影》、《温莎的风流娘儿们》、《暴风雨》。出版社请曹辛之帮助设计封面。此时，莎士比亚的作品，经过"文化大革命"，中国读者已经久违了。所以，曹辛之为老朋友这部《莎士比亚喜剧五种》做装帧设计，倾注了满腔热情。按照莎士比亚的作品内容，尤其是他的喜剧，女主人公个个外秀内慧，机智活跃，挑一幅富于喜剧性的插图，放在封面增添效果，并非难事。但曹辛之没有走取巧的捷径，而是用心来设计，特意取宁静、抒情的诗意境界，不取喜剧热闹强烈的戏剧效果。他认为，装帧设计的美德，在于恰如其分的装饰，激发人们对美的联想，给人美的享受，而不必像电影预告片似的，旨在挑逗人们好奇的兴趣。如果过分追求情节趣味，特别是把地道写实的插图引进封面，将会把人们的注意力吸引开去，扰乱了审美活动的正常进行。所以，一幅伊丽莎白时代的舞台图样被曹辛之用作《莎士比亚喜剧五种》封面背景。对称的建筑物具有装饰的意味，当初莎士比亚的戏剧就是在这舞台上演出的，所以又很"切题"。加上使用带紫意的淡灰作底色，更增添了柔和、典雅的感觉。封面上的书名像两行大字标题，极有气势，字体颜色使用鲜丽的玫瑰红，一下子把喜剧明媚轻快的格调点染出来了，而且，这轻快的情绪来到书名的最后的两个字时，进一步活跃起来，本来，书名和图像分割了封面的空间，成为上下两截，给人"一刀切"的感觉，现在设计的"五种"两字起了变化，尤其"5"这个阴文阿拉伯字，是个突变，打破了平板的趋向，给喜剧增添了欢乐诙谐的气氛。因为"5"的空白阴文，又好像给整个画面开了一扇窗子，剧院的尖屋顶和旗子冲破了文字和图像的无形界限，从"窗子"中透露出来，形成"叠影"的艺术效果。同时，曹辛之又从读者角度考虑，把喜剧五种的剧名设计在封底，印成玫瑰红，横列下方，配合四行线条，大方而悦目，取得很好的装饰和实用效果，又和封面书名遥相呼应，成为一个整体。这样打破常规的设计，正是说明曹辛之用心细密的地方。

此时，还有国内不少出版社，都来找他设计封面，如《夏衍杂文随笔集》、《聂绀弩杂文集》、《丙辰清明纪事》、《曹雪芹》、《伞》、《求凰集》、《美国短篇小说选》、《外国文艺理论丛书》、《龙胆紫集》、《海陵王》、《我和儿童文学》等等。曹辛之同样在保持自己一贯的书卷气、大气的基础上，更加注意自己个人的风格，比如《李白凤印谱》的装帧设计，典雅而富有书卷气，加上曹辛之自己对篆刻的深刻理解，所以这部印谱的封面设计，深受读者喜欢。在《亚洲当代儿童小说选》的封面设计中，外文与中文都设计在封面上，两叶幼苗嫩芽，左上角外文字母的 Y 处画了两只小鸟，整个封面突出儿童这个概念，让人看起来趣意盎然，惹人喜爱。

粉碎"四人帮"以后，郭沫若全集编辑委员会来请曹辛之装帧设计《郭沫若全集》封面，茅盾全集编辑委员会也请曹辛之做《茅盾全集》装帧设计。此时的曹辛之，真正是忙并快乐着。其中，《郭沫若全集》是 20 世纪 80 年代的一项国家文化工程，分为"文学编"、"历史编"、"考古编"三类，共 38 卷。这套卷帙浩繁的著作，是粉碎"四人帮"以后出版的大部头之一，所以，为这部《郭沫若全集》作装帧设计，难度之大不言而喻。如何设计好这套书，关键要处理好整体与局部、普遍与个别的统合分离关系，曹辛之面对的作者是一个才华横溢，学问著作横跨文学、史学、考古学三大领域的大师级人物，所以曹辛之在设计时，对三者作了适度区分。《文学编》的全集封面用绿色，《历史编》的全集封面用棕色，《考古编》全集的封面用褐色。让人感到绿色引人遐思，棕色厚实稳重，褐色古色古香，三种不同的颜色与三种学科的特点非常契合。在整体设计上，曹辛之也有着缜密的考虑，整套书的书脊上，印的是广东书法家秦咢生所写的"郭沫若全集"五个极富金石气的字。全书的封面，覆盖以状似织锦的银线隐花，显得典雅明丽；右上方是著作者遒劲潇洒的手写"郭沫若"三个字，这三个字在封面中恰如点睛之笔，使得整个封面在庄重典雅之外，别具一种灵动之美。所以，从《郭沫若全集》的装帧设计中，我们看到了曹辛之对中国各种传统艺术形式娴熟自如的融摄统合能力，古朴典雅的书法，明丽繁复的花纹，别出机杼的手写体，都被他浑然天成地运用到《郭沫若全集》设计中去了。

此时，曹辛之还为一大批诗人个人的作品设计封面，曹辛之作为诗人，知人知诗，如《艾青叙事诗》、《枕下诗》等，在装帧界留下了一道诗人为诗人设计诗集的别样的风景。在为诗人们设计诗集的同时，曹辛之又随着国家的发展，社会的安定，老百姓生活水平的提高，又重新唤起了他的诗人激情。在一些新诗评论家们的支持下，他把当年在上海的诗人生活重新梳理，展示他们在新诗创作道路上是如何走过来的。于是，就有了《九叶集》的问世。

《九叶集》是九位在四十年代上海《诗创造》、《中国新诗》上发表过新诗的诗人作品集。1981 年由江苏人民出版社出版。这是 30 多年以后这些新诗人作品的一次结集，而装帧出版家曹辛之是编辑这部《九叶集》的发起人，也是这些除了穆旦之外的年过半百的新诗人的核心。入选《九叶集》的九位诗人是辛笛、陈敬容、杜运燮、郑敏、唐祈、唐湜、袁可嘉、穆旦、杭约赫（曹辛之）。

《九叶集》的诞生，曹辛之是催生的人。粉碎"四人帮"以后，曹辛之的所谓"右派"问题得到彻底改正，让压抑了20多年的曹辛之心情一下子好起来，重新焕发青春。他想起四十年代的新诗作者朋友，想起在艰难困苦中为中国新诗创作的日日夜夜，所以他把在北京的多年不见的朋友邀请到自己家里，商量编辑出版一部年轻时创作的新诗作品集。但是，当时"文革"刚刚结束，人们对编辑出版四十年代的新诗作品还心有余悸，郑敏后来回忆说："辛之当年决心团结大家令四十年代诗歌重返人间的努力，也是顶着不少过激偏见的压力，当我第一次参加讨论出集子的会时，我心里很犹豫，这会不会使我们成为开'黑会'？以至招来进局子的命运？"[1] 然而，这部让人提心吊胆编辑的新诗集出版以后，好评如潮，出乎这些诗人们的意料。这足以反映曹辛之作为诗人、出版家的胆识和眼光。赵友兰回忆，"1981 年，王辛笛、杭约赫（曹辛之）、穆旦、杜运燮、唐祈、唐湜、袁可嘉和女诗人陈敬容、郑敏 9 位诗人的诗选合集《九叶集》出版，引起了诗坛的重视，认为这是'建国以后第一本带有流派性质的诗选'。自此，《九叶集》被列入中国现代 10 大诗歌流派之一，在中国文学史上获得了应有地位。"[2] 一些评论家说，这部诗选"打开了人们的视野，使人们看到，在那个黎明前的黑暗年代里，除了人们经常提起的讽刺诗、山歌和民歌体诗之外，还有这么一些不见经传的美丽叶片在呼啸、在闪光"。[3]

---

① 郑敏：《辛之与〈九叶集〉》，刊《艺术之子曹辛之》，天津教育出版社 1998 年 5 月版，第 284—285 页。

② 据手稿抄件（原件存宜兴市档案馆）。

③ 孙玉石：《带向绿色世界的歌》，刊《文艺报》1981 年第 24 期。

曹辛之留下好评如潮的诗集《九叶集》的同时，在这部诗歌集的装帧设计上，也留下曹辛之辉煌的一笔，带有泥土气息的草绿给封面和封底铺一层底色，封面居中是一株枝丫参差的粗壮老树，有九瓣饱满的叶片分布枝头。岁月在树心刻下的道道年轮，以及叶片对称的脉络都清晰可见，一律用粉绿衬托，形成一种民间剪纸式的拙朴的情趣。整个画面的格调宁静深沉，而又透露出一派生机。所以有人认为，曹辛之的"《九叶集》的装帧设计，形象洗炼而富于含蓄，是曹辛之的优秀的代表作之一[①]"。

在《九叶集》出版以后，曹辛之没有沉湎于国内外的赞扬而回归到诗坛，他以过来人的身份，总结了中国四十年代新诗创作成果，为中国新诗史添上绚烂的一笔。之后，曹辛之又回归出版装帧领域，因为装帧设计是他倾注自己一生追求的事业。所以，在20世纪八十年代，曹辛之装帧设计的书籍以他老辣和炉火纯青的装帧艺术成为当时装帧设计界的一个高度。1981年，曹辛之设计了《大地》、《书法丛刊》杂志的封面设计；为吴祖光《枕下诗》、臧克家的《诗与生活》、姜德明的《书叶集》、李白凤的《东夷杂考》以及《台湾爱国怀乡诗词选》、《中国戏剧年鉴》、《英国短篇小说选》、《八方集》、《阿英散文选》、《沃罗夫斯基论文学》、《江山如画图》等书籍作封面装帧设计。在此后的岁月里，曹辛之的心愿和梦想就是继续为中国装帧出版事业奉献自己的才华。

1983年12月，66岁的装帧出版家曹辛之办了离休手续。但是，对曹辛之的装帧出版事业而言，仿佛又开启了一个新的阶段。

---

① 方平：《如饮芳茗，余香满口》，刊《艺术之子曹辛之》，天津教育出版社1998年5月版，第31页。

二、心心念念的出版：晚年的梦想

晚年的曹辛之非常忙碌，出版装帧的情结让曹辛之无法停下脚步，为书籍装帧设计事业的发展，为装帧设计培养人才，成为曹辛之心心念念的情结。1983 年，曹辛之先后为《时代的报告》、《文化史料》、《鲁迅研究》等杂志设计封面，为《田汉文集》、《徐懋庸杂文集》、《李白凤印谱》、《徐悲鸿》、《白朗宁夫人抒情十四行诗》、《吴伯箫散文选》以及王朝闻的《再再探索》、柏生的《笔墨春秋三十年》、蓝翎的《了了集》、钱世明《原上草》、艾青的《域外集》、弘征的《浪花·火焰·爱情》等书设计封面。1984 年，为《作家》、《当代文艺思潮》等杂志设计了封面。其他如《茅盾全集》、《艾青叙事诗选》、《李商隐诗选》、《宋百家词选》、《中国历代诗话选》以及《苏联作家自述》、邵燕祥的《在远方》等做封面设计的书籍出版了，殊不知，当年这些书都是洛阳纸贵的书籍。

八十年代，日新月异的发展，中国的出版装帧事业也面临着新的发展机遇，为此，由国家出版局和出版工作者协会牵头，开始筹划装帧艺术研究会。曹辛之、王卓倩、李志国、张守义、邱陵、吴寿松、郭振华、秦耘生、潘德润、张慈中十人被推举为全国装帧艺术研究会筹备小组成员，曹辛之为筹备小组组长，吴寿松为秘书长。经过一段时间的筹备，1985 年 10 月，中国出版工作者协会装帧艺术研究会在北京正式成立，曹辛之在会上作筹备工作报告，并且当选为第一届会长。这是一个迟到 28 年的会议，是曹辛之等人用自己 20 多年的苦难换来的会议，也是中国那些富有出版情怀的装帧出版家期盼已久的会议。这样的会议让曹辛之激动，他满怀激情地写了《装帧工作者之歌》，这是新中国的装帧出版史上唯一一首以装帧出版工作者为对象的歌曲。这首专业歌曲不长，分四节：

一本书如果没有封面、不经过装帧，
就像一个人赤身裸体——没穿衣裳。
作者给书于生命、智慧、思想……
我们来为它设计形态，配上合适的服装：

把鲜花裹着春天的信息献给少男少女，
让美丽的翠鸟飞来为孩子们歌唱；
几根弧线、直线，将你的兴趣引向太空，
那片片色块，你会感到它潜在的力量。

"士兵们"需要穿戴得整整齐齐，
年轻人喜欢把灿烂的彩虹披在身上。
无须每件服饰都要花团锦簇、金碧辉煌；
朴素淡雅，也许更显得大方、端庄。

诚然青年人不爱穿那过时的长袍马褂，
但花里胡哨的时髦，也只是短暂的漂亮。
愿这些精神食粮，都有它完美的体形，
我们以虔诚的心，来为他人作这嫁衣裳。

一个装帧出版家在晚年作这样的歌词，可见在曹辛之的胸膛里还怀着一团火，这样的情怀，让人充满敬意！这是在中国出版史上没有过的。

此时，曹辛之的诗集《最初的蜜——杭约赫诗稿》和《曹辛之装帧艺术》分别由文化艺术出版社和岭南美术出版社出版。这是装帧出版家曹辛之一生的代表作。

从八十年代初开始，曹辛之的工作重心转到培养出版装帧设计人才上，以此作为自己的主要工作。多次组织筹备召开相关的会议，研究讨论推动中国的装帧设计工作。1984年，东北三省装帧艺术研讨会在延吉市召开，曹辛之专门出席会议，并且在会议上向与会代表作了装帧设计的讲座。1986年3月，第三届全国书籍装帧艺术展览会上，曹辛之前几年设计的《郭沫若全集》获封面设计荣誉奖。1987年，曹辛之又去西安参加西南五省的书籍装帧设计学术研讨会。1988年6月，曹辛之去江西南昌参加华东地区首届书籍装帧艺术年会，8月，曹辛之的印谱《曲公印存》出版。

自从装帧艺术研究会成立以后，在曹辛之的推动下，全国的出版社和美术高等学校，对书籍的装帧设计空前的重视和发展，学术氛围十分浓厚，出现了曹辛之30多年前一直期盼的那种活跃氛围。1989年，曹辛之获得了国家新闻出版署和中国出版工作者协会颁发的突出贡献荣誉证书。1990年，年逾古稀的曹辛之又马不停蹄地赶到桂林，参加全国装帧艺术理论研讨会，同年还去山西太原参加北方八省装帧艺术研讨会。曹辛之作为中国版协装帧艺术研究会的会长，为了我们国家的出版事业，为了书籍装帧设计事业，不顾自己年迈的身体，与全国的同行一起商量探讨装帧设计工作，为装帧设计事业的繁荣发展呕心沥血，取得了令人瞩目的成绩，为我国的出版事业作出了积极贡献。1993年，曹辛之获得了中国出版界的最高奖——第三届韬奋出版奖。对为我国的出版事业奋斗一辈子的曹辛之来说，这是名至实归的奖。

这一年，曹辛之和夫人去美国探亲，享受天伦之乐。但是，在美国的曹辛之，心心念念的是祖国的出版事业，是自己心爱的书籍装帧设计事业。所以曹辛之原计划住一年，但住了不到半年，他就和夫人商量，坚决要求回国。他说："我是中国人，美国虽好，但不是我的家。"后来他的女儿送他回国，夫人赵友兰说，他当时"兴奋得无法入睡，回到了自己的祖国，他就像鱼儿回到了水中，浑身的劲头重又迸发出来"。曹辛之是个极重友情的人，无论新知旧交，他都以诚相待，所以回到北京以后，曹辛之家里常常高朋满座，他为我们国家的装帧设计事业的发展感到由衷的高兴，见到朋友的成就，也同样发自内心的高兴。所以出版界的年轻的装帧设计工作者都愿意和他交往，和他做忘年交的朋友；年长的装帧设计工作者都愿意和他做一辈子的朋友，他的艺品人品，在出版界常为人称道。正如中国出版工作者协会装帧艺术委员会的纪念文章中说的："曹辛之先生是位人民的艺术家，是位一生不算计别人，经得起别人算计的人；是位无傲气而有傲骨的人。"曹辛之是位多才多艺的出版家，他对篆刻、书法有很深造诣，也有很多成果，同样值得我们研究和发扬光大。然而，这位装帧出版家、诗人、艺术家曹辛之先生于1995年5月19日，在北京遽然去世。享年79岁。

曹辛之一生坎坷，早年投身革命，奔赴延安，先进陕北公学，后去鲁迅艺术学院，本来可以在延安的革命大熔炉里锻炼成长为一个革命领导干部，爱好艺术的曹辛之却因为一个偶然的机会，参加了李公朴的抗战建国教学团，也是因为这个机遇，他走进了出版界，在邹韬奋的直接领导下从事编辑出版工作。此时曹辛之的艺术梦想，与所有的文艺青年一样，不停地写作，只要革命需要，只要能够抒发自己的情感，曹辛之什么都写，也正是这种勤奋的态度和肯钻研的精神，加上前辈对曹辛之的提携，使曹辛之在出版领域入门并在装帧设计上找到了自己的定位。抗战胜利后他在上海重操出版旧业时，30 岁的曹辛之激情飞扬，办起了专门出版新诗的出版社——星群出版社。后来还创办专门刊登新诗的杂志《诗创造》和《中国新诗》。在中国出版史上留下了一个特别的、华丽的篇章。期间，曹辛之与国民党政府的压迫进行坚决的斗争，体现了一个从延安出来的进步出版人的风骨。抗战胜利后曹辛之在出版方面的创业，因为时势的缘故，他没有得到富裕的回报，只是在出版追求上得到充实，在新诗创作上取得了丰硕成果。

新中国成立以后，曹辛之与当年其他的年轻人一样，充满激情和憧憬，但是，知"舍得"的他，放弃光芒四射的新诗创作，潜心从事出版装帧事业。在新中国建立之初的机构改革中，他进入人民美术出版社，专事装帧设计工作。新中国成立后曹辛之的最初选择，也显示他的定力。曹辛之在新中国成立的最初的几年里，尽管自己的生活出现波澜起伏，但仍为新中国的书籍装帧设计工作作出了新的贡献，在他的出版装帧艺术生涯，奠定了一个高度。

1957 年，被错划为右派之后，曹辛之经历了 20 多年的坎坷遭遇。期间，过去痴心过的装帧设计工作，只能偶尔为之。他只能悄悄地设计一些装帧用的美术字，悄悄地设计毛主席诗词封面。自然，因为身份问题，这些悄悄的准备，后来都未能如愿派上用场。于是对艺术充满激情的曹辛之，转身悄悄地在书法、篆刻、竹刻等领域耕耘，默默地追求，在苦难的阴影里，曹辛之依然发出自己的艺术光芒。

1976年以后，曹辛之又焕发了艺术青春，重新拿起画笔，装帧设计了《故宫博物院藏画集》等大量作品；同时，曹辛之又开始为培养中国出版界的装帧设计人才而在全国各地奔波呼吁。所以，进入八十年代，年过花甲的曹辛之仍重续年轻时的梦想，全身心投入到培养装帧艺术人才的工作中。

在新中国成立60周年的时候，曹辛之已经去世多年，但中国出版界没有忘记这位为中国出版事业作出过杰出贡献的优秀出版家，被中国版协、韬奋基金会评为"新中国60年百名优秀出版人物"之一。这是对曹辛之这位出版家的最高褒奖。

曹辛之一生的贡献是多方面的，他是诗人，是书籍装帧出版家，是书法家，篆刻家，竹刻家。在这部曹辛之传记里，仅就他在出版方面的贡献和活动作些介绍，抛砖引玉，期待另有全面介绍曹辛之的传记问世。

编辑出版大事年表

1917 年　1 岁

10 月 30 日（农历 9 月 14 日），出生于江苏省宜兴县（今已改为宜兴市）宜城镇。原名曹新民。笔名有杭约赫、曹吾、孔休、江天漠、辛白宇、曲公等。

1923 年　7 岁

父亲去世。家庭重担压的母亲肩上，含辛茹苦抚养年幼的曹辛之兄弟俩。

1930 年　14 岁

入宜兴中学。次年宜兴中学改为农林学院后，曹辛之改去位于丁蜀镇新开办的江苏省宜兴初级陶瓷职业学校读书。后又去无锡江苏教育学院工艺班学习。

1936 年　20 岁

参与创办《平话》文艺周刊。

1938 年　22 岁

赴延安，入陕北公学、鲁艺学习。

1939 年　23 岁

参加李公朴率领的抗战建国教学团赴晋察冀边区工作。

1940 年　24 岁

进入生活书店总管理处，在《全民抗战》周刊做编辑工作。是年开始涉足书籍装帧设计工作。

1941 年　25 岁

皖南事变以后，曹辛之在生活书店的安排下疏散去香港，一路上护送邹韬奋夫人以及子女到香港。此后在生活书店专门从事书籍装帧设计工作。

1942 年　26 岁

10 月，编辑普希金的诗选《恋歌》，由现实出版社出版。署名曹辛。

1944 年　28 岁

3 月 15 日，论文《臧克家论》发表在《时与潮文艺》第 3 卷第 1 期。

是年，装帧设计的书籍出版渐多。

1945 年　29 岁

3 月，诗集《春之露》署名曹吾，由草叶诗舍出版。

1946 年　30 岁

生活书店在上海恢复业务。年初，调上海生活书店工作。继续从事图书杂志的装帧设计工作。

7 月，星群出版社在上海西门路 60 弄 34 号挂牌成立。曹辛之几乎包办了星群出版社的所有工作。

12 月 1 日，在《文艺复兴》第 2 卷第 5 期上发表诗作：《世界上有多少人在呼唤我的名字》，署名杭约赫。

1947 年　31 岁

7 月，《诗创造》创刊。曹辛之说："《诗创造》由臧克家、林宏、沈明、郝天航等同志和我集资发起，由我主持具体的编辑业务。""《诗创造》由我负责编到第 12 辑。自第 2 年起，编辑人选作了调整。我和辛笛等同志另编《中国新诗》。《诗创造》的编辑工作改由林宏、康定、沈明、田地等同志负责。原有存稿全部移交新的编辑班子处理。《诗创造》的编辑技术工作和经理业务，仍由我担负。"（《面对严肃的时辰》）

10 月，诗集《噩梦集》由星群出版公司出版。

1948 年　32 岁

5 月，诗集《火烧的城》由星群出版社出版。

6 月，与辛笛、陈敬容、唐祈、唐湜等编辑的《中国新诗》创刊。

11 月，《诗创造》、《中国新诗》被查禁；星群出版社被迫停业。再次出走香港。进入三联书店，担任书籍装帧和美术方面的工作。

1949 年　33 岁

3 月，长诗《复活的土地》由森林出版社出版，署名杭约赫。

8 月，由香港调入北京三联书店总管理处。任美术科长兼出版部副主任。

此时开始，他的诗歌创作逐渐止步，投入大量精力从事装帧设计的研究和创作，为不少书籍做装帧设计。封面设计渐入佳境。

1951 年　35 岁

下半年，人民美术出版社成立，先后担任人民美术出版社宣传科科长、版权科科长、设计组组长、图片画册编辑室编审。

是年，经历前次失败婚姻之后，与赵友兰结婚，俩人相濡以沫，携手走过 44 年人生道路。

1956 年　40 岁

开始撰写《书籍的装帧设计》一书。至 1957 年完成初稿。未出版。

是年，主持设计的《印度尼西亚共和国总统苏加诺工学士、博士藏画集》，由人民美术出版社出版。

1957 年　41 岁

3 月，被中国美术家协会第 11 次常务理事会会议吸收为中国美术家协会会员。同时吸收的会员还有李苦禅等 26 人。

是年，被错划为右派。

1958 年　42 岁

1 月，被送往黑龙江 853 农场劳动改造。

1959 年　43 岁

是年，仍在农场劳动改造。曾经主持设计的《印度尼西亚共和国总统苏加诺工学士、博士藏画集》荣获德国莱比锡书籍艺术博览会整体设计金质奖章。此为新中国成立后出版界在国际上获得的第一块金奖。

1960 年　44 岁

年底，由黑龙江农场调回北京，回原单位人民美术出版社工作。

1961 年　45 岁

摘去右派帽子。继续为书籍做封面设计。

1962 年　46 岁

4 月 25 日，在《光明日报》发表《从出版角度看插图艺术》一文。署名曹辛之。

是年，曾为报刊设计标题用字体七种。因当时"摘帽右派"的身份而未被采纳。

1964 年　48 岁

2 月，撰写的《装帧设计》收入文化部出版事业管理局组织编印的《图书出版业务》（未定稿），列为第 2 章，未署名。

1966 年　50 岁

仍在人民美术出版社做封面设计工作。

1969 年　53 岁

9 月，下放至湖北咸宁文化部五七干校。劳动之余，开始进行竹刻艺术创作，制作了各种不同风格的笔筒、臂搁等艺术品。

1971 年　55 岁

从五七干校调回北京。

1972 年　56 岁

因患心脏病，病假在家，开始研究书法、篆刻和书画装裱，并取得不俗的成绩。

1978 年　62 岁

右派问题改正。

封面装帧设计的如《李双双》、《青春之歌》等 12 部书籍出版。

1979 年　63 岁

设计的《新波版画集》在全国书籍装帧艺术展览中获整体设计奖，《寥寥集》获封面设计二等奖。

设计的《石头记人物画》等多种书籍出版。

1980 年　64 岁

为《红旗》等 7 种杂志设计封面；为《诗论》等 12 部进行装帧设计的图书出版。

12 月，参加在厦门召开的《郭沫若全集》编辑注释会议。

1981 年　65 岁

7 月，《九叶集》由江苏人民出版社出版。

8 月，设计的《曹雪芹》获得 1980 年度全国书籍装帧优秀作品奖封面设计奖。

9 月，被郭沫若著作编辑出版委员会聘为《郭沫若全集》艺术顾问。

是年，为 2 份杂志设计封面，装帧设计的 11 部书籍出版。

1982 年　66 岁

6 月，与圣野、鲁兵合编的诗选《黎明的呼唤》由四川人民出版社出版。

8 月，编辑的《韬奋画传》由三联书店出版。

9 月，参加中南五省（区）书籍装帧座谈会。设计的《日记三抄》被评为整体设计优秀奖；《书叶集》获得封面设计优秀奖。

10 月，设计的《九叶集》获得 1981 年度全国书籍装帧优秀作品奖整体设计奖。

是年，为《文学评论》、《红旗》等 5 种杂志设计封面；设计的《郭沫若全集》、《中国文艺年鉴》等 10 种书籍出版。

1983 年　67 岁

1 月，参加现代文学思潮流派学术交流会，并在会议上发言。

为《时代的报告》、《鲁迅研究》、《文化史料》等杂志设计封面；设计的《田汉文集》等 13 种书籍出版。

1984 年　68 岁

先后去兰州参加书籍装帧学术研讨会、去延吉参加东北三省装帧艺术研讨会，并在会上讲话。

设计的《李白凤印谱》封面在中南五省（区）书籍装帧设计第三次年会上被评为三等奖。

是年，为《作家》《当代文艺思潮》设计封面；设计的《茅盾全集》等 10 种图书出版。

1985 年　69 岁

10 月，中国出版工作者协会装帧艺术研究会在北京成立，作筹备工作报告。被推选为第一届会长。诗集《最初的蜜——杭约赫诗稿》由文化艺术出版社出版；《曹辛之装帧艺术》由岭南美术出版社出版。

12月，创作的《装帧工作者之歌》发表于2日《人民日报》，署名曹辛之。

设计的《新波版画集》在人民美术出版社1980—1985年度最佳图书评选中获得装帧设计荣誉奖。

是年，赴法国参加在尼斯召开的国际造型美术设计年会。

1986年　70岁

参加第三届全国书籍装帧艺术展览会。设计的《郭沫若全集》获封面设计荣誉奖。

是年，获人民美术出版社颁发的"从事美术出版工作逾三十年"荣誉证书。

1987年　71岁

赴西安参加西南五省（区）书籍装帧设计学术研讨会。

1988年　72岁

6月，去南昌参加华东地区首届书籍装帧艺术年会。

8月，篆刻集《曲公印存》由时代文艺出版社出版。

1989年　73岁

设计的《现代作家骆宾基》等3种书籍出版。

是年，获国家新闻出版署和中国出版工作者协会颁发的"突出贡献"荣誉证书；《曹辛之装帧艺术》获编辑出版奖。

1990年　74岁

赴桂林参加全国装帧设计理论研讨会。

去太原参加北方八省装帧艺术研讨会。

1992 年　76 岁

获国务院颁发的终身特殊津贴。获中国延安文艺学会颁发的"从事革命文艺工作五十周年纪念奖"。

1993 年　77 岁

5 月 24 日，获得第三届韬奋出版奖。

是年，去美国探亲。

1995 年　79 岁

5 月 19 日，在北京因病抢救无效去世。

2009 年，被中国版协、韬奋基金会评为"新中国 60 年百名优秀出版人物"。

参考文献

《韬奋文集》1—3卷，生活·读书·新知三联书店1955年版。

俞润生：《邹韬奋传》，天津教育出版社1992年版。

臧克家：《臧克家回忆录》，中国工人出版社2004年版。

《宜兴县志》，江苏省宜兴市地方志编纂委员会编，上海人民出版社1990年版。

《韬奋》，生活书店出版有限公司2013年版。

《生活书店史稿》，生活书店史稿编辑委员会编，生活书店出版有限公司2013年12月版。

《曹辛之装帧艺术》，岭南美术出版社1985年版。

曹辛之：《最初的蜜》，文化艺术出版社1985年版。

杭约赫：《火烧的城》，书林书局2015年影印本。

《中华人民共和国出版史料》，中国出版科学研究所、中央档案馆编，第1至13卷，中国书籍出版社1995年至2009年期间出版。

《艺术之子曹辛之——曹辛之（杭约赫）纪念文集》，中国出版工作者协会书籍装帧艺术委员会编，天津教育出版社1998年版。

《曹辛之集》第 1 至 3 卷，赵友兰、刘福春编，上海人民出版社 2011 年版。

《宜兴市志》（1988—2005），宜兴市地方志编纂委员会编，方志出版社 2012 年版。

《无锡市志》（杂志），无锡市史志办公室、无锡市中共党史学会、无锡市方志年鉴学会编，2004 年第 3 期。

韬奋：《事业管理与职业修养》，生活·读书·新知三联书店香港分店 1978 年版。

《曹辛之书法选》，赵友兰编，人民美术出版社 2001 年版。

《新文学史料》，1989 年第 4 期。

《新文学史料》，1991 年第 3 期。

《新文学史料》，1995 年第 4 期。

《新文学史料》，2003 年第 3 期。

《新文学史料》，2006 年第 4 期。

《宜兴文史资料》第 1 至 9 辑，宜兴市政协文史资料研究委员会编。

《中国当代装帧艺术文集》，章桂征主编，吉林美术出版社 1998 年版。

《邹韬奋年谱》，复旦大学新闻系研究室编，复旦大学出版社 1982 年版。

《怀念出版家徐伯昕》，中国民主促进会、中国出版工作者协会编，书海出版社 1988 年版。

张复主编：《仲实：张仲实画传、忆念与研究》，中央编译出版社 2014 年版。

马仲扬、苏克尘：《邹韬奋传记》，重庆出版社 1997 年版。

浙江图书馆藏《光明日报》，1957 年、1958 年合订本。

浙江图书馆藏《人民日报》，1957 年合订本。

《北总布胡同 32 号》，林阳著，人民美术出版社 2014 年版。

后　记

接受《中国出版家·钱君匋 曹辛之》的写作任务以后，我整个人的生活和思想都沉浸在钱君匋、曹辛之的世界里，通读他们的著作，寻觅他们的足迹，走进他们的出版世界里，看他们为中国出版事业的发展所付出的辛劳和努力，看他们对出版事业的执着和追求，让人感慨不已！钱君匋先生生前，我有机会多次近距离接触，包括接待陪同，学习请教，直接感受了钱先生的严谨大气和多才多艺。篆刻是钱君匋先生的艺术成就中评价最高的，他刻了一辈子，达到了炉火纯青的艺术高度，他的书法尤其是竹简隶书，是书法作品中的精品，其他如绘画、音乐、收藏等，让这位没有读过大学的艺术家赢得世人的尊重，而他从事一辈子的出版事业，是花心血最多，投入最多的一项事业。他从进入开明书店开始，装帧封面设计一炮而红，得到出版界、社会名流的肯定和推崇，让年轻的钱君匋如沐春风。后来创办万叶书店，得益于在开明书店时积累的人脉资源，也同样得益于开明书店时期的经验积累。万叶书店的成功，奠定了钱君匋在中国出版史上的地位。今天看来，钱君匋对出版是有追求有情怀的，当时在激烈的出版市场竞争中，他另辟蹊径，走出版音乐教材教辅和音乐著作的路子，获得巨大成功，以至于新中国成立之初，钱君匋真心诚意与国家合作，创办国家级的音乐出版社，这也是钱君匋当年的出版梦想。后来，钱君匋的出版之路虽然走得并不顺利，包括他充满憧憬和希望地回到上海出版界，同样找不到办万叶书店时的感觉，但是钱君匋对出版界前辈、对社会始终是感恩的，在他最艰难的日子里，想起提携过他的那些前辈，悄悄地刻了《鲁迅印谱》，刻了《长征印谱》，表达对鲁迅的怀念。甚至到了晚年，钱君匋还领衔主刻了《茅盾笔名印谱》，他记得自己当年从北京调回上海时，得到过文化部长沈雁冰的关照，所以在他晚年还捐款万元，请雕塑大师张充仁为茅盾塑了一个铜像，安放在乌镇茅盾故居供人瞻仰。晚年又将自己收藏一生的珍品慷慨无私地捐献给国家，成为流芳百世的一个壮举。

　　曹辛之是江苏宜兴人，随着对他经历贡献为人的了解，越来越感到曹辛之先生同样是一个了不起的出版家。他年轻时向往革命投身革命，去过延安，在革命的大熔炉里锻炼过。后来，风云际会，曹辛之走进出版界，遇到了邹韬奋这样的前辈出版家，让曹辛之终生受用。后来在上海办星群出版社，办《诗创造》、《中国新诗》杂志，为中国的新诗发展作出了不可磨灭的贡献。新中国成立后，曹辛之突然放下诗人的笔，不再写诗，专心致志地做书籍的装帧设计，很快成为国家一流的装帧设计家。他在与书籍为伴的过程中，对书籍的装帧设计倾注了满腔热情，以至于在 1957 年之际付出了沉重的代价。但有意思的是，在十一届三中全会以后，曹辛之先生又重拾 1957 年说过的话题，积极奔走，在中国版协里成立装帧艺术研究会。在八十年代的艰苦条件下，曹辛之领导的装帧艺术研究会搞得风生水起，通过研讨、评奖、展览、讲座等，培养了不少人才，曹辛之先生忙得不亦乐乎，他已经把自己整个儿交给中国的出版事业。

在研究曹辛之的生平出版史料时，笔者觉得曹先生的胸怀、人品、境界让人敬佩，凡是认识曹辛之的人，对曹先生的胸襟人品常常称道不已。钱君匋先生曾经说曹辛之"这个人实在太好了，在人世间难得碰到，辛之是一团火，一团烈焰，只可惜现在的人已经没有了"。蓝棣之曾评价曹辛之说："有才华的人不见得有成就，有成就的人不见得有好的人品。然而，辛之先生做到了集此三者于一身。"中国版协装帧艺术研究会在纪念曹辛之先生的文章中说："曹辛之先生是位人民艺术家，是位一生不算计别人，经得起别人算计的人；是位无傲气而有傲骨的人。"曹辛之先生的夫人赵友兰回忆说："辛之为人很宽厚，过去曾经在运动中整过他的人，他多能加以谅解，他说这些人无非是个'怕'字，为了保护自己，或达到某种目的，而做过一些不负责任的事，这是时代的扭曲，没有必要与之计较。他常说他没有伤害过别人，因此心地坦荡，生活很踏实，这就够了。"赵友兰又说："辛之又是一个极重友情的人，无论旧知新交，他都待人以诚，对数十年故交的友情，更是异常珍视，每当说起这些老友，他总是一往情深地回忆起过去那些年代，大家为同一目标而奋斗的日子；即便是新交，不管是年老年少，只要人家登门拜访，不到十分钟，他们就会像相识多年的老朋友一样。"知夫莫若妻。曹辛之晚年为四十年代的诗友们出版《九叶诗集》，也是一个不忘友谊的一个举措，殊不知，曹先生的这个举措，让现代新诗史上多了一个流派。还有，曹辛之在晚年早已不写新诗了，但是，他晚年还为一大批诗人的作品集做装帧设计，这样的情怀即使今天看来，还是让人动容的。

把钱先生和曹先生的传记合在一本书里，我还没有尝试过，所以开始时，我有些犹豫和担心，在贺畅和煦明两位同志的鼓励下，开始写作。但写到后来，竟然发现，钱、曹两位出版家有许多相同之处，他们年轻时，都写过新诗，对新诗都曾经倾注过满腔热情；他们两位也都多才多艺，钱君匋精篆刻、书法、绘画、懂音乐、能作曲，文物收藏与鉴赏，散文也写得文采斐然；而曹辛之也心灵手巧，篆刻、竹刻、书法、美术设计等，是装帧出版界有名的多面手。同样，钱先生和曹先生两位都办过出版社，出版过杂志，而且在封面装帧设计方面都是佼佼者，是国内一流的装帧出版家，在现代中国出版史上留下过绚烂的一笔。

在写作过程中，始终得到人民出版社丛书编委会的支持和鼓励，前辈吴道弘先生不断提供有关资料，及时回答我的请教，贺畅主任的具体指点和帮助。初稿写出以后，编委会及时审读，提出修改意见，后来又数易其稿，让这部传记不断完善，重点更加集中，又经过责任编辑宰艳红的精心编辑，才得以现在的面目与读者见面。在写作过程中，还得到浙江图书馆张晓俐同志和桐乡君匋艺术院沈惠强先生以及申根伟同志、江苏《宜兴日报》的程伟同志的支持和帮助。在此，对关心支持帮助此书写作的朋友们一并表示衷心感谢。

中国的出版文化源远流长，现代出版的繁荣和发展，也是在一代又一代出版家努力的基础上发展壮大起来的。出版业的繁荣，也是一个国家实力的体现。2017 年，是钱君匋先生诞辰 110 周年，曹辛之先生诞辰 100 周年，在这个有意义的时间节点上，有幸为中国出版家钱君匋、曹辛之两位前辈立传，应当感谢人民出版社出版家丛书编委会给我这个机会。由于水平有限，其中的错误之处还望读者指正。

2017 年 4 月初稿，8 月改定

责任编辑：任　益
封面设计：肖　辉　姚　菲
版式设计：汪　莹
责任校对：白　玥

图书在版编目（CIP）数据

中国出版家. 钱君匋　曹辛之／钟桂松　著 .—北京：人民出版社，2018.10
（中国出版家丛书／柳斌杰主编）
ISBN 978－7－01－018655－9

I.①中… 　II.①钟… 　III.①钱君匋（1907—1998）－生平事迹
②曹辛之（1917—1995）－生平事迹 　IV.① K825.42

中国版本图书馆 CIP 数据核字（2017）第 300712 号

中国出版家 · 钱君匋　曹辛之
ZHONGGUO CHUBANJIA QIANJUNTAO CAOXINZHI

钟桂松　著

人民出版社 出版发行
（100706　北京市东城区隆福寺街 99 号）

北京盛通印刷股份有限公司印刷　新华书店经销

2018 年 10 月第 1 版　2018 年 10 月北京第 1 次印刷
开本：710 毫米 ×1000 毫米 1/16　印张：18.25　插页：8
字数：220 千字

ISBN 978－7－01－018655－9　定价：73.00 元

邮购地址 100706　北京市东城区隆福寺街 99 号
人民东方图书销售中心　电话：（010）65250042　65289539